工程法律实务培训丛书

建筑企业合规经营与风险防控

安徽安然律师事务所　编著

中国建筑工业出版社

图书在版编目（CIP）数据

建筑企业合规经营与风险防控 / 安徽安然律师事务
所编著 . —北京：中国建筑工业出版社，2022.10
（工程法律实务培训丛书）
ISBN 978-7-112-27910-4

Ⅰ . ①建… Ⅱ . ①安… Ⅲ . ①建筑企业—企业法—基
本知识—中国 Ⅳ . ① D922.291.91

中国版本图书馆 CIP 数据核字（2022）第 190954 号

本书旨在指导建筑企业合规经营防控风险发生。全书共十三章，概括了建筑行业主要的合规风险及防范措施，主要内容包括建筑企业合规经营与风险防控概述，建筑企业在招标投标活动中的合规与风险防控，建筑企业用工的合规与风险防控，建筑企业工程项目质量的合规与风险防控，建筑企业材料采购合同订立的合规与风险防控，建筑企业设立分公司的合规与风险防控，建筑企业分包、内部承包的合规与风险防控，建筑企业股东纠纷的合规与风险防控等的。每一章既有联系，又可独立成章。本书对于从事合规业务的律师和建筑房地产业务的律师是一本很好的参考书。

为了更好地服务于读者，我们建立了读者交流群，有兴趣的读者可与编辑联系，微信号：13683541163，邮箱：5562990@qq.com。

责任编辑：周娟华
责任校对：姜小莲

工程法律实务培训丛书
建筑企业合规经营与风险防控
安徽安然律师事务所　编著

*

中国建筑工业出版社出版、发行（北京海淀三里河路9号）
各地新华书店、建筑书店经销
北京点击世代文化传媒有限公司制版
天津安泰印刷有限公司印刷

*

开本：787 毫米 ×1092 毫米　1/16　印张：16　字数：335 千字
2022 年 11 月第一版　2022 年 11 月第一次印刷
定价：**80.00** 元
ISBN 978-7-112-27910-4
（40033）

本书编委会

主　编：范大平
副主编：田小龙　吴爱民　贾良俊　吴寅寅
委　员：汪玉萍　徐　刚　张　园　顾尔鹏
　　　　吴　敏　臧阿月　王　未　钱　进
　　　　胡伟伟　王　珂　杨萍萍

序 preface

我与范大平高级律师在一起共事十多年，与田小龙主任认识有二十多年。两位都是我的兄长兼好友，他们嘱咐我为其编著的《建筑企业合规经营与风险防控》作序，虽然我工作繁忙，但仍欣然接受了这一任务。一是出于对两兄长的尊重，二是这确实是一本难得的著作。

依法合规经营，切实防范化解合规风险，已经成为中国企业良性发展必须面对的课题。"建筑企业合规经营与法律风险防控"这一课题本应由安徽省律师协会"企业合规管理专业委员会"或"工程投资建设与房地产专业委员会"组织编写。然而，范大平、田小龙带领安徽安然律师事务所的律师主动承担了这一任务并完成得很好，我作为安徽省律师协会会长感到由衷的高兴。

范大平律师阅历丰富，是 1977 年恢复高考后中国首批法学学士学位的获得者，1992 年被芜湖市政府派往驻深圳办事处主持办事处的全面工作，并在深圳办事处的领导岗位上作出了突出的成绩，1995 年调回芜湖市经济体制改革委员会任第一副主任，是一位既在改革开放前沿历练过，又在改革阵地冲锋过的领导干部。1998 年因工负伤提前退休，后参加司法考试取得了法律职业资格证书，于是与我同在一家律师事务所工作了十多年。他的理论功底非常深厚，曾在国家级和省级期刊上公开发表 130 多篇学术论文，并有多部著作问世。他主编的《建设工程法律问题精解》一书由中国建筑工业出版社出版并列为"住房和城乡建设领域'十四五'热点培训教材"，是一本"一书难求"的好教材，短短几个月就几次印刷，与我合著的《致青年律师的信：律师如何开拓案源》（台海出版社出版）深受青年律师喜爱。他被广大客户誉为"专家型""学者型"律师，还曾被上海政法学院聘请为"法律硕士研究生实践指导老师"。范大平律师是较早关注企业合规经营和建筑企业风险防范的律师之一。他早在《决策导刊》2007 年第 2 期上就发表了《决策合法化是科学决策的前提》论文，提出了企业欲科学决策必须依法合规经营的思想，又在《城市建设理论研究》2012 年第 3 期上发表了《房地产宏观调控背景下建筑施工企业法律风险及对策》论文，详细分析了建筑企业经营的法律风险与防范策略，这说明了他对法律问题的前瞻性和预见性。

田小龙主任三十年如一日，一直在安徽安然律师事务所耕耘，是一位名副其实的"资深律师"。安然律师事务所虽然不大，但在他的领导下，却有口皆碑，房地产是他们重要的法律服务业务，在社会上取得了广大客户的充分认可。正如主编在前言中所说，安徽安然律师事务所是一家以建筑房地产法律服务业务为重要业务的综合性律师事务所，他们着重从通俗易懂可操作性的角度，组织编写了这本旨在指导建筑企业合规经营防控风险发生的著作。

《建筑企业合规经营与风险防控》这本书没有采用面面俱到的方式编写，也没有长篇大论的枯燥乏味的纯理论论述，而是就建筑企业在经营中经常遇到的、非常重要的、难以避免的若干合规经营风险问题，在可操作性上进行简明扼要的分析。全书共十三章：第一章建筑企业合规经营与风险防控概述，第二章建筑企业在招标投标活动中的合规与风险防控，第三章建筑企业用工的合规与风险防控，第四章建筑企业工程项目质量的合规与风险防控，第五章建筑企业材料采购合同订立的合规与风险防控，第六章建筑企业设立分公司的合规与风险防控，第七章建筑企业分包、内部承包的合规与风险防控，第八章建筑企业股东纠纷的合规与风险防控，第九章建筑企业融资的合规与风险防控，第十章建筑企业知识产权的合规与风险防控，第十一章建筑企业税务的合规与风险防控，第十二章建筑企业刑事的合规与风险防控，第十三章建筑企业工程保险的合规与风险防控，每一章既有联系，又可独立成章。该书对于从事建筑企业的人是一个福祉，对于从事合规业务的律师和建筑房地产业务的律师也是一本很好的参考资料。

我希望安徽省律师协会"企业合规管理专业委员会"或"工程投资建设与房地产专业委员会"的主任和委员能够认真读一读这本书，其他的专业委员会也可借鉴，是否可以考虑以各专业委员会的名义组织编写指导律师进行法律服务的相关专业书籍呢？我希望安徽的律师能够写出更多、更好的法律专业书籍，不要只做"律匠"，而要做真正的"律之师者"！也希望安徽安然律师事务所再接再厉，百尺竿头更进一步，更好地将法律理论与律师服务操作实践结合起来！

安徽省律师协会会长　音邦定

2022 年 6 月

前言 preface

依法合规经营，切实防范化解合规风险，已经成为中国企业良性发展必须面对的课题。关于合规的定义，理论界和实务界有不同的解释。陈瑞华教授认为"企业合规是一个涉及多个法学学科的前沿课题"，是"涉及公司治理、行政监管、刑法、刑事诉讼法、国际经济法等不同学科的研究领域，逐步发展成为一套基于合规风险防控的公司治理体系"，"企业合规其实具有三个方面的含义：一是从积极的层面看，企业合规是指企业在经营过程中要遵守法律和遵守规则，并督促员工、第三方以及其他商业合作伙伴依法依规进行经营活动；二是从消极的层面来看，企业合规是指企业为避免或减轻因违法违规经营而可能受到的行政责任、刑事责任，避免更大的经济或其他损失，而采取的一种公司治理方式；三是从外部激励机制来看，为鼓励企业积极建立或改进合规计划，国家法律需要将企业合规作为宽大行政处理或宽大刑事处理的重要依据，使得企业可以通过建立合规计划而受到一定程度的法律奖励"。郭青红律师认为"企业合规管理是通过企业合规组织、合规管理运行、合规管理保障等，使企业遵守和执行合规规范，预防和管控合规风险，保障企业安全、稳健、持续经营"。曹志龙律师认为"所谓'合规'，主要是指企业的行为符合法律法规、内部规章制度以及商业惯例和商业首先的要求"。姜先良认为"企事业合规管理关注的是经营中的法律和道德风险"。阚宇律师和周叶君律师认为"合规一词包含着以下三种概念。第一，合规首先意味着企业在运营过程中要遵守法律法规、商业行为守则以及企业规章制度，此为合规的前提；第二，合规是指法规本身与被遵守的法规是否一致，即行为与合规所设定前提的一致性，此为合规的关键；第三，合规同样可以被理解为推广合规的组织以及企业内部实施具体合规措施的部门"。孙玉军律师认为"企业合规包括三个层次：一是守法，遵守法律法规行业标准及规范等。二是守约，即遵守合同约定、行业惯例等。三是要守礼，即合乎道德标准及主流价值观，创造社会价值，起到正向的引导作用"。我们认为，合规经营与风险防控是一个问题的两个方面。若要防范经营风险必须合规经营。规，古代画圆用的木工工具，即圆规，后引申为法度、规则、规章、制度、准则等意思。合，有对拢、聚集、不违背、相符、总共等意思，《战国策·燕策二》中有"蚌合而拑其喙"之句。"合规"，从字面理解，则是行为符合法度、规则、制度的意思。在全国乃至全球提倡合规经营的时代，建筑企业亦不能例外，亦要合规经营，而合规经营的目的还是为了使企业有序经营，防控经营风险发生，减少企业的经营损失，包括经济损失和声誉损失。

安徽安然律师事务所是一家以建筑房地产法律服务业务为重要业务的综合性律师事务所，理所当然地要在这一方面承担起应有的责任和义务。为此，我们着重从通俗易懂可操作性的角度，组织编写了这本旨在为指导建筑企业合规经营防控风险发生的著作。本书由我作为主编撰写了约4万字的写作提纲，再由安徽安然律师事务所有志于为建筑企业合规经营尽力的骨干律师组成编委会共同撰稿，最后由我统稿。统稿后再由编委会讨论定稿。全书共十三章，概括了建筑行业主要的合规风险及防控措施。

鉴于我们的水平有限，撰写过程难免挂一漏万，错误之处在所难免。敬请广大读者批评指正。

范大平

2022 年 6 月

目录 contents

NINE

第九章
建筑企业融资的合规与风险防控

TEN

第十章
建筑企业知识产权的合规与风险防控

ELEVEN

第十一章
建筑企业税务的合规与风险防控

TWELVE

第十二章
建筑企业刑事的合规与风险防控

THIRTEEN 第十三章
建筑企业工程保险的合规与风险防控

第一章

建筑企业合规经营与风险防控概述

第一节　建筑企业概述

一、建筑企业概念

建筑企业是依法经营、自负盈亏、独立核算、从事建筑产品生产和经营，具有法人资格的经济实体。它是建筑生产力发展和建筑技术进步的主导力量。一般受社会经济结构、生产力发展水平、生产社会化程度的制约。

二、建筑企业的特点

建筑企业的主要特点包括：有一定的生产对象和经营目标；拥有一定数量的固定资产和流动资金；有一定的组织机构和经营管理人员；拥有一定数量和技术水平的劳动队伍；依法登记，获得批准，在银行开户，具有法人资格。

中国建筑企业在国民经济中担负的任务是，为社会提供建筑产品和劳务；在生产过程中实现价值增值，创造国民收入，为国家和企业提供积累。我国建筑企业的主要特点包括：多种经济并存，社会主义公有制企业占主导地位；发展商品生产和商品交换；确立劳动者在企业中的主人翁地位，并在企业的各项制度中得到保障；建筑企业的局部利益服从国民经济整体利益。

三、建筑企业的分类

建筑企业的分类有：按生产资料所有制性质，分为全民所有、集体所有以及各类合资经营的企业；按管理形式，分为区域型、城市型和现场型企业，还有专门从事承担海外工程的企业；按专业化分类时，有按产品对象划分的民用、铁路、公路和水利、电力、钢结构等专业企业，也有按工艺专业划分的基础、结构吊装、装修、设备安装、管道安装等专业化企业；按经营方式，分为施工企业、房地产开发企业、设备租赁企业、技术咨询企业；按资质条件，分为施工总承包、专业承包、劳务分包。作为国民经济的重要组成部分和支柱产业，建筑业发展也必须适应供给侧改革。随着社会主要矛盾发生变化，国家对建筑业节能减排的要求不断提高，面对人口红利的消失，建筑业生产方式粗放、劳动力短缺、劳动生产率低下、国际竞争力不强、产品参差不齐等问题越来越突出，困扰我国建筑业企业和行业整体发展。由此，在提升建筑业效益、推动建筑业质量发展的过程中，建筑业供给侧结构性改革的重要性和紧迫性更加凸显。

四、建筑企业资质

我国实行的是严格资质管理制度，不同于欧美国家的无资质管理制度。资质获取实行分组审批制度，高级别资质必须经国家建设行政主管部门批准，这既是对从业者的行业保护，也对外来者的行业壁垒。

五、建筑行业发展趋势

2020年10月，十九届五中全会通过了《中共中央关于制定国民经济和社会发展第十四个五年规划和二〇三五年远景目标的建议》，该建议提出拓展投资空间，对建筑行业整体的发展趋势进行了描述。"十四五"期间建筑行业整体的发展趋势呈现以下几个特点：

（一）多样性和专业化

从房地产到基础设施，从国内到国外，从一个领域到全部领域，从EPC到PPP，从单一企业到工业城镇，从销售物业到自持物业，建筑业正在向多行业、多区域转移，以及向更多业务发展。我们可以看到，各建筑行业的龙头企业都在密切关注综合布局和多元化发展，并促进专业化的出现。所有专业领域都要求专业企业提供服务，并与多元化和专业化共存。这将使行业朝着T形发展的两个不同深度发展。

（二）数据彰显能力

从2019年开始，架构和大数据的应用正在缩小这些多重故障；人工智能引发了全球范围内的新一轮竞争，数据功能已经重新定义，并且这一系列的变化还在继续。数字技术还将继续渗透到建筑的各个方面，彻底改变建筑与建筑物交互的方式，在新的经济模型中打破真实建筑物与虚拟建筑物之间的界限。

（三）财务能力和运营活力得以提升

在过去的很长一段时间里，在组织快速发展的基础上，许多组织继续依靠增长率在新市场、新资源中寻找新的机会，以达到组织追求快速发展的目标。当这种速度开始减慢时，原始的广泛发展将朝着良好的发展努力。当资本成为建筑行业的重要资源时，财务能力和现金流量将成为评估建筑企业质量的重要指标，这种更复杂、更持久的评估要求建筑企业继续保持业务活力。

（四）资格和企业信用体系资格显得更为重要

通过企业信用评估取代原来的企业资格，未来区块链技术的应用，将取代企业信用，这时业务操作要求和企业风险控制体系得到了增强。建筑企业低价投标必须包括绩效保险和质量保险，并引入第三方机构以加强监督和加大责任。

（五）劳动和生产关系将发生新的变化

劳动力的老龄化和过去的人口红利使我们看到，建筑业最初的低成本已经不复存在。从 2019 年起，劳动服务将进入社会保障体系，原有的劳动成本和劳动收入保障方式将逐步发生变化。提高生产力和减少对劳动的依赖将成为未来建筑业的方向。工厂工业化和现场工业化将打破平衡，重新定义生产关系，这将成为改变劳动力供给的重要途径。

（六）新技术的运用将使原始的利益格局发生变化

BIM、GIS、云计算、大数据、人工智能、3D 打印、物联网、机器人等技术将为传统建筑行业带来巨大变化。数字建筑是将建造从设计到运营和维护的建筑。数字化设计所有者建立供应链，以创建新的数据协同效应，将有效率更高的、更好的、更多的协作平台来进行建筑服务。建筑业的产值占国内生产总值的 16%，对国民经济影响很大。在总量不再迅速增长的新常态下，传统业务和盈利模式将受到挑战，原始的利益格局将发生变化；尽管外部市场存在不确定性，建筑业仍是中国的支柱产业，也是"一带一路"建设的核心支撑。建筑公司为加快企业转型，赋予新的建造方式和组织方式。通过品牌效应，吸附和带动其他中小企业入驻，推动产业链上下游集群集聚。实现以建筑公司为驱动，带领区域产业转型升级的利益模式。汇集多个产业资源塑造"互联网＋建设、金融＋建设、投资＋建设"的战略布局，推动"各个角落"产业创新发展，引领经济转型升级。

（七）建筑企业的机遇

对于建筑企业而言，机遇主要表现在新型城镇化发展、扩大内需刺激消费和制造业优化升级三个方面。

（1）城镇化的不断发展是我国经济发展的客观要求，也是时代发展的必然趋势。我国 1982 年常住人口城镇化率为 20.6%，至 2021 年达到 64.72%，城镇化水平明显提高。国家发展改革委发布的《2022 年新型城镇化和城乡融合发展重点任务》（以下简称《重点任务》）提出，2021 年，以城市群为主体、大中小城市和小城镇协调发展的中国城镇化空间布局持续优化。全国铁路网对 20 万人口以上城市覆盖率达到 99.1%，"八纵八横"高铁网对 50 万人口以上城市覆盖率达到 89.9%。同时，城市建设品质逐渐提高。2021 年，新开工改造城镇老旧小区 5.6 万个，40 个城市新筹集保障性住房近 100 万套。城市轨道交通运营里程超过 7000 公里。《重点任务》还提出，要加快推进新型城市建设，有序推进城市更新，加快改造城镇老旧小区，力争改善 840 万户居民基本居住条件。更多采用市场化方式推进大城市老旧厂区改造。因地制宜地改造一批大型老旧街区和城中村。以人口净流入的大城市为重点，扩大保障性租赁住房供给，着力解决符合条件的新市民、青年人等群体住房困难问题。以县域为基本单元推动城乡融合发展，推进城镇基础设施向乡村延伸。另外，在优化城镇化空间布局方面，《重点任务》提出依托城市群和都市圈促进大中小城市协调发展，一是提升城市群和都市圈承载能力，培育发展现代化都市圈；二是推动超大特大城市转变发展方式，合理控制人口密度，疏解非核心功能，完善郊区新城功能，促进多中心、多层级、组团式发展；三是推进以县城为重要载体的城镇化建设，支持一批条件较好的县城重点发展。

新型城镇化战略发展所带来的产业基地、乡村振兴、城市配套、城市更新、城际交通网等机遇，将成为建筑企业发展的重要增长点。

（2）拉动我国经济增长主要靠投资、消费和出口这三方面，而消费决定了经济发展的规模。尤其是受疫情影响，政府提出坚定实施扩大内需战略，发挥消费的基础作用和投资的关键作用。其中"科、教、文、卫"四大领域尤其受关注。"科"即打造技术平台建设，加快科技创新中心和国家科学中心建设。"教"即推动教育基础设施建设，稳步发展普通本科教育和研究生教育，大力推进国家产教融合建设试点。"文"即文旅休闲消费，包括文化旅游、文化体育、娱乐消费等。"卫"即医疗卫生。"新冠疫情"暴露出我国公共卫生和应急体系短板。为此，政府将大力健全公共卫生服务体系，其中区域医疗中心建设尤为重要。

扩大内需促进市场消费政策将使"科、教、文、卫"四大领域基础建设吸引更多投资，也将使其成为建筑企业必争之地。

（3）我国经济深层次结构性矛盾主要体现在供给侧，特别在制造业体现得较为明显。制造业供需失衡，部分行业产能严重过剩，同时，关键、核心技术装备依赖进口。因此，政府提出一系列针对性措施推动制造业高质量发展，其中包括以下三个方面：一是通过推进产学研协同，增强制造业技术创新能力；二是通过加快发展先进制造业，统筹新型基础设施，强化大数据、人工智能等新型通用技术，实现制造业和现代服务业融合发展；三是通过传统产业改造升级，新兴产业培育，发展新能源汽车、新材料、人工智能等新兴产业，实现加快制造业结构优化升级。

政府为使制造业加速优化升级，培育新兴产业、加快制造业和现代服务业融合，将大力引进国内外先进制造业企业落地，工业基建市场扩容。

（八）建筑企业面临的挑战

挑战主要表现在：行业激烈竞争带动产业升级、市场规范完善监管日益严格、转型促进企业培育核心优势。

（1）"十四五"期间建筑市场总量依然可观，但由于我国大型综合类总承包企业数量较多，同质化竞争较为激烈。中央企业、地方特大型建设企业规模优势逐渐明显，占据着高端市场和大部分市场份额。民营企业、专业公司依托政策倾斜、专业领域仍有一席之地，但建筑行业竞争将更加激烈。同时国内固定资产投资增速放缓，劳动力成本、大宗商品价格上升，监管部门对环保、节能、绿色建筑的要求进一步提高，倒逼建筑企业加快产业升级步伐。

（2）"十四五"期间建筑市场监管部门，一方面优化营商环境，深化"放管服"，另一方面进一步加强建筑市场监管力度。优化营商环境体现在市场主体依法享有经营自主权、住房和城乡建设部为清理废除"市场壁垒"再发力、大力精简已有行政许可、政府项目不得垫资施工、不得非法干预工期等方面。进一步加强建筑市场监管力度体现在推动建筑市场信用体系建设、加大建筑市场违法违规行为的查处力度、推行实名制保障农民工利益。在当前的市场环境和法治背景下，施工企业唯有不断增强依法合规经营能力，切实提升企业风险防范能力方能适应市场。

（3）企业转型加快推进、核心优势作用凸显主要体现在以下方面：一是建筑业数字化、网络化、智能化，实现项目全生命周期管理；二是施工总承包、工程总承包等模式推动工程组织模式升级；三是推广建筑产业化，发展装配式建筑、钢结构住宅、绿色建筑、智慧建筑将成为建筑业转型升级的必然趋势。

（九）建筑企业应对措施

建筑企业为应对建筑业改革发展，必将转型发展，培育自身核心竞争优势，需要不断加强合规管理、拓展合规管理的适用范围、优化竞争策略，这些都对企业的项目管控能力、风险防范能力提出了更高要求。

（1）加强合规管理实现企业高质量发展。继续优化公司合规管控体系，加强合规信息化管理，着力提升国内市场合规管控水平，打造优质品牌。继续探索工程总承包，推进工程总承包合规体系建设，不断创新合规管理模式，提升工程总承包合规管理能力。着力提升公司整体合规管理水平，营造合规管理文化。着力提升质量过程合规管控水平，突出质量创优的品牌影响力。

（2）进一步加强合规管理提升企业经济效益。继续优化企业合规管理制度，加快完善适应企业全国化发展的区域公司、城市公司、属地化法人公司管理制度。坚持依法合规向国内市场、海外市场延伸。深入落实企业发展全面效益观，抓好合规经营源头质量、加强法务管理、落实结算资金合规管控，逐步提高盈利能力。

（3）加强合规队伍建设，夯实可持续发展根基。统筹稳步增加合规部门人员总量，优化合规部门人才队伍结构，完善合规部门人才培训和激励机制，建立体系化培训、体系化考核，形成专业齐全、梯次合理、数量充足、素质优良、战斗力强的合规人才队伍体系。

"十四五"对建筑企业来说，机遇与挑战并存。需要站在国家发展、行业发展的高度引领企业依法合规发展，通过加强合规管理实现企业高质量发展、提升企业经济效益，加强合规队伍建设，夯实可持续发展根基。

第二节　合规经营（管理）概述

一、合规和合规管理的概念

"合规"一词是舶来品，由英文"compliance"翻译而来，合规源于 1977 年美国《反海外腐败法案》，并于 21 世纪初在欧美的跨国企业集团迅速发展和成熟。因此合规的传统领域包括反腐败、反商业贿赂，然而时至今日合规早已突破了其传统的范畴，似乎没有明确的边界了。合规包含了遵循国内外的各种法律法规和政策，企业内部的规章制度甚至包括各地的一些风俗习惯和主流的价值观等；进而衍生出来了反腐败反商业贿赂合规、企业内部反舞弊合规、刑事合规、数据安全合规、企业内部人权保障合规、劳动用工合规、安全生产合规、合同管理合规、第三方管理合规、环境保护合规等。而且合规的范畴仍然继续在扩充，未来可以囊括企业经营管理的所有领域。甚至连企业的合规政策的制定、合规机制的实施都要进行合规。最早由国外金融业提出的合规概念，本义是遵守、服从的意思，引申义为合乎规定，分为广义和狭义。广义的"合规"泛指企业在运行过程中遵守的各种国内监管规定、法律法规、国际规则、条约、行业规则、企业内部章程。包括承担社会环境责任，履行企业社会责任，遵守反腐败、反垄断、反欺诈、公司法、劳动法、税法等各个方面法律、法规、规制、规则和规范。狭义的"合规"主要指强化合规经营，反对商业腐败和贿赂。我们所称合规经营往往是广义和狭义混用。

《中央企业合规管理指引（试行）》中对"合规"的定义为：中央企业及其员工的经营管理行为符合法律法规、监管规定、行业准则和企业章程、规章制度以及国际条约、规则等要求。对"合规风险"定义为：中央企业及其员工因不合规行为，引发法律责任、受到相关处罚、造成经济或声誉损失以及其他负面影响的可能性。对"合规管理"定义为：以有效防控合规风险为目的，以企业和员工经营管理行为为对象，开展包括制度制定、风险识别、合规审查、风险应对、责任追究、考核评价、合规培训等有组织、有计划的管理活动。根据上述定义，可将"合规"分解成两个层次：①守法，即遵守法律法规、行业标准及规范等，要有法治意识；②守约，即遵守合同约定、行业惯例等，要有契约精神。其实，任何一个建筑企业都要重视合规经营。通过建立合规管理体系，对企业与员工在生产经营过程中可能出现的不当行为进行预防、监督与应对，从而实现体系化与制度化的自我监督与管理的目的。根据外部具体的法律、法规及规则，结合行业特征、业务性质、规模、经营所在地等特点，梳理履行的合规义务和合规要求，明确各专项合规领域，建立相应的合规风险清单，对合规风险进行有序管理，从而防止合规风险的发生。

二、合规管理的理论基础

首先，合规管理的基础理论来源于公司治理理论，公司治理理论的一大特性就是合规性，公司的合规风险管理同样可以应用公司治理理论。公司治理理论包含依法合规性，即指公司治理结构的建立是以国家相关法律法规为依据，公司各利益相关者的权利、责任和义务均由有关法律法规加以明确，以保护其利益不受侵害。

合规管理作为公司治理理论的主要思想之一，是公司管理层"分权控制"的重要指引。公司治理理论中论述了对公司经营管理者的监督与权衡，合规风险管理过程中也同样需要。公司管理规章中也应明确规定必须使合规风险管理具有充分的独立性与有效性，让合规风险管理发挥其优良的监督和制衡效果。

其次，契约理论构成合规管理体系的理论脉络。建筑企业经营活动中的契约大致包括公司章程、公司规章制度、承包合同、分包合同、施工合同、供货合同等文件。

公司经营中产生的所有契约不仅仅是合同双方相互制约的权证，而且还是公司合规风险体制得到应用的表现。合规制度的建设无法脱离契约关系而单独进行。

最后，内部控制理论同样也与建筑公司所设立的合规风险管理制度紧密相关。内部控制理论"包括组织机构的设计和企业内部采取的所有相互协调的方法和措施"。内部控制理论中包含的合法性、相互牵制性、重要性原则等都包含在合规风险管理工作中。

例如，在建筑企业合规风险管理工作中，在各种合同审批环节，所有重大经营决策都必须经过项目负责人、合规风险管理部门负责人、企业负责人等逐一审核通过方可实施，这一点充分体现了内部控制理论中的合法性与重要性原则。

三、合规管理体系建设的措施

明确合规管理与合规风险定义，将合规所需遵循的"规"清晰地界定在具有外部责任约束的企业及其内部员工必须遵循的行为规范的范畴。这对合规风险识别这一合规管理极为重要的环节而言，意义不言自明。以此为立足点，在展开合规风险分析、确定合规风险应对策略的基础上，采取适当的合规风险控制措施就显得尤为重要。

由于合规风险是企业及其员工因不合规行为而可能引发的法律责任、受到的相关处罚、造成的经济或声誉损失以及其他负面影响，因此，在企业经营管理各环节中，能够有效地避免企业及其员工因不合规行为而导致合规风险发生的控制措施必然是合规管理体系的重点，在这其中合规审查无疑是重中之重，企业只有有效地将经营管理环节中的合规风险逐一审查识别出来，才有机会去采取进一步的控制措施。为此，根据控制措施是否具有长效机制、重要程度和运用频率角度的不同，可以分析将其归纳为三大主要类别。

一是制度的制定环节。企业内部规章制度是企业建立有效合规管理体系的基础性、根本性保障，虽然内部规章制度制定工作的频率较低，但内部规章制度中出现不合规条款将对企业合规管理体系的有效性产生持续、重大的负面影响。为此，企业需要强化对规章制度等重要内部规范性文件的合规审查，确保符合法律法规、监管规定等内外部约束性责任的要求，这是合规管理长效机制的必然要求。

二是经营决策环节。经营决策的工作频率远远低于日常经营管理行为却高于内部规章制度制定的工作频率，由于经营决策，特别是"三重一大"决策实施后果非常重大且影响较日常经营管理行为深远，加强对决策事项的合规论证把关，保障决策依法合规就成为守住合规管理底线的必然要求。

三是生产经营管理环节。企业日常生产经营环节每时每刻都在发生着各种各样的经营管理行为，虽然从重要程度与影响力上远不及制度制定环节与经营决策环节，但其发生频率极高，同样只有确保生产经营过程中依规办事、按章操作，企业才能全面把住合规管理有效性的大门。

为此，企业合规管理体系建设的措施应该紧紧围绕上述三个经营管理的关键环节。

一是比照《中华人民共和国立法法》，制定《制定规章制度的制度》，让企业新制定或修订的规章制度无一例外地经受严格规范的合规审查，对企业已经印发执行中的规章制度也要补上合规审查这一环节，确保企业的内部规章制度不存在不合规的条款。

二是制定或修订企业的《经营决策管理办法》，在经营决策通过前经受严格的合规论证把关。特别是对董事会、经理层等"三重一大"决策制度，要将律师或专职法务人员的合规审查纳入决策批准实施的必经前置环节，以保障决策依法合规。

三是依托企业已经建立的全面风险管理体系与内部控制体系，特别是内部控制运行有效性系统，重点针对识别出的合规风险，全面严格执行经过合规审查的企业各项内部规章制度，加强对重点流程的监督检查，确保企业在日常生产经营过程中依规办事、按章操作。如此有针对性地去建设与强化合规管理体系，而不是抛开企业已有的全面风险管理体系与内部控制体系去另建一套所谓的合规管理体系，才是企业合规管理体系建设的措施。其实，上述措施完全契合《中央企业合规管理指引（试行）》第十四条"加强对以下重点环节的合规管理"的四项规定，可以理解为是对该条款的深度解读与应用。

可以说，任何一个企业均需要进行合规，也在进行一定程度的合规，只是各个企业基于自身的发展有所侧重，有所不同。本书则仅对建筑企业的合规经营和风险防控进行简要阐述。

笔者早在 2007 年就已产生了企业应当合规经营的思想观念的萌芽。笔者在《决策导刊》2007 年第 2 期发表的论文《决策合法化是科学决策的前提》就提出企业科学决策必须合法合规经营的思想，由于法治环境等多种因素，导致企业决策违法现象较为普遍。要使企业决策合法化应当实行决策程序法定化，建立事前制衡和事后追究、法律顾问、决策者责任、重大决策事项进行合法性论证、专家咨询、重大问题集体决策等制度。笔者算是中国较早关注企业合规经营的律师之一。

四、建筑企业合规现状

随着我国经济的不断发展，企业对法律合规系统工作越来越重视，并取得了明显的效果。但是，与国外发达国家相比，我国企业法律、合规风险管理工作开展还存在许多的问题，具体主要表现在以下几个方面。

（1）重视程度不够。建筑企业未认识到合规管理的重要性是合规管理工作出现问题的最重要原因。目前，部分建筑企业的领导对合规工作重视程度不够，没有充分认识到合规工作的重要性，合规风险意识淡薄，相关制度概念模糊、内容空洞，缺乏现实意义上的合规审查，还容易被随意更改。

（2）缺乏完善的合规体系。在合规体系方面，还存在不完备的情况，具体表现在合规体系以点带面，内容缺乏系统性、不全面，应当列入管理控制的违规与潜在隐患未列入系统管控，同时制定的合规体系没有充分结合企业发展的实际情况，存在理论与实际脱节的问题，而且也未设立专门的合规管理机构，各部门的管理制度还存在相互矛盾的现象，处于各自为政的状态，缺乏沟通交流，缺乏提前预防的意识，不能系统有效地防范风险。

（3）合规管理部门层级低。合规管理部门缺乏独立性和话语权，这样就导致合规工作受多种因素影响，不能充分发挥其在企业的重要作用，效果趋于形式。

（4）违法经营行为难以管理。建筑企业的违法经营行为主要包括挂靠、转包、违法分包、农民工管理、投标造假等。这些违法经营行为有着建筑企业的行业特殊性，设置合规管理体系时如果不考虑到行业、企业特点，不将合规管理与主营业务相关联，与资产保值增值的目标相衔接，那么合规管理制度自企业领导到普通员工之间都难以落实，久而久之就形同虚设。

（5）合规管理制度难以得到遵守。合规管理制度制定后得不到遵守是建筑企业的突出问题，主要体现质量安全、资金风险等方面，一些企业为了短期利益，不遵守早已明确的质量安全制度，造成质量安全事故。还有一些企业为了迎合业主方，在保证金和垫资问题上，无视合规管理部门提示，给企业造成巨大资金风险。

（6）合作方资信审查未纳入合规管理。对建筑企业而言，业主、联合体成员、分包分供商等合作方的资信格外重要。如果不纳入合规管理，建立相应的资信名册，易造成不必要的损失。

（7）合规风险评估预控不到位。没有对重要的操作岗位和重要工程项目的核心环节合规管理中存在的风险进行识别、分析和防控，缺少合规风险清单和相应的解决策略，一般出现问题都是事后风险总结多，事前审查工作少，导致企业遭受巨大损失。

（8）缺乏合规管理文化。由于企业的不重视，导致对合规人员教育培训工作落实不到位，不够系统、专业，合规人员不能及时学习专业的合规管理工具、方法论，工作模式较为落后，工作效果容易产生系统性缺失。合规管理考核还没有真正融入绩效考核中，也使得员工普遍合规意识不强，合规履职能力缺乏，缺乏合规管理文化。

第三节　建筑企业经营（管理）风险概述

笔者亦是较早关注建筑房地产企业经营风险防范的律师之一。笔者撰写的《房地产宏观调控背景下建筑施工企业法律风险及对策》一文发表于《城市建设理论研究》2012年第3期，对建筑企业法律风险进行了列举分析，提出了"化解建筑施工企业法律风险的应对策略"。现在看来，十年前的分析并没有过时，仍然可以借鉴运用。

管理与业务脱节，道德风险疏于管理。由于建筑企业特别是家庭式民营建筑企业的经营往往取决于管理人个人意志，缺乏制度对于"集体决策"程序的有效约束，这就难以实现集体决策带来的科学决策或者充分考虑到不同观点、考虑周全等，导致决策失之偏颇。此外，不少管理者年龄较大或年事已高，未能关注到一线业务的具体情况，管理脱离实际，存在信息隔阂、决策机制僵化等，以及未能引入职业经理人等问题，使得道德风险持续叠加发酵为企业风险。上述问题，也是不少家庭式民营建筑企业走向没落的因素之一。

权力缺乏监督，尤其是家庭式民营建筑企业高层、中层管理者的监督形同虚设，导致了权力的滥用，尤其是发生对外投资失败、担保承担连带责任，若不能及时把控风险，将给建筑企业特别是家庭式民营建筑企业带来巨大影响，更有甚者引发企业破产或重大财务危机。权力的监督不仅是层级式的，更重要的是现代化公司治理结构，股东会、董事会、监事会之间形成的有效监督机制，能够互相约束，这种监督机制使得即使在权力集中的情况下，其他高管之间的业务、职能分工、风险管控等也能够得到有效监督，避免产生企业的控制形同虚设、财产不当转移、掏空企业等问题。

总包、分包合同约定不清，合同权利、义务、履行、权益分配等关键事项未能约定清晰，缺乏合同依据导致后期发生争议；企业管理者逃避法律审查，阴阳合同、违法招标投标、超越资质、违法分包、资金筹划风险等问题一直存在，这些问题往往关乎项目安全。

本节主要从责任方的角度来划分风险。按责任方可以把风险划分为发包人风险、承包人风险以及第三人风险等。这三种风险既可能独立存在，也可能共同构成混合风险。

发包人风险。发包单位作为发包人，其经济实力、财务状况、管理制度等对建筑工程是否能够顺利实施有着重要的影响。在实践中，常常出现发包单位利用虚假工程虚假招标、信用较差、利用优势地位拖欠工程款、不按照合同约定进行工程结算。

承包人风险。一般表现为承包单位资质问题、管理风险以及工程质量问题。资质问题通常表现为虚假资质或者资质不足，在实践中常常出现因挂靠资质而产生的一系列纠纷；管理风险一般表现为转包和违法分包，《中华人民共和国民法典》（以下称为《民法典》）规定，承包人不得将其承包的全部建设工程转包给第三人，或者将其承包的全部建设工程肢解以后以分包的名义分别转包给第三人，虽然有该法律强制性规定，但是实践中转包及违法分包的现象屡见不鲜；工程质量问题出现的原因多样，一方面是因为承包人为了顺利中标低价竞争，最终为了控制成本而牺牲工程质量；另一方面是因为逐利心理，追求利润的最大化。

由于建设工程参与主体众多，第三人的参与经常会带来一定的风险，常见的第三人风险情形有监理人的检查和检验影响施工的正常进行、监理人延期检查隐蔽工程，发包人指定的分包商违约或者延误，承包人选定的分包商或供应商引起延误等。

混合风险的种类多样，包括合同风险、工程变更风险、工程延误风险、意外风险等。在此着重强调合同风险，建设工程合同一般由发包人和承包人之间的协议、投标书、中标通知书、技术规范、涉及图纸、工程量清单、设计变更等一系列文件组成；又由于数量众多、法律关系复杂，建设工程合同文件不可避免出现缺陷引发风险，包括内容不完整、出现漏洞和歧义、合同约定显失公平等。

第四节　建筑企业经营（管理）风险的防控概述

一、健全和完善建筑行业法律法规，重视对合同的合规审查

改革开放以来，伴随着我国法治建设进程，我国建筑行业的法律法规体系建设也取得了丰硕的成果，建立了以《民法典》《建筑法》《招标投标法》《建设工程安全管理条例》以及《最高人民法院关于审理建设工程施工合同纠纷案件适用法律问题的解释（一）》为主体的建筑法律法规体系，这些法律法规、司法解释在建筑市场的规范和建筑企业管理风险的防控上发挥着越来越重要的作用。但是，目前的这些法律法规体系仍然不完善，内容上比较宽泛和抽象，各法律法规的关系上相对分散，未成体系，对于指导实践还是需要进一步细化完善，例如根据法律规定难以认定挂靠行为及其严重性。随着建筑行业的发展，有些法律法规已经无法适应当前的行业状态，存在滞后性需要更新适配。并且，由于地域和市场差异，很多法律法规无法做到"因地制宜"，不能解决部分地区中的具

体问题。针对目前建筑立法存在的问题，应做到如下几点：①完善建筑立法体例，加强建筑立法的系统性，由于建筑工程具有建设周期长、过程复杂、人员冗杂等特点，需要进行体系化的建筑立法，涵盖建设工程的各个阶段，统一建筑质量责任、责任主体、责任范围、归责原则和损害赔偿等；②革新相应条款，尽快完善调解制度，对部分法律条款进行更新、细化，适应时代要求，出台针对实践中争议问题的司法解释、适用指导等；③全国各地应当根据地域特点和市场情况，出台建筑法律法规配套的政策和指导意见，同时加强对建筑行业和企业的监督，规范各方主体的行为。

要严格排查潜在制度漏洞。建筑企业往往存在潜在的制度漏洞，有些制度直接来自网上的东拼西凑或者是通用版本，没有针对企业特殊的人、财、物量体裁衣，制定适合自身发展的合规制度或者作出有效的修订。尤其是公司章程、财务制度、投融资制度、合规制度、决策制度等关键制度，并没有请律师或合规部门审查，随意在网上下载后拿来便用，往往驴唇不对马嘴，根本无法执行。制度本身对企业的行为具有规范、指导功能，要将各类合理制度运用到建筑企业的人、财、物管理中，发挥制度的积极作用。尤其要在财务审查、合同审查、集体决策、项目投资、人员管理等方面，制定切实可行的合规制度，及时排查制度漏洞，进而减少业务风险。

此外，对于本行业特殊的行业规范、最新标准，业务部门、合规人员等要在合同审查、业务开展过程中及时更新，避免新业务适用旧标准，或存在与第三方签订协议时疏忽了对最新标准的遵守，导致项目存在质量问题，难以达到监管部门的最新要求等，招致不必要的行政处罚，甚至出现吊销企业的营业执照等严重后果。

同时，要学习深化合规文化。合规文化是企业合规的关键所在，尤其在建筑市场竞争激烈的当下，一个没有合规文化的企业，如同没有品质的个体，难以在市场经济中立足。企业的管理、制度、监督机制便形同虚设，难以为员工所认同。若人人不遵守规则，亦难以获得交易伙伴的尊重与信任，建筑企业未能有效形成合规文化，员工、管理者在日常行为、重大商业活动中难以遵守制度、提高对风险的警惕以及未能充分对事项进行风险评估、对交易对手进行尽职调查，仍然会给建筑企业发展带来隐患。好的合规文化，离不开日常对合规的学习、建筑企业合规专家律师对企业进行的专业培训、合规制度的构建、企业制度的完善，更离不开企业对于合规必要性的认识。

前段时间，全国很多建筑企业走向破产，除去房地产行业发展总体下行的大环境原因，主要原因是自身经营不合规导致资不抵债，而后不得不寻求破产保护。

究其原因，其一是财务制度混乱无章，财务合规制度不完善是导致财务危机的重要导火索之一。有数据显示：2020年1月至2021年4月，中国证监会共办理上市公司财务造假类案件59起，占办理信息披露类案件的23%，向公安机关移送相关涉嫌犯罪案件21起。在建筑企业破产中，财务混乱是导致企业陷入破产的主要原因。其二是公司治理形同虚设。公司治理是企业平衡运营的组织架构、授权管理、"三会"分权等内容的有机统一，旨在实现企业主体的权力制衡、协调运转。但破产的建筑企业往往是公司治理形同虚设。企业在公司治理、财务管理等诸多方面存在合规问题，就好比一盘散沙，一旦出现问题就会溃不成军，难以抵挡住债权人的质疑、市场的质疑、法律与合规的惩戒。即便一时风调雨顺，但长期可能会暗潮汹涌。

二、加强建设工程合同管理

合同管理与施工风险之间有着密切关系，对合同管理的忽视会诱发一系列的风险，这些风险会成为质量安全事故的重大诱因，使得建筑企业蒙受无法预计的损失，一份合法有效、规范全面的建设工程施工合同能够很大程度上保障建设工程的顺利施工，同时也是日后合同各方行使合同权利的重要依据。

但是，我们必须明确施工合同的效力问题，特别是导致合同无效的情形。通常，建设工程施工合同无效主要包括以下五种情形。①承包单位没有施工资质或者超越资质等级签署的合同无效。在实践中，通常还存在大量关于建筑单位内部机构或者施工单位工程部、项目部对外签署的合同是否有效的争议。②没有资质的实际施工人借用有资质的建筑施工企业名义的，这也就是我们通常讲的"挂靠"，即有资质的承包单位转让出借企业资质证书或者以其他方式允许他人以本企业的名义承揽工程。③建设工程必须进行招标而未招标或者中标无效的。必须进行招标的项目详见国家发展改革委发布的《必须招标的工程项目规定》；中标无效的情形主要指《招标投标法》第五十条、第五十二～五十七条规定的在招标投标过程中出现的违法违规情形。④违法分包。违法分包主要包括总包单位将工程分包给无资质的单位、未经建设单位同意分包、总包单位将工程主体结构分包给其他单位、分包单位再分包这四种情形。⑤其他导致合同无效的情形。主要指违反法律法规强制性规范，损害公共利益，合同签订过程中存在的欺诈、胁迫等情形。因此，在合同制定时需要特别重视导致建设工程施工合同无效的情形。

保障合同的合法合规，保证其效力以便顺利实施，就要重视以下几点。①重视对合同主体资格的审查。积极审查合同相对方的资质、信用、财务状况以及履约能力等，包括在最初的招标投标过程中建设单位应当积极审查项目的真实合法性，招标单位应当审查建设单位的资质信用，包括其营业执照信息、企业公示信息、税务信息等，尽可能详尽地了解建设单位。另外，要关注合同相对方加盖的公章信息，该公章是否能够代表合同相对方，或者是否依法取得授权，授权材料是否齐全等，实践中的私刻公章、项目部公章效力问题，通常成为建设工程施工合同纠纷的争议焦点，承包单位需要加强对项目部签署的文件资料的监督管理，提高风险防范意识。②重视对合同条款以及合同附件的审查。合同重要条款包括工程量、计价标准、施工方案、工期、结算方式、违约赔偿等，合同附件包括施工图纸、工程量清单等。③重视合同履行过程中往来文件材料的收集和保管，包括往来函件、签证、会议纪要等原始书面凭证。

三、加强建设工程中高风险问题的防范

（一）防范违法工程的风险

我国《建筑法》规定，允许建筑施工的工程项目应具备以下条件：已经办理建筑工程用地批准手续；在城市规划内的建筑工程，已经取得规划许可证；需要拆迁的，其拆迁进度符合施工要求等。否则，即属违法工程，发包人与承包人签订的合同无效，且政府往往对合同双方（主要是发包方）进行一定的行政和经济处罚，责成发包方补办相应手续。这种情况下，建筑企业可能承担的风险是受到行政处罚（如罚款、丧失一定的投标权等）及无法收回工程款。

案例：A公司、B公司建设工程施工合同纠纷【（2018）豫民终909号】

2015年6月12日，B公司（发包人）与A公司（承包人）签订《项目工程施工总承包协议书》（以下简称《施工总承包协议》）一份。协议签订后，A公司于2015年7月1日缴纳履约保证金1500万元，并开始对项目工程进行施工。A公司完成1号楼至49号楼（共计44栋楼，不包括4号、14号、24号、34号、44号）及地库钢筋混凝土工程至主体封顶后，因与B公司就工程款支付、工期等问题产生分歧未能协商一致，于2016年5月停工，合同未继续履行。2016年10月10日，B公司向A公司发出《解除合同通知函》，以A公司未按规定时间领取中标通知书等理由取消其中标资格，要求解除双方于2015年6月12日签订的建设工程施工合同。B公司要求A公司自接到通知书后7日内组织好撤场等善后工作，逾期将强制将A公司清场。2016年10月11日，A公司向B公司发出《关于解除合同通知函的回复》，认为B公司以A公司没领取招标通知书为由解除合同没有法律依据，并要求B公司支付工程款及违约赔偿金。双方协商无果。B公司迫于工期压力急于让他人进驻工地继续施工，强行要求A公司撤离工程现场，但A公司在未收到工程款剩余款项的情形下拒绝离场。2016年10月21日，A公司向B公司发出《回复函》，同意B公司2016年10月19日函告对已完成工程共同选定具备相关资质的第三方鉴定机构进行清算，在庭审中，A公司指出，案涉工程未办理规划许可，系违法工程。

一审法院认为案件的争议焦点之一为合同效力问题。建设工程施工合同的签订和履行关涉建设工程的质量，涉及人民群众的生命和财产安全。该案工程涉及44栋住宅楼及地库等，工程项目较大，应当办理项目工程规划许可，以维护社会公共利益。B公司作为建设单位，在未获得政府部门审批办理建设工程规划许可证的情形下，即与A公司

签订《施工总承包协议》，且至庭审时仍未取得工程项目的规划许可，违反我国法律规定，故双方签订的施工总承包协议书应属无效。

对此，二审法院认为，根据《最高人民法院关于审理建设工程施工合同纠纷案件适用法律问题的解释（二）》（现已失效）第二条的规定，当事人以发包人未取得建设工程规划许可证等规划审批手续为由，请求确认建设工程施工合同无效的，人民法院应予支持，但发包人在起诉前取得建设工程规划许可证等规划审批手续的除外。该案中，B 公司在与 A 公司签订《施工总承包协议》和施工时未取得建设工程规划许可证，在 A 公司起诉前也未取得相关规划审批手续。一审法院以此为由认定双方签订的《施工总承包协议》无效，具有事实和法律依据，B 公司主张一审认定《施工总承包协议书》无效的论理、基本事实、适用法律均错误的理由不能成立。

对于此类风险，作为建筑企业的承包人应当事先了解发包人和有关部门落实的工程是否合法，发包人是否取得建设工程土地使用权和规划许可。如果在当下合法性无法核实，那么应当在合同中明确约定付款进度、付款比例等，及时进行结算，减少可能存在的损失。

（二）防范转包和违法分包带来的风险

转包指承包单位承包工程后，不履行合同约定的责任和义务，将其承包的全部工程或者将其承包的全部工程肢解后以分包的名义分别转给其他单位或个人施工的行为。转包本身属于法律禁止行为，不被法律所保护。违法分包，是指在分包过程中的违法行为，包括总承包单位将建设工程分包给不具备相应资质条件的单位的；建设工程总承包合同中未有约定，又未经建设单位认可，承包单位将其承包的部分建设工程交由其他单位完成的；施工总承包单位将建设工程主体结构的施工分包给其他单位的；分包单位将其承包的建设工程再分包的。工程违法分包属于严重的违法行为，其法律后果包括行政责任和民事责任。行政责任主要指责令改正，没收违法所得，处工程合同价款 0.5% 以上 1% 以下的罚款、责令停业整顿，降低资质等级、吊销资质证书。对于接受违法分包的施工单位，处 1 万元以上 3 万元以下的罚款。民事法律后果包括：①根据《最高人民法院关于审理建设工程施工合同纠纷案件适用法律问题的解释（一）》，违法分包的，分包合同无效；②施工单位违法分包的，发包人有权解除施工合同，并有权要求施工单位赔偿损失；③发包人可以请求违法分包人对建设工程质量不合格等因出借资质造成的损失承担连带赔偿责任的；④人民法院可以收缴违法分包当事人已经取得的非法所得；⑤转包人、违法分包人对实际施工人员的工程款给付承担责任。转包和违法分包是法律明令禁止的行为，在实践中，建筑企业一方面需要加强法律意识，不能为了眼前的利益而承担巨大的风险，同时要加强内部管理，加强对资金的监管，还需要特别注意授权和公章使用问题。

（三）防范"挂靠"行为带来的风险

所谓"挂靠"，是指单位或个人，在未取得相应资质的前提下，借用符合资质的施工企业的名义承揽施工任务并向具有该资质的施工企业缴纳相应"管理费"的行为。"挂靠"一般具有如下特点：挂靠人即实际施工人，不是本企业的职工且没有与建设项目的要求相适应的资质但承担具体的施工任务；被挂靠的施工企业具有相应的资质等级，但在该工程中不承担具体施工及管理义务；挂靠人向被挂靠的施工企业缴纳一定数额的"管理费"，自负盈亏，而该被挂靠的施工企业也只是以企业的名义代为签订合同及办理各项手续，并不实施管理，或者所谓"管理"也仅仅停留在形式上，不承担技术、质量、经济责任等。目前，挂靠行为普遍存在于建筑活动中，其在形式上与代理行为、转包有着较大的相似性，但是在法律对于三者的评价却完全不同，在发生纠纷时常常各执一词，一方认为是挂靠关系，另一方认为是转包或者代理关系。转包一直是我国法律明令禁止的，代理关系的相应法律责任和法律后果在我国法律中也有明确的规定；而对于挂靠关系，我国法律，包括《民法典》《建筑法》等相关法律法规缺乏对其准确的认定、规制，《民法典》中仅有第一千二百一十一条对机动车挂靠作了规定，《建筑法》第二十六条规定："禁止建筑施工企业超越本企业资质等级许可的业务范围或者以任何形式用其他建筑施工企业的名义承揽工程。"第六十六条规定："建筑施工企业转让出借资质证书或者以其他方式允许他人以本企业的名义承揽工程的，责令改正，没收违法所得，并处罚款，可以责令停业整顿，降低资质等级；情节严重的，吊销资质证书。对因该项承揽工程不符合规定的质量标准造成的损失，建筑施工企业与使用本企业名义的单位或者个人承担连带赔偿责任。"《最高人民法院关于审理建设工程施工合同纠纷案件适用法律问题的解释（一）》第一条规定："建设工程施工合同具有下列情形之一的，应当依据民法典第一百五十三条第一款的规定，认定无效……（二）没有资质的实际施工人借用有资质的建筑施工企业名义的。"但是这些条款都没有对挂靠行为的法律责任作出相应的规定。正因为我国法律对上述近似概念的不同规制，才出现在实践中，各方各执一词，因此判定转包、挂靠或者代理关系成为定分止争的焦点。

案例：A公司、肖某某等建设工程施工合同纠纷【（2021）青民再140号】

2013年5月×××村委会因×××新村建设二标段工程与A公司签订了《协议书》，合同总价款为12421486.55元，开工日期为2013年5月23日，竣工日期为2014年5月23日。协议签订后，该工程由第三人张某某实际施工，第三人张某某将该工程土建劳务部分分包给肖某某，并于2013年5月30日以A公司×××新村建设工程项目部的名义与肖某某签订《建筑业劳务分包合同》，并加盖了A公司×××新村建设工程项目部公章。

一审法院认为，A公司与第三人张某某系挂靠关系。第三人张某某没有建设工程资质借用 A 公司名义与没有劳务作业资质的肖某某签订《建筑业劳务分包合同》,该劳务合同应认定为无效。但肖某某按照合同约定完成了劳务作业工作量,且案涉工程已交付使用,第三人张某某理应与肖某某进行结算并支付全部劳务费,双方虽未结算,但依据审理查明的工程量核实的劳务费数额,第三人张某某实际欠付肖某某劳务费 480097.6 元。A 公司明知第三人张某某没有资质而与张某某签订《挂靠协议书》,将与×××村委会签订的合同项下的新村建设工程转包给没有资质的第三人张某某实际施工,应对第三人张某某欠付肖某某的劳务费承担连带给付责任。对肖某某不主张第三人张某某承担付款责任,予以确认。据此,对肖某某诉求 A 公司承担付款责任之主张,予以支持。

二审法院认为,A 公司与张某某签订挂靠协议,并将其与×××村委会签订的合同项下的新村建设工程转包给无资质的张某某个人,由张某某进行实际施工,A 公司理应承担给付肖某某劳务费的连带责任,结合一审查明事实,案涉合同履行中均由 A 公司向肖某某支付劳务费,且一审中肖某某不主张张某某承担付款责任,故一审法院认定由 A 公司连带给付肖某某劳务费有事实和法律依据,应予维持。

再审申请人 A 公司申请再审称,该案判决 A 公司承担连带付款责任,适用法律错误。最高人民法院民一庭对与实际施工人不存在合同关系的被挂靠人、转包人或违法分包人,是否应当对实际施工人主张的工程欠款承担连带清偿责任作了如下论述:"关于对外责任,应分不同情形予以认定。在合同之债中,挂靠人与被挂靠人对外承担的责任形式分为两种,一种为连带责任,另一种为合同相对方单方责任。如何对外承担责任,应区分不同情形处理。一般而言,合同只在当事人双方产生债权债务关系,与合同外第三人无关。如果挂靠人以自己的名义对外签订合同,则权利和义务应当由其本人承受,不应当溯及基础的挂靠关系。无论挂靠方是自然人还是单位,发生争议时均应当由挂靠人作为民事主体独立对外承担责任,根据合同的相对性,不能因物的性质或物的流转方向发生变化而突破合同的相对性,让非合同相对人承担本应由合同相对人承担的责任,合同相对方也不得以材料、设备已用于工程建设而要求被挂靠方承担责任。"该案系因履行张某某与肖某某之间的《建筑业劳务分包合同》而产生的工程款纠纷。张某某是挂靠人,其与肖某某之间签订合同时使用的是项目部的名义,公章是张某某自己刻的,并且肖某某也知道与自己签订合同的另一方是张某某。A 公司与肖某某之间不存在直接合同关系,A 公司亦未与二人签订过三方协议。肖某某未证明×××村委会将肖某某所施工项目的未付工程款已经付给 A 公司,A 公司与张某某之间即使存在挂靠与被挂靠关系,肖某某亦不存在可以突破合同相对性而向 A 公司主张权利的事实基础和法律依据,肖某某关于 A 公司应当对张某某欠付的工程款承担连带责任的主张不能成立。A 公司收取挂靠人张某某一定比例的管理费,从双方权利义务及管理费与连带责任的金额比例悬殊可以看出,管理费的对价显然不是对挂靠人的债务承担连带担保责任,简单认定只要存在挂靠关系就要求被挂靠人承担连带责任,有违民商法等价有偿原则。且违法出借资质的责任属于行政责任，要有效杜绝挂靠行为，应当由行政部门严格按照法律法规给予相应行政处罚，而不是以被挂靠人收取管理费或被挂靠人出借挂靠资质存在过错为由判决其承担连带责任。

再审法院认为因 A 公司与张某某系挂靠关系。挂靠人以被挂靠人的名义与实际施工人订立合同，肖某某有理由相信或认为张某某具有代理权。故一、二审判决认定事实清楚，判决结果并无不当。

该案虽然维持了一、二审判决，但是一、二审法院认为挂靠人和被挂靠人应当对实际施工人承担连带责任，但我国法律只规定了违法分包人对实际施工人承担连带责任，并没有明文规定挂靠人和被挂靠人对实际施工人的连带责任，而再审法院从代理关系的角度切入，强化了说理部分。但是设想，该案中如果张某某是以自己的名义与实际施工人签订《建筑业劳务分包合同》，那么案件可能又是另一种判决结果。

正因如此，挂靠方和被挂靠方对于发包人以及对于下游第三方的法律责任应当被进一步明确。对于这一风险，不仅需要从立法层面明确规制挂靠方和被挂靠方的连带责任范围，出台相关司法解释对挂靠的认定和法律责任作进一步的说明，而且特别需要保护"善意第三人"的利益。另外，对于发包人而言，总承包施工合同有效，就意味着发包人方可以依据合法有效的施工合同条款追究被挂靠企业的工期、质量或安全等违约责任。但如果总承包施工合同无效，则违约条款也就无从谈起，发包人方根本无法追究被挂靠企业的违约责任，相反还得依据施工合同约定的结算条款与被挂靠企业办理工程结算手续。所以，这种挂靠关系对发包人和总承包人而言是具有巨大风险的，发包人以及总承包人在签订建设工程施工合同和分包合同时，必须秉承谨慎性原则，对挂靠问题另行作出明确约定，并确定相应的违约条款，保证自身权益最大化。作为被挂靠企业，虽然收取管理费，不实际管理的挂靠形式对被挂靠企业来说更加轻松，但是这种形式存在着巨大的风险，因此，被挂靠企业不能贪图一时的利益而忽略潜在的巨大风险，因此最保险的方式就是被挂靠企业不采取挂靠的形式承包建设工程，而是将挂靠项目变成自有项目，由被挂靠企业或者内部承包人组织、派遣项目的具体管理人员，同时加强对工程的管理。

（四）防范以内部承包形式转包工程

内部承包是指建设工程施工合同的承包人将其承包的全部或部分工程交由其下属的分支机构或在册的内部承包人等企业职工个人承包施工，承包人对工程施工过程及质量进行管理，对外承担施工合同权利义务的行为。在审判实践中，一般是结合下列相关情形认定是否属于内部承包：①合同的发包人为建筑施工企业，承包人为建筑施工企业下属分支机构或在册的内部承包人等本企业职工，两者之间存在管理与被管理的行政隶属关系；②发包给个人的，发包人与承包人之间有合法的劳动关系以及社会保险关系；

③承包人使用建筑施工企业的建筑资质、商标及企业名称等是履行职责行为，在建筑施工企业的管理和监督下进行项目施工，承包人根据承包合同约定向建筑施工企业缴纳承包合同保证金；④施工现场的内部承包人或其他现场管理人员接受建筑施工企业的任免，调动和聘用；⑤承包人组织项目施工所需的人、财、物及资金，由建筑施工企业予以协调支持；⑥承包人在建筑施工企业统一管理和监督下独立核算、自负盈亏，承包人与建筑施工企业按照承包合同约定对经营利润进行分配。

内部承包是一种企业内部经营模式革新，以具备相应资质为前提，不会对工程质量造成负面影响。内部承包合同是承包人与其下属分支机构或职工签订的，由承包人提供支持并进行监督，由其下属分支机构或职工完成承包工程的合同。多地高院、中院对内部承包作出定义，确认其合法性，明确内部承包合同的承包方无资质的，并不导致合同无效。例如，北京市高级人民法院《关于审理建设工程施工合同纠纷案件若干疑难问题的解答》指出建设工程施工合同的承包人将其承包的全部或部分工程交由其下属的分支机构或在册的项目经理等企业职工个人承包施工，承包人对工程施工过程及质量进行管理，对外承担施工合同权利义务的，属于企业内部承包行为；发包人以内部承包人缺乏施工资质为由主张施工合同无效的，不予支持。福建省高级人民法院《关于审理建设工程施工合同纠纷案件疑难问题的解答》指出建设工程施工合同的承包人与其下属分支机构或职工就所承包的全部或部分工程施工所签订的承包合同为企业内部承包合同，属建筑施工企业的一种内部经营方式，法律和行政法规对此并不禁止，承包人仍应对工程施工过程及质量等进行管理，对外承担施工合同的权利义务。当事人以内部承包合同的承包方无施工资质为由主张合同无效的，不予支持。浙江省高级人民法院民事审判第一庭《关于审理建设工程施工合同纠纷案件若干疑难问题的解答》认为，建设工程施工合同的承包人与其下属分支机构或在册职工签订合同，将其承包的全部或部分工程承包给其下属分支机构或职工施工，并在资金、技术、设备、人力等方面给予支持的，可认定为企业内部承包合同；当事人以内部承包合同的承包方无施工资质为由，主张该内部承包合同无效的，不予支持。

但是实践中建筑业常有以内部承包为掩饰，行转包、违法分包、挂靠之实。这样的名为内部承包，实为借用资质的挂靠行为或非法转包行为，往往对建筑企业带来承担连带责任的风险。

案例：A公司与熊某某、梁某某建设工程施工合同纠纷【（2020）青民终297号】

2014年10月28日，某招标公司作出《中标通知书》，通知A公司取得建设单位B公司的旧城及棚户区改造项目8号、9号、10号、11号、12号（以下简称8～12号）楼工程的施工业务。2014年11月2日，A公司与B公司签订了《建筑工程施工合同》。

2015 年 6 月 28 日，A 公司与熊某某、梁某某签订了《工程项目经营管理责任书》，约定 A 公司将承揽 B 公司的建设施工业务转包给熊某某、梁某某。合同施工范围：以 A 公司与 B 公司签订的《建筑工程施工合同》范围为准。

一审法院认为，所谓内部承包，是指建设工程施工合同的承包人与其在册职工签订合同，将其承包的全部或部分工程承包给其职工施工，在资金、技术、设备、人力等方面给予支持并对项目的财务、技术、质量等实施监督，并对外承担民事责任，因此综合以上因素审查该案中双方签订的《工程项目经营管理责任书》是否属建设工程内部承包合同关系。首先，A 公司未提交该公司与熊某某、梁某某有合法劳动人事关系的证据，未能证明熊某某、梁某某为 A 公司职工。其次，根据双方在《工程项目经营管理责任书》中约定的"承包方式为包工、包料、包机械等，并承担工程施工中一切费用及风险、税费；熊某某、梁某某对所承包的工程实行独立核算、自负盈亏；合同第二条 2.6 项约定熊某某、梁某某按工程总造价 1% 上交管理费，合同第三条 2.2 项中未约定 A 公司授权管理的代表及安全工程师"等情况，可以认定 A 公司只收取管理费，不在资金、技术、设备、人力等方面支持熊某某、梁某某，且由其二人自担责任，实质上是 A 公司承包案涉工程后，不履行与 B 公司合同约定的责任和义务，将其承包工程的 8～12 号楼工程以签订《工程项目经营管理责任书》的形式转包给了熊某某、梁某某施工。综上，A 公司与熊某某、梁某某基于《工程项目经营管理责任书》形成的是建设工程转包合同关系。

因此，建筑企业应当与内部承包人签订内部承包合同，形成合法的内部承包关系，而不能假借合法之名行非法之实。另外，必须加强对内部承包人的引进和选择，建立合法、有效的劳动关系。内部承包人是施工企业内部重要的人力资源，对整个工程建设起到至关重要的作用，施工企业应从人品、信誉、经济实力、施工能力和经营能力等方面进行严格审查，确保内部承包人符合法律法规和工程项目需要的资质条件。而且，施工企业要与内部承包人签订劳动合同、支付工资、办理社保缴纳，建立合法的劳动法律关系。签订了内部承包合同，不代表企业可以从此只做"甩手掌柜"。施工企业应加强对内部承包项目的相应日常监管，一方面帮助内部承包人规避相应的项目风险，协助其顺利完成工程项目施工；另一方面，还应对内部承包人的管理工作进行监督，不定期检查其管理作风、工程质量、工程成本等。力争做到及时发现问题，及时解决问题。

（五）防范施工过程中公章使用问题

我国现行法律对私刻公章签订的合同效力问题有所规定，例如《全国法院民商事审判工作会议纪要》第 41 条规定，司法实践中，有些公司有意刻制两套甚至多套公章，有的法定代表人或者代理人甚至私刻公章，订立合同时恶意加盖非备案的公章或者假公章，发生纠纷后法人以加盖的是假公章为由否定合同效力的情形并不鲜见。人民法院在审理案件时，应当主要审查签约人于盖章之时有无代表权或者代理权，从而根据代表或者代理的相关规则来确定合同的效力。法定代表人或者其授权之人在合同上加盖法人公章的行为，表明其是以法人名义签订合同，除《公司法》第十六条等法律对其职权有特别规定的情形外，应当由法人承担相应的法律后果。法人以法定代表人事后已无代表权、加盖的是假章、所盖之章与备案公章不一致等为由否定合同效力的，人民法院不予支持。代理人以被代理人名义签订合同，要取得合法授权。代理人取得合法授权后，以被代理人名义签订的合同，应当由被代理人承担责任。被代理人以代理人事后已无代理权、加盖的是假章、所盖之章与备案公章不一致等为由否定合同效力的，人民法院不予支持。最高人民法院《关于当前形势下审理民商事合同纠纷案件若干问题的指导意见》第14条规定，人民法院在判断合同相对人主观上是否属于善意且无过失时，应当结合合同缔结与履行过程中的各种因素综合判断合同相对人是否尽到合理注意义务，此外还要考虑合同的缔结时间、以谁的名义签字、是否盖有相关印章及印章真伪、标的物的交付方式与地点、购买的材料、租赁的器材、所借款项的用途、建筑单位是否知道项目经理的行为、是否参与合同履行等各种因素，作出综合分析判断。

在商事交易中，虽然应当保护交易的安全和效率，但是过多地施加注意义务和审查义务，无疑是不利于交易的正常进行，因此在实践中使用私刻的公章并不必然导致合同无效，法院会综合判断和认定。

案例：A公司、周某某建设工程施工合同纠纷【（2019）最高法民申288号】

再审法院认为周某某委托B公司分别于2017年1月25日和6月21日向指定的案外人叶某、庄某等人账户汇入210万元。《合同法》（现已失效）第四十九条规定："行为人没有代理权、超越代理权或者代理权终止后以被代理人名义订立合同，相对人有理由相信行为人有代理权的，该代理行为有效。"虽然周某某存在私刻A公司公章的行为，但无证据证明B公司对此知情。即使周某某当时已不再具有相应的代理权，鉴于当时A公司尚未向B公司明确告知撤销周某某在A公司所任的总经理兼案涉项目经理职务，且周某某作为A公司代表自工程施工以来一直与B公司进行业务往来，B公司有理由相信周某某有权代表A公司从事上述行为，故应认定该行为对A公司发生法律效力。因此，该210万元应当计入B公司的已付工程款。同理，2017年6月26日B公司以案涉10套房屋抵扣材料商工程款4561296元，亦是在周某某以A公司名义要求下为之。至一审审理时，部分材料与B公司签订了购房协议。A公司虽主张上述材料商身份未核实，B公司与周某某恶意串通，以房抵债行为虚假，但未提交证据予以证明。因此，应当认定该以房抵扣工程材料款的行为，对A公司和B公司均发生效力。原判决将上述210万元和以房抵款所涉4561296元计入B公司已付工程款，并无不当。

建筑企业中，私刻公章的现象屡见不鲜，由此引发了大量复杂的纠纷。因此，为了防范该风险，建筑企业首先需要加强对公章使用的监管，避免出具空白授权书，对外公文一律进行编号，及时收回用印却未使用的公文，保证用章管理规范，登记入册，发现涉嫌私刻公章行为要及时予以报案、申请撤销。同时，不仅应当在合同中明确相关负责人的权限，而且在施工现场的显著位置展示相关负责人的信息及授权范围。

（六）防范"烂尾楼"工程的风险

烂尾楼，是指已办理用地、规划手续，项目开工后，因开发商无力继续投资建设或陷入债务纠纷，停工1年以上的房地产项目。烂尾楼形成的原因较多，如在建楼盘的开发商破产、缺乏建设资金、项目涉及经济纠纷、开发商违法违规导致工程停工，其中多半是因为资金链条断裂，工程未完，开发商已拿不出钱来，银行也不愿继续贷款，而项目又无法转让给其他投资人。

防止风险发生，对于承包人而言一方面应注意资信审查，承包人对开发商的资质、信誉、开发业绩，工程前景也应进行必要的调查。另一方面，严禁以垫款承包为争揽工程的条件。虽然国家有关部门三令五申严格禁止垫款承包，但由于监管处分措施不力，在"僧多粥少"的情况下，这种情况实难防止。而垫款施工经常出现的情况是：在工程量到达一定程度，如果开发商不追加工程款，建筑商就以停工给开发商施压，一旦后续工程款不能到位，而建筑商又无力继续垫款，就会形成烂尾工程。因此，应当从立法、制度等层面严禁垫资施工。如果发包人拖欠进度款，即向其发出限期催款函。如仍不支付，则果断停工（这是行使不安抗辩权），除非发包人支付或提供了充分适当的担保，方可继续施工。

第二章

建筑企业在招标投标活动中的合规与风险防控

第一节 建筑企业在招标投标活动中的合规风险

建筑企业经常参加招标投标活动，如果不注意防控就容易出现问题。

一、信息取舍失误风险

（一）获取招标信息的渠道有误

《招标投标法》第十六条规定："招标人采用公开招标方式的，应当发布招标公告。依法必须进行招标的项目的招标公告，应当通过国家指定的报刊、信息网络或者其他媒介发布。"投标人要通过正确、安全的渠道获取招标信息，查看招标公告，确保招标信息的真实、可靠，维护自身利益。随着网络的发展与数字化工作的推广，招标投标越来越多采用线上发售标书、线上招标的形式。一些大型企业会建立自己的招标平台，更多的企业通过招标网站和专业媒体发布招标投标信息。这也给一些投机分子以机会，通过篡改招标方联系方式、账号信息等不法途径来牟利。投标方如果对信息风险识别不充分，不但要损失诸如已缴纳的投标保证金，还错失了中标的机会。所以，如果是投标方海选网络招标信息，则一定要关注网站是否正规，以及在过程中要关注信息是否准确。

《招标投标法实施条例》第六十七条规定："投标人相互串通投标或者与招标人串通投标的，投标人向招标人或者评标委员会成员行贿谋取中标的，中标无效；构成犯罪的，依法追究刑事责任；尚不构成犯罪的，依照《招标投标法》第五十三条的规定处罚。投标人未中标的，对单位的罚款金额按照招标项目合同金额依照《招标投标法》规定的比例计算。投标人有下列行为之一的，属于《招标投标法》第五十三条规定的情节严重行为，由有关行政监督部门取消其1年至2年内参加依法必须进行招标的项目的投标资格：（一）以行贿谋取中标；（二）3年内2次以上串通投标；（三）串通投标行为损害招标人、其他投标人或者国家、集体、公民的合法利益，造成直接经济损失30万元以上；（四）其他串通投标情节严重的行为。投标人自本条第二款规定的处罚执行期限届满之日起3年内又有该款所列违法行为之一的，或者串通投标、以行贿谋取中标情节特别严重的，由工商行政管理机关吊销营业执照。法律、行政法规对串通投标报价行为的处罚另有规定的，从其规定。"

《招标投标法实施条例》第六十八条规定："投标人以他人名义投标或者以其他方式弄虚作假骗取中标的，中标无效；构成犯罪的，依法追究刑事责任；尚不构成犯罪的，依照《招标投标法》第五十四条的规定处罚。依法必须进行招标的项目的投标人未中标的，对单位的罚款金额按照招标项目合同金额依照《招标投标法》规定的比例计算。投标人有下列行为之一的，属于《招标投标法》第五十四条规定的情节严重行为，由有关行政监督部门取消其 1 年至 3 年内参加依法必须进行招标的项目的投标资格：（一）伪造、变造资格、资质证书或者其他许可证件骗取中标；（二）3 年内 2 次以上使用他人名义投标；（三）弄虚作假骗取中标给招标人造成直接经济损失 30 万元以上；（四）其他弄虚作假骗取中标情节严重的行为。"

（二）投标人信息审查失误风险

资格审查就是审查供应商是否符合资格条件。资格审查分为两种，一种是资格预审，另一种是资格后审。资格预审是在邀请供应商之前，通过资格审查来确定是否邀请该供应商来投标，资格后审是在开标之后评审阶段。《政府采购货物和服务招标投标管理办法》第四十四条规定："公开招标采购项目开标结束后，采购人或者采购代理机构应当依法对投标人的资格进行审查。"此处所称的资格审查是指资格后审。

《政府采购货物和服务招标投标管理办法》明确资格审查由采购人或者采购代理机构来做，根据实际需要在委托协议里明确。在资格条件设置中把客观资质作为资格条件，实行准入门槛制。比如，营业执照、社保资金证明、纳税证明、重大违法记录声明等。将需要通过主观判断的资质条件，作为评分条件。资格条件基本上应客观化，如财政部《关于促进政府采购公平竞争优化营商环境的通知》也规定，资格审查当中那些可以通过互联网或者相关信息系统查询的信息，不得要求供应商提供。此外，如果招标文件规定供应商提供声明、承诺的，就没必要再要求供应商提供其他的证明文件。比如，让供应商去公安部门开具无犯罪档案证明等。

一些投标人为了获得投标资格、谋取中标，就会有针对性地虚构其财务状况、业绩等资格条件，伪造、变造资格证明文件弄虚作假。利用招标人对相关信息掌握不对称的漏洞，骗取中标，给招标人带来经济损失。

《招标投标法》第五十四条规定："投标人以他人名义投标或者以其他方式弄虚作假，骗取中标的，中标无效，给招标人造成损失的，依法承担赔偿责任；构成犯罪的，依法追究刑事责任。依法必须进行招标的项目的投标人有前款所列行为尚未构成犯罪的，处中标项目金额千分之五以上千分之十以下的罚款，对单位直接负责的主管人员和其他直接责任人员处单位罚款数额百分之五以上百分之十以下的罚款；有违法所得的，并处没收违法所得；情节严重的，取消其一年至三年内参加依法必须进行招标的项目的投标资格并予以公告，直至由工商行政管理机关吊销营业执照。"

（三）信息失真风险

1.招标方隐瞒工程真实信息

《建设工程质量管理条例》第九条规定："建设单位必须向有关的勘察、设计、施工和监理等单位提供与建设工程有关的原始资料。原始资料真实、准确和齐全。"上述规定均属于强制性规定,招标文件的内容不得违反"三公"和诚实信用原则。所谓违反"三公"原则,是指招标文件没有载明必要的信息,针对不同的潜在投标人设立有差别的资格条件,提供给不同潜在投标人的资格预审文件或者招标文件的内容不一致,指定某一特定的专利产品或者供应者,资格预审文件载明的资格审查标准和方法或者招标文件中载明评标标准和方法过于原则,自由裁量空间过大,使得潜在投标人无法准确把握招标人意图、无法科学地准备资格预审申请文件或者投标文件等。所谓违反诚实信用原则,是指招标文件的内容故意隐瞒真实信息,典型表现是隐瞒工程场地条件等可能影响投标价格和建设工期的信息,恶意压低工程造价逼迫潜在投标人放弃投标或者以低于成本的价格竞标,从而影响工程质量和安全,影响了潜在投标人投标。

《工程建设施工招标投标管理办法》❶第三十八条规定:"招标单位隐瞒工程真实情况(如建设规模、建设条件,投资、材料的保证等)的",由县级以上地方人民政府建设行政主管部门或其授权机构根据情节轻重,给予警告、通报批评、中止招标、取消一定时期投标权、不准开工、责令停止施工的处罚,并可处以罚款。

2. 投标人信息不实风险

建设工程招标投标对于投标单位的资质有非常高的要求。根据工程的规模和复杂程度要求不同,一些投标单位往往采用挂靠、借用资质等手段去承揽自身不具备资质条件的工程,存在极大的工程建设隐患。《工程建设施工招标投标管理办法》❶第三十八条规定:"投标单位不如实填写投标申请书、虚报企业资质等级的",由县级以上地方人民政府建设行政主管部门或其授权机构根据情节轻重,给予警告、通报批评、中止招标、取消一定时期投标权、不准开工、责令停止施工的处罚,并可处以罚款。

而且,招标人、投标人在隐瞒真实信息获取工程建设权或者施工权之后,如果自始信息就失真,合同也是无效的。

《最高人民法院关于审理建设工程施工合同纠纷案件适用法律问题的解释(一)》第一条规定:"建设工程施工合同具有下列情形之一的,应当依据民法典第一百五十三条第一款的规定,认定无效:(一)承包人未取得建筑业企业资质或者超越资质等级的;(二)没有资质的实际施工人借用有资质的建筑施工企业名义的。"

二、中介欺骗风险

(一)在招标公告中违规设置业绩类投标限制条件风险

在大型工程建设项目中,招标文件的编制需要聘请中介机构,在编制中应以国家法律法规或者行业的要求作为投标限制条件的来源,但一些中介机构往往出于业主要求或

---

❶ 该办法已废止,目前无修订版推出。

者串通等原因对该项目设置不必要的业绩类投标限制条件，从而大幅降低串通投标成本并增加投标成功率。情节严重的，还会涉嫌串通投标罪。

（二）造价咨询公司串通投标风险

一些投标人通过招标公告获取招标中介机构信息，为了中标，违规与中介公司人员联系，提出不合理的诉求。如要求中介机构对投标报名公司的资料严格审核以减少竞争对手，或者违规安排相关人员进入开标评标场所等，从而达到影响中标结果的目的。如某项目开标时，投标人安排己方人员冒充招标代理公司员工参与现场开标，并提供自己的手机用于接收场外更改、调换抽签号球等串通投标指令。上述相关人员作为串通投标的共犯，应被依法移送起诉。

（三）未履行招标代理合同约定风险

根据在招标代理工作中的职责，代理公司或者中介机构应按照招标代理合同约定，派遣符合要求的工作人员开展招标开标等工作，如有违反，会给招标工作带来关键环节不能执行的风险，应根据合同或者相关要求将其纳入不良行为记录。

《招标投标法实施条例》第六十五条规定："招标代理机构在所代理的招标项目中投标、代理投标或者向该项目投标人提供咨询的，接受委托编制标底的中介机构参加受托编制标底项目的投标或者为该项目的投标人编制投标文件、提供咨询的，依照《招标投标法》第五十条的规定追究法律责任。"

三、代理风险

（一）代理机构泄密风险

代理人泄露应当保密的与招标投标活动有关的情况和资料。

（二）代理机构串通风险

代理人与招标人、投标人串通损害国家利益、社会公共利益或者他人合法权益导致合同存在无效的风险。

（三）代理机构职责交叉风险

代理人在所代理的招标项目中投标、代理投标或者向该项目投标人提供咨询；接受委托编制标底的中介机构参加受托编制标底项目的投标或者为该项目的投标人编制投标文件、提供咨询等。

上述违法行为应承担的法律责任有：①处 5 万元以上 25 万元以下的罚款；②对单位直接负责的主管人员和其他直接责任人员处单位罚款数额 5% 以上 10% 以下的罚款；③有违法所得的，并处没收违法所得；④情节严重的，禁止其 1 ~ 2 年内代理依法必须进行招标的项目并予以公告，直至由工商行政管理机关吊销营业执照；⑤构成犯罪的，依法追究刑事责任；⑥给他人造成损失的，依法承担赔偿责任；⑦行为影响中标结果的，中标无效。

相关法律依据。《招标投标法》第五十条规定："招标代理机构违反本法规定，泄露应当保密的与招标投标活动有关的情况和资料的，或者与招标人、投标人串通损害国家利益、社会公共利益或者他人合法权益的，处五万元以上二十五万元以下的罚款；对单位直接负责的主管人员和其他直接责任人员处单位罚款数额百分之五以上百分之十以下的罚款；有违法所得的，并处没收违法所得；情节严重的，禁止其一年至二年内代理依法必须进行招标的项目并予以公告，直至由工商行政管理机关吊销营业执照；构成犯罪的，依法追究刑事责任。给他人造成损失的，依法承担赔偿责任。前款所列行为影响中标结果的，中标无效。"

四、业主"买标"风险

（一）"买标卖标"风险

一些优质企业的工程投入大、资金有保证，既是"香饽饽"，同时也是"摇钱树"。在跑项目、批项目、包项目等各个环节都聚集了不少"能人"。大量的利益寄生者加入工程招标投标的利益瓜分，一些工程"黄牛"为了获取不法利益，在"关系"的庇护下，进行"买标卖标"，在工程转包、分包中存在的巨额"管理费""中介费"，让中间人赚得盆满钵满，而且实际的施工者则被层层加码、血本无归。

"买标"与"卖标"是建筑行业甚至工程行业的腐败现象之一，一些不法行为在招标发包后利用权利后台操作，使自己的"关系户"取得标底进而中标，或者通过工程分包来达到目的。

根据《关于禁止串通招标投标行为的暂行规定》❶，"买标卖标"属于串通投标行为，违反了《招标投标法》，这种行为属于法律严厉禁止的行为，情节严重的，会以串通投标罪追究刑事责任。

《招标投标法》第五十三条规定："投标人相互串通投标或者与招标人串通投标的，投标人以向招标人或者评标委员会成员行贿的手段谋取中标的，中标无效，处中标项目金额千分之五以上千分之十以下的罚款，对单位直接负责的主管人员和其他直接责任人员处单位罚款数额百分之五以上百分之十以下的罚款；有违法所得的，并处没收违法所得；情节严重的，取消其一年至二年内参加依法必须进行招标的项目的投标资格并予以公告，直至由工商行政管理机关吊销营业执照；构成犯罪的，依法追究刑事责任。给他人造成损失的，依法承担赔偿责任。"

《刑法》第二百二十三条规定："投标人相互串通投标报价，损害招标人或者其他投

---

❶ 该规定已废止，目前无修订版推出。

标人利益，情节严重的，处三年以下有期徒刑或者拘役，并处或者单处罚金。投标人与招标人串通投标，损害国家、集体、公民的合法利益的，依照前款的规定处罚。"

（二）违规肢解招标项目风险

一些工程项目招标过程中，为了将项目发包给不同的投标人，满足多方面利益需求，招标单位将应合并招标的项目，肢解为多个标段，对外发包，甚至化整为零，规避招标。《招标投标法》第四条规定："任何单位和个人不得将依法必须进行招标的项目化整为零或者以其他任何方式规避招标。"

（三）设置不合理招标限制条件，排斥潜在投标人

《招标投标法实施条例》第三十二条规定："招标人不得以不合理的条件限制、排斥潜在投标人或者投标人。"

招标人有下列行为之一的，属于以不合理条件限制、排斥潜在投标人或者投标人：①就同一招标项目向潜在投标人或者投标人提供有差别的项目信息。比如：在两个以上媒介发布的同一招标项目的招标公告内容不一致；单独或者分别组织潜在投标人踏勘项目现场和举行投标预备会。②设定的资格、技术、商务条件与招标项目的具体特点和实际需要不相适应或者与合同履行无关。比如：技术、商务条件与招标项目的具体特点和实际需要不相适应或者与合同履行无关；脱离招标项目的具体特点和实际需要，随意和盲目地设定投标人要求；设定与招标项目具体特点和实际需要不相适应的资质资格、技术、商务条件或者业绩、奖项要求；设定企业股东背景、年平均承接项目数量或者金额、从业人员、纳税额、营业场所面积等规模条件；设定超过项目实际需要的企业注册资本、资产总额、净资产规模、营业收入、利润、授信额度等财务指标；设定与招标项目实际需要不相适应或者与合同履行无关的资质、人员资格等。③依法必须进行招标的项目以特定行政区域或者特定行业的业绩、奖项作为加分条件或者中标条件。比如：设定投标人获得过特定区域奖项；设定投标人具有特定区域业绩；设定投标人具有教育建筑、医疗建筑等特定行业业绩。④对潜在投标人或者投标人采取不同的资格审查或者评标标准。对本地区或本行业之外的潜在投标人或投标人设定不同的资格审查或评标标准。比如：设定投标人在本地注册设立子公司、分公司、分支机构，在本地拥有一定办公面积，在本地缴纳社会保险等。⑤限定或者指定特定的专利、商标、品牌、原产地或者供应商。比如：限定或者指定特定的专利、商标、品牌、厂家或检验检测认证机构（法律法规有明确要求的除外）；限定进口产品或对进口产品加分；限定必须在招标文件列举的品牌、厂家中选择；设定特定的专利、品牌、厂家加分。⑥依法必须进行招标的项目非法限定潜在投标人或者投标人的所有制形式或者组织形式。比如：设定投标人为国有企业，对国有企业加分等。⑦以其他不合理条件限制、排斥潜在投标人或者投标人。比如：要求投标人的法定代表人必须到开标现场，而不接受经授权委托的投标人代表到场；将政府部门、行业协会商会或者其他机构对

投标人作出的荣誉奖励和慈善公益证明等作为中标条件；随意压缩勘察设计周期或施工工期。

《招标投标法实施条例》第六十四条规定："招标人有下列情形之一的，由有关行政监督部门责令改正，可以处10万元以下的罚款：（一）依法应当公开招标而采用邀请招标；（二）招标文件、资格预审文件的发售、澄清、修改的时限，或者确定的提交资格预审申请文件、投标文件的时限不符合招标投标法和本条例规定；（三）接受未通过资格预审的单位或者个人参加投标；（四）接受应当拒收的投标文件。招标人有前款第一项、第三项、第四项所列行为之一的，对单位直接负责的主管人员和其他直接责任人员依法予以处分。"

五、联合保标风险

（一）联合体投标无效风险

在竞争对手众多的情况下，一些投标单位为了提高中标的概率或者确保能够中标，可能会联合几家实力雄厚的承包商联合起来控制标价，一家出面争取中标，再将其中部分项目转让给其他承包商分包，或轮流相互保标。这是一种违规招标投标的行为。

联合保标不同于联合体投标，联合体投标是指两个或两个以上法人或者其他组织可以组成一个联合体，以一个投标人的身份共同投标。除非招标单位在公告有特别要求注明不接受联合体投标，否则规范的联合体投标是合法行为。

联合体投标多出现在一些大型复杂项目中，比如某些规模巨大的工程建设项目，这类项目对投标单位的资金和技术要求比较高，单靠一个投标人的力量往往不够，因此可以联合几家企业集中各自优势，以一个投标人的身份参与投标。

联合体各方应当签订共同投标协议，明确约定各方拟承担的工作和责任，并将共同投标协议连同投标文件一并提交给招标人。联合体中标的，联合体各方应当共同与招标人签订合同，就中标项目向招标人承担连带责任。

国家有关规定或者招标文件对投标人资格条件有规定的，联合体各方均应当具备规定的相应资格条件。由同一专业的单位组成的联合体，按照资质等级较低的单位确定资质等级。

根据《政府采购法》《招标投标法》的相关规定，联合体的组成形式可以按专业、资质等级和法人性质三个不同的标准进行划分，通过排列组合还可以衍生出多种形式的联合体。

联合保标通常指联合体不当投标，致使投标无效的情形，主要有以下几种：①联合体与其他投标人或招标人串通投标，其投标无效；②招标人接受联合体投标并进行资格预审的，联合体应在提交资格预审申请文件前组成，资格预审后联合体增减、更换成员的，其投标无效；③联合体各方在同一招标项目中以自己名义单独投标或者参加其他联合体投标的，相关投标均无效；④同一投标人递交两份内容不同的投标文件，或在同一招标项目报有两个或多个报价，并且未声明哪一个有效的，其投标文件将被否决。

实际上，联合体投标无效就是指投标无效，可以参考无效投标的概念来理解。

《招标投标法实施条例》第三十四条规定："与招标人存在利害关系可能影响招标公正性的法人、其他组织或者个人，不得参加投标。单位负责人为同一人或者存在控股、管理关系的不同单位，不得参加同一标段投标或者未划分标段的同一招标项目投标。违反前两款规定的，相关投标均无效。"第三十七条规定："招标人应当在资格预审公告、招标公告或者投标邀请书中载明是否接受联合体投标。招标人接受联合体投标并进行资格预审的，联合体应当在提交资格预审申请文件前组成。资格预审后联合体增减、更换成员的，其投标无效。联合体各方在同一招标项目中以自己名义单独投标或者参加其他联合体投标的，相关投标均无效。"

（二）联合体各方合作协议无效风险

联合体是一个临时性组织，不具有法人资格。虽然它不属于一个法人组织，但是对外投标应以组成联合体的各方的共同名义进行，以一个投标人的身份参与投标，不能以其中一个主体或者两个（多个）主体的名义进行，即"联合体各方共同与招标人签订合同"。

联合体各方应签订共同投标协议，并提交招标人。如果需要就中标项目进行分包，应经建设单位认可。不得通过其他约定规避建设单位要求，侵害建设单位的合法权益；否则，违反法律强制性规定，相关合作协议也应当属违法分包，构成投标人恶意串通投标。

《招标投标法实施条例》第五十一条规定："有下列情形之一的，评标委员会应当否决其投标……（二）投标联合体没有提交共同投标协议。"

《招标投标法实施条例》第三十九条规定："禁止投标人相互串通投标。有下列情形之一的，属于投标人相互串通投标：（一）投标人之间协商投标报价等投标文件的实质性内容；（二）投标人之间约定中标人；（三）投标人之间约定部分投标人放弃投标或者中标；（四）属于同一集团、协会、商会等组织成员的投标人按照该组织要求协同投标；（五）投标人之间为谋取中标或者排斥特定投标人而采取的其他联合行动。"第四十条规定："有下列情形之一的，视为投标人相互串通投标：（一）不同投标人的投标文件由同一单位或者个人编制；（二）不同投标人委托同一单位或者个人办理投标事宜；（三）不同投标人的投标文件载明的项目管理成员为同一人；（四）不同投标人的投标文件异常一致或者投标报价呈规律性差异；（五）不同投标人的投标文件相互混装；（六）不同投标人的投标保证金从同一单位或者个人的账户转出。"

六、报价失误风险

（一）投标人低于成本报价风险

投标人报价是其所有管理工作和管理风险中最突出的部分。报价水平的高低决定了能否中标以及中标后利润的高低。一段时间以来，"最低价中标"成了一种通行的方式。所谓"最低价中标"，就是在招标投标时，谁的报价最低，就由谁中标的评标方法。这种方法的好处在于能够最大限度地节约建设资金，使招标方获得最佳的投资效益。在成熟的市场经济体制下，"最低价中标"在政府采购和工程建设招标中被广泛运用，成为一种惯例，前提是投标中的投标价或中标价不得低于成本价。但在实际的竞标过程中，"最低价中标"往往演变成"唯价格论"。如果没有一套运行完善的技术、服务、监管、审查与评价体系，部分招标单位在招标环节忽视质量要求，唯价格论导致招标体系乱象频生。

其中，低于成本价的低价中标更是背离市场价值，造成施工材料质量差、工程寿命短、建设质量不佳等问题。还会引发工程建设后期管理混乱、工程质量参差不齐、投用后维护成本高等各种后果。低价中标还会使施工方往往入不敷出，进而导致工人工资发放不到位，增加社会不稳定因素。有人总结低价中标三宗罪："饿死同行""搞死自己""坑死甲方"。在低价中标的游戏中，没有赢家。其中一个有影响力的案例就是西安地铁"问题电缆"事件，某单位在低价中标后，为降低企业生产成本，偷工减料、以次充好，"供应给地铁的电缆型号有20多种，规格超过40种，总造价4000多万元，其中有超过3000万元的电缆是不合格产品"。最终，埋下安全隐患，造成恶劣影响。

2017年，国务院办公厅发布《关于西安地铁"问题电缆"事件调查处理情况及其教训的通报》（以下简称《通报》）。《通报》指出，要加快构建健康有序的市场环境；完善招标投标和设备材料采购制度，抓紧修订相关法律法规和配套文件，营造"优质优价"的市场氛围；建立价格预警干预机制，加快改变以价格为决定因素的招标和采购管理模式，实施技术、质量、服务、品牌和价格等多种因素的综合评估，推动"拼价格"向"拼质量"转变；严厉打击各类扰乱市场秩序和不正当竞争的行为，加大对有关建设工程质量的监督检查力度，建设优质工程；要"严"字当头，大幅提高涉及群众生命安全的质量违法成本，坚决把严重违法违规企业依法逐出市场，让违法者付出高昂代价。

《招标投标法》第三十三条规定："投标人不得以低于成本的报价竞标，也不得以他人名义投标或者以其他方式弄虚作假，骗取中标。"

《招标投标法实施条例》第五十一条规定："有下列情形之一的，评标委员会应当否决其投标……（五）投标报价低于成本或者高于招标文件设定的最高投标限价。"

对于"投标人不得以低于成本的报价竞标"中的"成本"，是行业市场平均成本，还是企业个别成本，在司法实践中仍然存在争议，需要在具体案例中分析应用。

（二）投标人报价不准确风险

投标人价格风险不仅包括投标时设备材料询价的不确定性、工程施工过程中物价和人工费用的上涨，还包括工程设计的不完整和不确定性，对当地施工技术水平和市场价格调查的粗略性，以及当地分包价格和政府部门对工程设计及施工方面要求的不可靠性等，这些都制约着投标报价的精确程度。

对于投标人来说，投标报价测算要精确，防止实际成本超过中标价。同时，也要保证一定的利润空间。为更好地控制投标报价风险，首先，需要在工程投标过程中尽可能地细化设计方案，对于重要的技术方案可以做到施工图深度，以便于计算实际工程量；其次，对主要的设备和材料，应根据技术方案在投标前进行充分的询价；最后，应建立施工分包和货物采购的合格供应商网络，以便于充分利用专业资源快速测定价格。

投标人要注意划分与招标人之间的风险。根据我国工程建设特点，投标人应完全承担的风险是技术风险和管理风险，如管理费和利润；应有限承担的风险是市场风险，如材料价格、施工机械使用费等的风险；应完全不承担风险的是法律、法规、规章和政策变化的风险。

在订立合同中，对于材料涨价风险应明确约定，如果没有约定则按法定。要根据工程建设项目所在各省、市建设行政主管部门、劳动行政主管部门的有关规定，人工成本不纳入风险因素，材料价格的风险、施工机械使用费风险可控制在一定比例以内（10%），超过者予以调整，管理费和利润风险由投标人全部承担。

工程总承包通常采用固定总价的方式进行招标，项目发包时往往只有项目的功能要求和相关设备的技术参数要求，而传统的施工招标一般采用工程量清单式的固定单价合同。投标人编写和制定投标文件时，应认真仔细阅读招标文件，做到逐字逐句。列出招标文件所有需要备齐的资料的清单。必须严格按照招标文件准备所有的资料，不确定的地方要找招标机构确认。

《最高人民法院关于审理建设工程施工合同纠纷案件适用法律问题的解释（一）》第二十二条规定："当事人签订的建设工程施工合同与招标文件、投标文件、中标通知书载明的工程范围、建设工期、工程质量、工程价款不一致，一方当事人请求将招标文件、投标文件、中标通知书作为结算工程价款的依据的，人民法院应予支持。"第二十三条规定："发包人将依法不属于必须招标的建设工程进行招标后，与承包人另行订立的建设工程施工合同背离中标合同的实质性内容，当事人请求以中标合同作为结算建设工程价款依据的，人民法院应予支持，但发包人与承包人因客观情况发生了在招标投标时难以预见的变化而另行订立建设工程施工合同的除外。"

招标人和中标人在中标合同之外，就明显高于市场价格购买承建房产、无偿建设住房配套设施、让利、向建设单位捐赠财物等另行签订合同，变相降低工程价款。一方当事人以该合同背离中标合同实质性内容为由请求确认无效的，人民法院应予支持。

（三）不平衡报价风险

不平衡报价，是相对通常的平衡报价（正常报价）而言的，是在工程项目的投标总价确定后，根据招标文件的付款条件，调整投标文件中子项目的报价，在不抬高总价以免影响中标（商务得分）的前提下，实施项目时能够尽早、更多地结算工程款，并能够赢得更多利润的一种投标报价方法。但是，在投标价格固定的情况下，有报价高的就有报价低的。如果报价高的部分被发包人变更了原有报价不能被支持，或者报价低的部分工程量增加，往往会导致建筑企业承包商受到巨大亏损。

七、刑事风险

《招标投标法实施条例》第六十九条规定："出让或者出租资格、资质证书供他人投标的，依照法律、行政法规的规定给予行政处罚；构成犯罪的，依法追究刑事责任。"

《招标投标法实施条例》第七十二条规定："评标委员会成员收受投标人的财物或者其他好处的，没收收受的财物，处3000元以上5万元以下的罚款，取消担任评标委员会成员的资格，不得再参加依法必须进行招标的项目的评标；构成犯罪的，依法追究刑事责任。"

《招标投标法实施条例》第七十九条规定："项目审批、核准部门不依法审批、核准项目招标范围、招标方式、招标组织形式的，对单位直接负责的主管人员和其他直接责任人员依法给予处分。有关行政监督部门不依法履行职责，对违反招标投标法和本条例规定的行为不依法查处，或者不按照规定处理投诉、不依法公告对招标投标当事人违法行为的行政处理决定的，对直接负责的主管人员和其他直接责任人员依法给予处分。项目审批、核准部门和有关行政监督部门的工作人员徇私舞弊、滥用职权、玩忽职守，构成犯罪的，依法追究刑事责任。"

《招标投标法实施条例》第八十条规定："国家工作人员利用职务便利，以直接或者间接、明示或者暗示等任何方式非法干涉招标投标活动，有下列情形之一的，依法给予记过或者记大过处分；情节严重的，依法给予降级或者撤职处分；情节特别严重的，依法给予开除处分；构成犯罪的，依法追究刑事责任：（一）要求对依法必须进行招标的项目不招标，或者要求对依法应当公开招标的项目不公开招标；（二）要求评标委员会成员或者招标人以其指定的投标人作为中标候选人或者中标人，或者以其他方式非法干涉评标活动，影响中标结果；（三）以其他方式非法干涉招标投标活动。"

（一）侵犯商业秘密罪

《刑法》第二百一十九条规定了侵犯商业秘密罪，本罪属于知识产权犯罪，刚刚颁布实施不久的《刑法修正案（十一）》对本罪也作了大幅度的修改，入罪的标准较修改之前降低，量刑却整体加重，体现出国家对该类犯罪刑事司法政策的强化，对侵犯商业秘密行为的打击加重。本罪的行为手段包括：①以盗窃、贿赂、欺诈、胁迫、电子侵入或者其他不正当手段获取权利人的商业秘密的；②披露、使用或者允许他人使用以前项手段获取的权利人的商业秘密的；③违反保密义务或者违反权利人有关保守商业秘密的要求，披露、使用或者允许他人使用其所掌握的商业秘密的；④明知前几项行为，获取、披露、使用或者允许他人使用该商业秘密的。

《招标投标法》第五十条"招标代理机构违反本法规定，泄露应当保密的与招标投标活动有关的情况和资料的，或者与招标人、投标人串通损害国家利益、社会公共利益或者他人合法权益的"、第五十二条"依法必须进行招标的项目的招标人向他人透露已获取招标文件的潜在投标人的名称、数量或者可能影响公平竞争的有关招标投标的其他情况的，或者泄露标底的"规定的情形都有可能涉及侵犯商业秘密罪，并且招标人、投标人、招标代理机构都有可能涉及本罪。

（二）串通投标罪

《刑法》第二百二十三条规定了串通投标罪，投标人之间串通投标报价以及投标人和招标人之间串通投标，都有可能构成串通投标罪，《招标投标法》第五十三条"投标人相互串通投标或者与招标人串通投标的，投标人以向招标人或者评标委员会成员行贿的手段谋取中标的"就是涉及串通投标罪的规定。本罪的关键在于行为人相互之间就招标投标存在有损公平的排他的意思联络，引发"陪标""围标"等显失公平的违反《招标投标法》的现象，有损公平、公正的市场竞争环境。

（三）行贿受贿及渎职犯罪

招标投标领域历来是行贿受贿和渎职犯罪的高发领域，建设工程的招标投标更甚，原因就在于其中存在巨额资金和巨大利益。这其中除涉及国家工作人员的受贿犯罪之外，还会涉及渎职犯罪，在招标投标领域中招标人与投标人之间串通投标实质就是招标人的滥用职权，这种滥用职权在《刑法》当中的特殊法条就是串通投标罪，所以在招标投标领域渎职的表现形式就是串通投标罪。

第二节　建筑企业在招标投标活动中的风险防控

如何防范招标投标风险？建筑企业要重视以下几个方面的合规。

一、法定项目要应招必招，合理采用非招标投标方式

为了规范招标投标活动，国家从项目的属性或用途、资金来源和项目规模三个方面

对法定招标范围作出明确规定。招标采购方式具有政策刚性强、过程不可逆等特点，要坚持应招必招、宜招则招的原则。但在不是必需的情况下，可依法采用其他采购方式，提高采购效率与效益。

《招标投标法》第三条规定了必须进行招标投标的工程建设项目的范围，那么除了该范围之外的其他建设工程项目便可以不采用招标投标的方式，就可以不受《招标投标法》的约束，省去很多不必要的麻烦。因此，企业在工程项目中，可以对照《招标投标法》《招标投标法实施条例》查看所列范围，准确界定项目是否需要采取招标投标的方式，一方面节省时间精力，另一方面也可以避免很多法律上的风险。

二、加强供应商合规审核把关

除了供应商应当具备营业执照等证明主体资格的证照外，与直接关系公共安全、人身健康、生命财产安全的重要设备、物品相关的业务，还要求供应商具备从事特定业务所需的资质证书。同时，为了证明供应商管理水平，质量、环境、安全与职业卫生管理体系证书也是必要的。我们要充分利用企业信用信息公示系统、质量监督检验检疫总局网站、工商局门户网站等平台，加强对供应商的资信调查和动态监管。

建立健全招标投标诚信体系，将投标人诚信评价信息纳入供应商动态量化考核，作为供应商星级评价的依据，并根据诚信变化情况采取升降星级管理。对有失信记录的投标人，视情节轻重给予警告、通报、暂停投标资格、取消投标资格的处理，按国家有关法律法规追究责任。后续评标中，对有失信记录的投标人给予扣分。另外，日常工作中注意确立长期合作伙伴单位，有过合作的分包商或供应商在对其管理上更能把控风险。

三、强调招标文件合规，全面反映使用单位的需求

招标就是为需求服务，切实签订好技术协议，编制好招标文件是全面反映使用单位需求的主要途径。技术协议是一项重要的基础工作，是对拟采购物资的技术描述，是反映招标采购物资具体而详细的内容要求，是招标采购物资的一个比较清晰的框架。技术协议提供的要求越详细、越接近采购人合法的实际要求，采购结果就越能够符合采购需求。

招标文件应当合规，应能全面、准确地反映用户的需求，功能描述要准确，技术指标、工艺方法、质量水平、验收标准要明确。当投标人阅读招标文件时，能明白以什么档次报价可满足用户的需求。另外，商务条款、使用环境、地理位置条件也应明确。这些因素会影响到产品的配置和质量，影响到投标人的正常报价和投标方案。

精准分析适合目标项目的发包模式，项目引导有的放矢。为避免项目建设模式引导

失败给企业带来损失，建设企业首先需要在项目前期全面分析目标项目特征，严格确认项目是否适合采用工程总承包模式。其中，项目特征分析可从紧迫性、工程规模、工艺复杂度、建设单位意愿等方面着手。只有当项目确实有采用工程总承包模式的必要性时，才有相应引导的必要；否则，将成为盲目引导，使风险发生的可能性大大增加；其次，应在项目可研批复或方案确定后，及时引导业主进行工程总承包模式的招标，以便于建设企业尽早介入项目，避免前期不确定性的投入过多。

四、提高投标的诚信度和质量

需要通过规范市场运作，营造良好执法环境，增强招标采购法律法规执行力度，针对不同主体、不同项目类别，建立并完善招标投标行业标准体系，为政府制定和完善符合行业及市场发展需要的行业标准提供政策建议。实现由"重企业资质"向"重企业及从业人员业绩"的转变。通过完善招标投标行业发展的诚实信用机制，完善违法行为记录公告、信用评价体系等制度，形成外部约束机制，体现行业诚实信用的要求。同时，强化行业自律管理，强化信用管理的约束和激励机制，规范竞争行为，引导企业守法规、讲诚信、重质量、强管理。将诚信自律工作范围延伸至招标投标活动各方主体。

五、重视签约质量

施工合同条款对项目的盈亏和现金流起到至关重要的作用，好的合同在履约和盈利上是先行一步，差的合同就是输在起跑线上，因此要重视签约质量，选择合适的合同计价形式。

六、语言表达要准确严密

招标投标文件语言表达要准确严密。准确就是用词恰当、表意明确。准确是对语言运用质量的最基本也是最重要的要求，它要求用词能完全表达概念的内涵，用词贴切，用句规范。贴切，就是说，一个意思只有一个词可以表现，这个词在同一种语言中没有任何其他词可以代替，一定要使用它才好。规范，就是句子合乎语法逻辑。如果招标投标文件语言表达得不准确、严密，可能会引起不必要的法律纠纷。

七、合理的风险分配

从工程整体效益的角度出发，最大限度地发挥各方面的积极性。因为项目参加者如果都不承担任何风险，也就没有任何责任。当然，也就没有控制的积极性，就不可能搞好工作。因此，只有让各方承担相应的风险责任，通过风险的分配以加强责任心和积极性，达到更好的计划与控制。公平合理，责、权、利平衡。一是风险的责任和权力应是平衡的。有承担风险的责任，也要给承担者以控制和处理的权力，但如果已有某些权力，则同样也要承担相应的风险责任；二是风险与机会尽可能对等，对于风险的承担者应该同时享受风险控制获得的收益和机会收益，也只有这样才能使参与者勇于去承担风险；三是承担的可能性和合理性，承担者应该拥有预测、计划、控制的条件和可能性，有迅速采取控制风险措施的时间、信息等条件。只有这样，参与者才能理性地承担风险。

八、厘清建设工程的范围

分析建设工程招标投标的刑事法律风险，首先要明确建设工程的内涵和外延。结合《招标投标法》第三条以及《招标投标法实施条例》第二条的规定，建设工程的范围包括建筑物和构筑物的新建、改建、扩建及其相关的装修、拆除、修缮等。规范招标投标过程中材料获取途径、方式、内容。现实商业活动中，为了获取更多的商业机会，企业都会尽可能获取招标信息，在获取招标信息后会再尽可能获取相对应的招标投标资料，这其中既包括从招标人处获得的公开招标资料，也包括从其他渠道获得的参考资料，这都是为了在竞争中抢占先机、拔得头筹，合法合理的方式当然无可厚非，但要注意"内卷"行为的潜在危害性，即使通过"培训""帮忙"等表面合法的掩人耳目的"内卷"行为也不可为，因为刑事诉讼的证据评判都是穿透式的，而不仅仅是表面式的评判。不规范的信息获取行为轻则导致废标，重则导致侵犯商业秘密的刑事犯罪，都是"赔了夫人又折兵"的赔本买卖，甚至一次便让企业和个人陷入无法摆脱的困境。

九、杜绝"围标""陪标"

这都属于串通投标行为，都会导致中标被废，构成串通投标罪。"围标""陪标"并不罕见，甚至可以说十分常见，这其中有投标人之间的"围标""陪标"，也有招标人要求投标人自行安排其他名义投标人陪跑的"围标""陪标"。尤其提醒大家注意，帮助别人去"围标""陪标"也属于串通投标行为，也构成刑事犯罪，只是量刑轻重不同而已。

十、杜绝通过行贿手段获得中标机会

在中国的人情社会中，很多人在招标投标领域往往寻求通过疏通关系来达到中标的目的，这很明显是违法的，但又是屡禁不止的。2021 年 9 月，中央纪委国家监委与中央组织部、中央统战部、中央政法委、最高人民法院、最高人民检察院联合印发了《关于进一步推进受贿行贿一起查的意见》(以下简称《意见》)。《意见》要求，坚决查处行贿行为，重点查处多次行贿、巨额行贿以及向多人行贿，特别是党的十八大后不收敛不收手的；党员和国家工作人员行贿的；在国家重要工作、重点工程、重大项目中行贿的；在组织人事、执纪执法司法、生态环保、财政金融、安全生产、食品药品、帮扶救灾、养老社保、教育医疗等领域行贿的；实施重大商业贿赂的行为。《意见》改变了我国司法实务中以往"重受贿、轻行贿"的司法惯例，加强了对行贿犯罪的打击力度，重点工程、重大项目招标投标领域相应地也是重点关注的领域，要摆脱"天知地知你知我知"的侥幸心理，因为受贿人不一定因为哪件事导致案发，案发后就都有被查处的风险。

十一、不要轻易采用不平衡报价

如果一定要进行不平衡报价，可以采用以下手段来作不平衡报价。①报价前先行仔细研究施工合同变更计价的原则；②对发包人提供的施工图进行仔细审查并复核工程量清单的数量和施工方案或图纸的差异，提高后期可能会增加的工程量清单的报价，同时降低后期可能会减少的工程量清单的报价；③提高项目初期回款清单的报价，以增加回款，从而减少垫资成本；④把实际施工会取消的清单报价压低，给其他清单留取利润空间；⑤对于项目特征描述不明确的清单可根据实际情况适当降低报价，后期要做好签证。

总之，建筑企业在招标投标活动中要合规守法；否则，有可能遭受无妄之灾。

第三章

建筑企业用工的合规与风险防控

第一节　建筑企业用工的合规风险

建筑施工企业作为劳动密集企业，其所生产产品具有特殊性、唯一性、高风险性，以及建筑工地上农民工人员多、流动性大的特点，造成建筑企业劳动用工具有临时性、季节性、复杂性。随着建筑行业市场的发展，建筑企业用工的形式也在不断发展，伴随而来的便是与企业用工相关的各种法律纠纷。

目前大部分建筑企业的用工分为以下几种模式：①企业自行招用的人员，这类职工是建筑企业通过招聘，签订正式劳动合同的人员，多为建筑企业的骨干及项目管理人员，如项目经理、工程师等；②劳务班组的人员，这类人员一般是由包工头带来的，特点在于流动性大，人员年龄大，这是我国建筑业用工的普遍形式；③劳务派遣的人员，在一些临时性、辅助性的工作岗位，有的建筑企业会采取与劳务公司签订劳务派遣合同的方式，这些人员由劳务公司直接管理。下面将从建筑施工企业不同的用工模式可能面临的合规风险展开论述。

一、建筑企业自行招用人员存在的合规风险

（一）建筑企业在招用人员方面存在的合规风险

1.因招用员工存在违反公平就业规定引起的合规风险。就业歧视是指基于种族、肤色、性别、宗教、政治见解、民族血统或社会出身等原因，在就业机会均等或待遇平等及其他方面所作出的区别、排斥或优惠。我国劳动就业相关法律历来禁止企业歧视劳动者就业，保障劳动者的平等就业权。劳动者依法享有平等就业和自主择业的权利，不因民族、种族、性别、宗教信仰等不同而受歧视或者被差别对待。"平等就业权"作为法律赋予劳动者的一项基本权利，是法律面前人人平等原则在劳动就业领域的具体体现，其实质为劳动者可以自主选择用人单位并平等获得就业机会和相应待遇。

企业在招聘信息中应避免含有就业歧视内容，不应对种族、民族、性别、宗教信仰、年龄、身高、长相、婚姻状况等提出要求，以此作为应聘条件。企业给应聘者发出的面试通知或录用通知避免含有就业歧视内容。同时，企业在用工管理的过程中不应对劳动者实施就业歧视，制定的规章制度条款及对劳动者工作的安排，都应合法合规，不得实施就业歧视。

《就业促进法》第六十二条规定："违反本法规定，实施就业歧视的，劳动者可以向人民法院提起诉讼。"违反公平就业规定，企业可能面临承担侵犯平等就业权的赔偿责任，

赔偿范围包括劳动者因此产生的直接损失，如应聘所产生的费用等，如果造成严重精神损害的，还应当赔偿精神损失费。

2. 不履行如实告知义务引起的合规风险。《劳动合同法》第八条规定了用工告知制度，明确要求用人单位在招用劳动者时应当根据实际情况，客观真实地向劳动者说明工作内容、工作条件、工作地点、职业危害、安全生产状况、劳动报酬，以及劳动者要求了解的其他情况。同时，对劳动者要求了解的一些其他情况特别是涉及其自身利益的事项，例如职务职级晋升、职工福利、休假休息、社会保障、工资发放办法、工资增长机制等方面的情况，用人单位应作出如实回答。

企业未尽告知或者不如实告知这些情况，导致劳动者作出错误的意思表示而签订劳动合同，被认定构成对劳动者的欺诈，将导致劳动合同部分或全部无效。根据《劳动合同法》第八十六条的规定，劳动合同被确认无效，给对方造成损害的，有过错的一方应当承担赔偿责任，即给劳动者造成损失的，劳动者可以要求用人单位赔偿损失；同时根据《劳动合同法》第二十六条、第三十八条、第四十六条的规定，用人单位以欺诈、胁迫的手段或者乘人之危，使对方在违背真实意思的情况下订立或者变更劳动合同，致使劳动合同无效的，劳动者可以解除劳动合同，并要求单位支付经济补偿。

3. 扣押劳动者证件和要求劳动者提供担保的合规风险。《劳动合同法》第九条规定："用人单位招用劳动者，不得扣押劳动者的居民身份证和其他证件，不得要求劳动者提供担保或者以其他名义向劳动者收取财物。"法律规定的其他证件，是证明个人特定身份、资格或权利的个人证件，如学历证、学位证、从业资格证、暂住证、边防证等。对个人证件的合法扣押，仅限于法定有扣押权的特定机关，且必须具备法定条件，履行法定程序。而用人单位对劳动者个人证件的扣押，则属于非法扣押。

《劳动合同法》第八十四条规定，扣押劳动者身份证等证件的，由劳动行政部门责令限期退还劳动者本人，并依照有关法律规定给予处罚；用人单位要求劳动者提供担保、向劳动者收取财物的，由劳动行政部门责令限期退还劳动者本人，按每一名劳动者500元以上2000元以下的标准处以罚款；给劳动者造成损害的，用人单位应当承担赔偿责任。该条款为劳动行政部门对上述违法行为进行行政处罚的依据。

4. 招用尚未与其他单位解除或者终止劳动合同人员的合规风险。在我国，双重劳动关系一般不被承认。《劳动法》和《劳动合同法》均明确规定，用人单位招用尚未解除劳动合同的劳动者，对原用人单位造成经济损失的，该用人单位应当依法承担连带赔偿责任。为防范这一风险，企业在招用员工时，除新参加工作的劳动者外，一定要查验其与先前单位解除、终止劳动合同的证明，以及其他能够证明该劳动者与任何单位不存在劳动关系的证据。如果招用没有解除或终止劳动关系的劳动者，可能面临巨大的合规风险。

（二）企业在劳动合同方面存在的合规风险

1. 不与员工签订书面劳动合同的风险。企业应当自用工之日起 1 个月内与员工签订书面劳动合同，未签订书面劳动合同可能存在支付双倍工资和视为无固定期限劳动合同的合规风险。《劳动合同法》第八十二条规定："用人单位自用工之日起超过一个月不满一年未与劳动者订立书面劳动合同的，应当向劳动者每月支付二倍的工资。"同时，《劳动合同法》第十四条规定："用人单位自用工之日起满一年不与劳动者订立书面劳动合同的，视为用人单位与劳动者已订立无固定期限劳动合同。"

2. 违法约定试用期的合规风险。《劳动合同法》第八十三条规定："用人单位违反本法规定与劳动者约定试用期的，由劳动行政部门责令改正；违法约定的试用期已经履行的，由用人单位以劳动者试用期满月工资为标准，按已经履行的超过法定试用期的期间向劳动者支付赔偿金。"根据规定，用人单位违反《劳动合同法》规定，与劳动者所约定的试用期，如果还没有实际履行的，由劳动行政部门责令用人单位予以改正，使之符合《劳动合同法》的规定；如果违法的试用期约定已经实际履行，则由用人单位以劳动者月工资为标准，按已经履行的试用期的期限向劳动者支付赔偿金。《劳动合同法》第十九条规定："劳动合同期限三个月以上不满一年的，试用期不得超过一个月；劳动合同期限一年以上不满三年的，试用期不得超过二个月；三年以上固定期限和无固定期限的劳动合同，试用期不得超过六个月。同一用人单位与同一劳动者只能约定一次试用期。以完成一定工作任务为期限的劳动合同或者劳动合同期限不满三个月的，不得约定试用期。试用期包含在劳动合同期限内。劳动合同仅约定试用期的，试用期不成立，该期限为劳动合同期限。"

根据上述规定，用人单位在与劳动者约定试用期的时候，应当遵守《劳动合同法》有关试用期的最长时限、约定次数及其他有关规定；否则，该试用期的约定就是违法的，将承担相应的法律责任。

3. 劳动合同缺乏必备的条款，不提供劳动合同文本的合规风险。《劳动合同法》第八十一条规定："用人单位提供的劳动合同文本未载明本法规定的劳动合同必备条款或者用人单位未将劳动合同文本交付劳动者的，由劳动行政部门责令改正；给劳动者造成损害的，应当承担赔偿责任。"

此法律条文是关于用人单位提供的劳动合同文本未载明《劳动合同法》规定的劳动合同必备条款或者用人单位未将劳动合同文本交付劳动者的法律责任的规定。如果用人单位提供的劳动合同文本没有《劳动合同法》规定的一项或者几项必备内容，或者用人单位未将劳动合同文本交付劳动者的，要依法承担相应的法律责任，既要承担由劳动行政部门责令改正的行政责任，也要承担对劳动者造成损害的民事赔偿责任。

《劳动合同法》第十七条规定："劳动合同应当具备以下条款：（一）用人单位的名称、住所和法定代表人或者主要负责人；（二）劳动者的姓名、住址和居民身份证或者其他有效身份证件号码;(三)劳动合同期限;(四)工作内容和工作地点;(五)工作时间和休息休假;(六)劳动报酬;(七)社会保险;(八)劳动保护、劳动条件和职业危害防护;(九)法律、法规规定应当纳入劳动合同的其他事项。"《劳动合同法》之所以作上述规定,主要是考虑到劳动合同与一般的民事合同不同,民事合同是由平等的民事主体经过平等协商而签订的,其合同内容可以由双方根据意思自治的原则确定,而劳动合同的劳动者往往是弱势群体,故需要法律来对劳动合同的必备条款加以具体规定,以保护劳动者的合法权益。

4. 员工符合签订无固定期限劳动合同的情形但不与员工签订的合规风险。无固定期限劳动合同,是指用人单位与劳动者约定无确定终止时间的劳动合同。《劳动合同法》第十四条规定:"有下列情形之一,劳动者提出或者同意续订、订立劳动合同的,除劳动者提出订立固定期限劳动合同外,应当订立无固定期限劳动合同:(一)劳动者在该用人单位连续工作满十年的;(二)用人单位初次实行劳动合同制度或者国有企业改制重新订立劳动合同时,劳动者在该用人单位连续工作满十年且距法定退休年龄不足十年的;(三)连续订立二次固定期限劳动合同,且劳动者没有本法第三十九条和第四十条第一项、第二项规定的情形,续订劳动合同的。"第八十二条规定:"用人单位自用工之日起超过一个月不满一年未与劳动者订立书面劳动合同的,应当向劳动者每月支付二倍的工资。用人单位违反本法规定不与劳动者订立无固定期限劳动合同的,自应当订立无固定期限劳动合同之日起向劳动者每月支付二倍的工资。"根据前述规定,当劳动者符合签订无固定期限劳动合同的条件,除劳动者提出订立固定期限劳动合同外,用人单位都应当与劳动者签订无固定期限劳动合同。实践中普遍存在用人单位与符合签订无固定期限劳动合同条件的劳动者签订固定期限劳动合同的情况,对于在符合条件而未签订无固定期限劳动合同的情况下,用人单位需承担支付双倍工资的法律后果。

5. 未依法支付劳动报酬、经济补偿的合规风险。《劳动合同法》第八十五规定:"用人单位有下列情形之一的,由劳动行政部门责令限期支付劳动报酬、加班费或者经济补偿;劳动报酬低于当地最低工资标准的,应当支付其差额部分;逾期不支付的,责令用人单位按应付金额百分之五十以上百分之一百以下的标准向劳动者加付赔偿金:(一)未按照劳动合同的约定或者国家规定及时足额支付劳动者劳动报酬的;(二)低于当地最低工资标准支付劳动者工资的;(三)安排加班不支付加班费的;(四)解除或者终止劳动合同,未依照本法规定向劳动者支付经济补偿的。"《劳动法》第九十一条规定:"用人单位有下列侵害劳动者合法权益情形之一的,由劳动行政部门责令支付劳动者的工资报酬、经济补偿,并可以责令支付赔偿金:(一)克扣或者无故拖欠劳动者工资的;(二)拒不支付劳动者延长工作时间工资报酬的;(三)低于当地最低工资标准支付劳动者工资的;(四)解除劳动合同后,未依照本法规定给予劳动者经济补偿的。"用人单位发生未依法支付劳动报酬、经济补偿等违法行为,在劳动行政部门发出限期支付劳动报酬、经济补偿等费用的命令后，该用人单位未履行支付义务的，按应付金额50%～100%的标准向劳动者加付赔偿金。同时，对拒不支付劳动者报酬，数额较大的，经政府有关部门责令支付仍不支付的，应当以拒不支付劳动报酬罪追究刑事责任。

6.违法解除劳动合同的合规风险。根据《劳动合同法》的规定，用人单位违法解除劳动合同的合规风险主要有：强制继续履行劳动合同和按照经济补偿标准的二倍向劳动者支付赔偿金。《劳动合同法》第四十八条规定："用人单位违反本法规定解除或者终止劳动合同，劳动者要求继续履行劳动合同的，用人单位应当继续履行；劳动者不要求继续履行劳动合同或者劳动合同已经不能继续履行的，用人单位应当依照本法第八十七条规定支付赔偿金。"该条款对用人单位违法解除劳动合同进行了明确的规定，当劳动者要求继续履行合同时需继续履行，劳动者有选择继续履行劳动合同或要求支付赔偿金的权利。

根据相关劳动法律规定，在条件满足的情况下，用人单位可以协商解除劳动合同、单方即时解除劳动合同和单方预告解除劳动合同。协商解除劳动合同是指用人单位与劳动者协商一致，解除劳动合同。单方即时解除是指劳动者发生特定的情形，用人单位可以单方解除劳动合同，主要包括：①在试用期间被证明不符合录用条件的；②严重违反用人单位的规章制度的；③严重失职，营私舞弊，给用人单位造成重大损害的；④劳动者同时与其他用人单位建立劳动关系，对完成本单位的工作任务造成严重影响，或者经用人单位提出，拒不改正的；⑤因劳动者的原因致使劳动合同无效的；⑥被依法追究刑事责任的。单方预告解除劳动合同是指发生特定的情形，用人单位通过预先通知的方式，经过一定的期限之后而解除合同。

单方预告解除的情形依据为《劳动合同法》第四十条、四十一条，主要包括：①劳动者患病或者非因工负伤，在规定的医疗期满后不能从事原工作，也不能从事由用人单位另行安排的工作的；②劳动者不能胜任工作，经过培训或者调整工作岗位，仍不能胜任工作的；③劳动合同订立时所依据的客观情况发生重大变化，致使劳动合同无法履行，经用人单位与劳动者协商，未能就变更劳动合同内容达成协议的；④依照《企业破产法》规定进行重整的；⑤生产经营发生严重困难的；⑥企业转产、重大技术革新或者经营方式调整，经变更劳动合同后，仍需裁减人员的；⑦其他因劳动合同订立时所依据的客观经济情况发生重大变化，致使劳动合同无法履行的。

《劳动合同法》第四十二条还规定了不得解除劳动合同的情形，具体包括：①从事接触职业病危害作业的劳动者未进行离岗前职业健康检查，或者疑似职业病病人在诊断或者医学观察期间的；②在本单位患职业病或者因工负伤并被确认丧失或者部分丧失劳动能力的；③患病或者非因公负伤，在规定的医疗期内的；④女职工在孕期、产期、哺乳期的；⑤在本单位连续工作满15年，且距法定退休年龄不足5年的；⑥法律、行政法规规定的其他情形。但应当注意的是，如果劳动者违反《劳动合同法》第三十九条"劳动者有下列情形之一的,用人单位可以解除劳动合同:(一)在试用期间被证明不符合录用条件的;(二)严重违反用人单位的规章制度的;(三)严重失职,营私舞弊,给用人单位造成重大损害的;(四)劳动者同时与其他用人单位建立劳动关系,对完成本单位的工作任务造成严重影响,或者经用人单位提出,拒不改正的;(五)因本法第二十六条第一款第一项规定的情形致使劳动合同无效的;(六)被依法追究刑事责任的"规定的,劳动者即使符合上述情形,用人单位还是可以单方解除劳动合同的。同时,用人单位在解除劳动合同时,程序必须符合法律规定,为了保护劳动者的合法权利,防止用人单位滥用解除合同的权利,用人单位在解除劳动合同时应当遵循法律规定的程序。如果用人单位在解除劳动合同时不遵循法律规定的程序,其行为同样构成《劳动合同法》第四十八条规定的违法解除劳动合同,并应因此承担相应的法律责任。用人单位依据《劳动合同法》第四十条解除劳动合同的程序:用人单位提前 30 日以书面形式通知劳动者本人或者额外支付劳动者 1 个月工资,同时用人单位应当事先将理由通知工会。应当注意的是,如果用人单位选择额外支付劳动者 1 个月工资,则用人单位无须提前 30 日书面通知劳动者本人即可解除劳动合同。用人单位依据《劳动合同法》第四十一条解除劳动合同的程序:用人单位提前 30 日向工会或者全体职工说明情况,听取工会或者职工的意见后,裁减人员方案向劳动行政部门报告。

7. 未依法为劳动者购买社会保险的合规风险。缴纳社会保险是用人单位的法定义务,即使员工签订放弃缴纳社保的承诺书,该承诺也是无效。未依法为劳动者缴纳社保主要合规风险有:

1)劳动者可以单方解除劳动合同,要求用人单位支付经济补偿金、加付赔偿金。《劳动合同法》第三十八条规定,如果用人单位未依法缴纳社会保险费,劳动者可以解除劳动合同。《劳动合同法》第四十六条、第八十五条规定,劳动者依照本法第三十八条规定解除劳动合同的,用人单位应当向劳动者支付经济补偿金。未按规定向劳动者支付经济补偿的劳动行政部门责令用人单位限期支付经济补偿金,逾期不支付的,责令用人单位按应付金额 50% 以上 100% 以下的标准向劳动者加付赔偿金。

2)劳动者因用人单位未依法缴纳社会保险而导致自身不能享受社会保险待遇,要求用人单位赔偿损失。因未缴纳养老保险,员工达到退休年龄但不能享受养老保险待遇;因未缴纳生育保险,女员工或者男员工妻子生育期间休假,而不能享受生育津贴;因未缴纳失业保险,员工非个人原因解除劳动关系,员工不能领取失业保险金;因未缴纳工伤保险,员工发生工伤造成伤残或死亡,而不能享受工伤保险待遇。此时,给员工造成的损失,员工都可以要求用人单位承担赔偿责任。

3)劳动者要求补缴社会保险。用人单位自建立用工之日起应当为员工缴纳社会保险费,这是用人单位强制性法定义务,不得以约定方式排除义务,劳动者要求用人单位补缴社会保险时,按照法律规定,用人单位具有补缴的义务。

4）行政处罚。针对用人单位未依法缴纳社会保险费，劳动者可以向劳动监察大队投诉，也可以要求社保行政部门或者社会保险征收机构依法处理。关于行政处罚，《劳动法》第一百条规定："用人单位无故不缴纳社会保险费的，由劳动行政部门责令其限期缴纳，逾期不缴的，可以加收滞纳金。"《社会保险法》第八十六条规定："用人单位未按时足额缴纳社会保险费的，由社会保险费征收机构责令限期缴纳或者补足，并自欠缴之日起，按日加收万分之五的滞纳金；逾期仍不缴纳的，由有关行政部门处欠缴数额一倍以上三倍以下的罚款。"

8. 企业用工规章制度的制定不合法的合规风险。规章制度是企业的灵魂，贯穿于企业日常管理方方面面，是用于规范企业劳动者及所有经济活动的标准和规定。规章制度不仅实体内容需具备合法性与合理性，在制定程序上也要符合法律规定，《劳动合同法》第四条对此有明确规定。《劳动合同法》第四条规定："用人单位应当依法建立和完善劳动规章制度，保障劳动者享有劳动权利、履行劳动义务。用人单位在制定、修改或者决定有关劳动报酬、工作时间、休息休假、劳动安全卫生、保险福利、职工培训、劳动纪律以及劳动定额管理等直接涉及劳动者切身利益的规章制度或者重大事项时，应当经职工代表大会或者全体职工讨论，提出方案和意见，与工会或者职工代表平等协商确定。在规章制度和重大事项决定实施过程中，工会或者职工认为不适当的，有权向用人单位提出，通过协商予以修改完善。用人单位应当将直接涉及劳动者切身利益的规章制度和重大事项决定公示，或者告知劳动者。"用工规章制度不合法将会给企业带来的主要风险有：①不合法的规章制度，在仲裁或诉讼中不能作为审理劳动争议案件的依据，根据规定，规章制度必须符合"民主程序制定""合法""公示"三个条件，才可作为人民法院审理劳动争议案件的依据；②根据《劳动合同法》第八十条的规定，规章制度违反法律、法规规定的，由劳动行政部门责令改正，给予警告；给劳动者造成损害的，应当承担赔偿责任；③根据《劳动合同法》第三十八条、第四十六条的规定，用人单位的规章制度违反法律、法规的规定，损害劳动者权益的，劳动者可以解除劳动合同，用人单位需支付经济补偿金。

9. 专项培训和竞业禁止风险。建筑行业创新技术不断发展，为掌握先进的施工技术、标准，企业通常需要对员工进行专项培训，掌握技术。同时建筑施工企业为了取得某项资质，需要集中培训一批取证人员，帮助他们考取职业资格，从而帮助企业获得某项资质。这些都涉及对员工进行专项培训，但现在市场竞争激烈、社会价值观多元复杂，人员流动日趋频繁，这样导致接受企业专项培训的员工不一定长期在本企业工作，面临着培训员工跳槽风险，达不到专项培训的预期目的。企业的高级管理人员或掌握着企业某项商业秘密的员工，一旦流动到与本单位有竞争关系的企业里去后，就有可能将本单位某项商业秘密或客户资料信息带至其他企业，这就直接影响了建筑施工企业的经营。一般而言，建筑施工企业客户资料信息和先进的施工技术是竞业风险最大的关键点。

二、劳务班组人员用工合规风险

这类人员一般是由包工头带到工地或企业直接使用的零散用工,主要是为具体的工程项目而临时雇佣,特点在于流动性大,是我国建筑领域用工的普遍形式,基本没有签订劳动合同。

（一）劳动关系合规风险

劳务班组的包工头不具备劳动用工主体资格,容易产生认定建筑企业与劳务班组人员之间存在劳动关系的合规风险。在事实劳动关系认定中主要考虑:①用人单位和劳动者符合法律、法规规定的主体资格;②用人单位依法制定的各项劳动规章制度适用于劳动者,劳动者受用人单位的劳动管理,从事用人单位安排的有报酬的劳动;③劳动者提供的劳动是用人单位业务的组成部分。

（二）违法发包、转包或违法分包合规风险

一旦劳务班组人员发生伤亡,建筑企业须承担工伤保险责任。《最高人民法院关于审理工伤保险行政案件若干问题的规定》第三条规定:"用工单位违反法律、法规规定将承包业务转包给不具备用工主体资格的组织或者自然人,该组织或者自然人聘用的职工从事承包业务时因工伤亡的,用工单位为承担工伤保险责任的单位。"根据该条款,建筑企业作为用工单位在班组人员发生工伤时,将面临承担工伤保险责任的风险。

（三）工资清偿合规风险

包工头未及时发放工资或拖欠工资时,因为违法发包、转包或违法分包,建筑企业须承担工资清偿责任。《国务院办公厅关于全面治理拖欠农民工工资问题的意见》关于落实清偿欠薪责任中规定,招用农民工的企业承担直接清偿拖欠农民工工资的主体责任。在工程建设领域,建设单位或施工总承包企业未按合同约定及时划拨工程款,致使分包企业拖欠农民工工资的,由建设单位或施工总承包企业以未结清的工程款为限先行垫付农民工工资。建设单位或施工总承包企业将工程违法发包、转包或违法分包致使拖欠农民工工资的,由建设单位或施工总承包企业依法承担清偿责任。同时《保障农民工工资支付条例》规定,分包单位对所招用农民工的实名制管理和工资支付负直接责任。施工总承包单位对分包单位劳动用工和工资发放等情况进行监督。分包单位拖欠农民工工资的,由施工总承包单位先行清偿,再依法进行追偿。工程建设项目转包,拖欠农民工工资的,由施工总承包单位先行清偿,再依法进行追偿。

三、劳务派遣人员用工合规风险

劳务派遣人员指的是劳动者被劳务公司派到用工单位从事工作,法律关系上,劳动者和劳务派遣单位签订劳动合同，劳务派遣公司和用工单位签订劳务派遣协议，涉及劳动者、用人单位、用工单位三方主体。

（一）被确定为事实劳动关系的风险

用工企业无法证明劳务派遣单位和被派遣工人之间存在劳动关系，则用工单位可能与劳动者之间形成事实劳动关系。《劳务派遣暂行规定》对劳务派遣人员占比、岗位、时间、程序都有明确的限制，用工单位只能在临时性、辅助性或者替代性的工作岗位上使用被派遣劳动者。规定的临时性工作岗位是指存续时间不超过6个月的岗位，辅助性工作岗位是指为主营业务岗位提供服务的非主营业务岗位，替代性工作岗位是指用工单位的劳动者因脱产学习、休假等原因无法工作的一定期间内，可以由其他劳动者替代工作的岗位。用工单位决定使用被派遣劳动者的辅助性岗位，应当经职工代表大会或者全体职工讨论，提出方案和意见，与工会或者职工代表平等协商确定，并在用工单位内公示。用工单位应当严格控制劳务派遣用工数量，使用的被派遣劳动者数量不得超过其用工总量的10%。用工单位违反上述规定，派遣协议被认定无效后，那建筑企业、劳务派遣机构与劳动者的法律关系将被认定为劳动者通过职业中介向建筑企业提供劳务。当派遣员工与用工单位发生争议，而劳务派遣协议又被认定为无效的情形下，可能会认定用工单位与派遣员工存在事实劳动关系。

（二）连带赔偿责任合规风险

劳务派遣单位违反法律的规定，损害劳务派遣工人的合法权益，建筑企业作为用工单位需要承担连带赔偿责任。《劳动合同法》第九十二条规定："违反本法规定，未经许可，擅自经营劳务派遣业务的，由劳动行政部门责令停止违法行为，没收违法所得，并处违法所得一倍以上五倍以下的罚款；没有违法所得的，可以处五万元以下的罚款。劳务派遣单位、用工单位违反本法有关劳务派遣规定的，由劳动行政部门责令限期改正；逾期不改正的，以每人五千元以上一万元以下的标准处以罚款，对劳务派遣单位，吊销其劳务派遣业务经营许可证。用工单位给被派遣劳动者造成损害的，劳务派遣单位与用工单位承担连带赔偿责任。"根据法律法规的规定，建筑企业在选择劳务派遣机构的过程中，对劳务派遣单位审查不严，与不具备资质的劳务派遣单位签订协议，而无资质的劳务派遣单位不具备合同主体资格，派遣协议可能会被认定无效。同时，实践中很多建筑企业往往忽视对派遣协议条款的审查，当发生争议时原本应由劳务派遣单位承担或者双方共担的合规风险，可能因为合同条款的疏漏而由用工单位独自承担。劳务派遣员工在工作中受到伤害的责任承担问题是比较常见高发的纠纷，很多企业在劳务派遣协议中对于劳务派遣员工遭受损害的责任承担问题没有进行明确的约定，劳动者在追责时往往考虑用工单位具有更为雄厚的经济实力而优先选择向其请求赔偿，用工单位往往独自承担赔偿责任，这无疑是扩大了用工单位承担赔偿责任的范围。

第二节　建筑企业用工的风险防控

　　随着劳动用工相关的法律法规措施的出台和实施，劳动用工关系向法治化规范化的轨道发展，与此同时对企业劳动用工方面提出了更高的要求，企业劳动用工中所面临的合规风险因素也大幅增加，因此，企业必须进一步增强劳动用工的合规风险防范意识，在劳动用工管理中做到规范、合规。

一、建筑企业自行招用人员用工合规风险防控

　　（一）加强相关法律法规学习，自觉合规用工

　　重视《就业促进法》《劳动法》《劳动合同法》等相关劳动法律法规的有关规定。由于企业劳动用工法律环境的变化，要求企业在劳动用工中必须增强劳动用工的风险意识，只有在增强风险意识的基础上才能在企业管理制度、管理行为等层面上真正地实现相关风险的规避和化解。正确地分析合规风险产生的原因，才能有针对性地采取措施降低风险，以及减少给企业带来的损失和危害。企业必须加强相关劳动法律法规的学习，在人员的配备方面，设置专人管理，组织相关人员进行劳动法律法规的培训学习。

　　（二）及时签订劳动合同

　　自用工之日起不超过1个月与劳动者签好劳动合同。在我国用人单位用工必须与劳动者签订劳动合同，否则劳动者可以要求用人单位支付双倍工资，对此需要特别注意。已建立劳动关系，未同时订立书面劳动合同的，应当自用工之日起1个月内订立书面劳动合同。用人单位与劳动者在用工前订立劳动合同的，劳动关系自用工之日起建立。所以，用人单位应当在实际用工之日起1个月内将劳动合同签订完毕。特别要强调的是，劳动合同应在求职者上岗、试用时签订，而不是试用合格后。《劳动合同法》第十条规定："建立劳动关系，应当订立书面劳动合同。已建立劳动关系，未同时订立书面劳动合同的，应当自用工之日起一个月内订立书面劳动合同。用人单位与劳动者在用工前订立劳动合同的，劳动关系自用工之日起建立。"签订的劳动合同应包含《劳动合同法》第十七条"劳动合同应当具备以下条款：（一）用人单位的名称、住所和法定代表人或者主要负责人；（二）劳动者的姓名、住址和居民身份证或者其他有效身份证件号码；（三）劳动合同期限；（四）工作内容和工作地点；（五）工作时间和休息休假；（六）劳动报酬；（七）社会保险；（八）劳动保护、劳动条件和职业危害防护；（九）法律、法规规定应当纳入劳动合同的其他事项。劳动合同除前款规定的必备条款外，用人单位与劳动者可以约定

试用期、培训、保守秘密、补充保险和福利待遇等其他事项"规定的要素。

（三）做好合同签订前期准备

我国现行的法律法规并不禁止两份劳动合同同时合法存在，根据《民法典》合同编相关规定，如果两份合同各自无效力瑕疵，完全可以都认定为合法有效的合同，但是两份时间重叠的劳动合同企业作为用人单位无法完全实现签订劳动合同的目的。同时，在为劳动者缴纳社保等事项上也会发生冲突，从而引发被诉等风险。因此，尽管双重劳动关系不影响劳动合同的效力，用人单位还是应该尽可能避免此种情况。企业在招用劳动者时，与其签订劳动合同之前，应核实劳动者个人资料的真实性，如学历证明、从业经历、身体健康状况等，要求入职者提供一份真实、详细的离职证明，如尚未解除劳动合同的，应要求其原单位出具同意该员工入职的书面证明。离职证明不仅应该载明劳动者在上个单位的工作期间，同时也要明确保密协议签署状况、离职手续办理和竞业限制协议的相关情况。劳动者与上一家单位有未办理完毕解除或终止劳动关系的手续，并不当然意味着新公司不宜录用他。如竞业限制条款就可以作为一种利益考量：如果新公司认为录用该员工的收益超过需要支付的赔偿金，那么与该员工签订劳动合同就是可接受的选项。但公司需要在获得全面信息的情况下作决策，否则就可能承担不必要的诉讼风险和用工风险。

（四）建立健全的企业用工规章制度

规章制度是企业规范员工行为的一种准则，可以在工作过程中对员工起到指引作用，告知员工哪些行为可为，哪些行为不可为；同时也起到对员工行为警戒的效果，明确员工在违反该制度或管理规定时将面临什么样的后果，承担什么样的责任；是企业与员工发生劳动争议时的证据。具体要求如下。

（1）要全面细致，尽可能地将企业管理的各个方面都设定制度，做到"有规可依"。规章制度的内容必须合法，不违反《劳动合同法》及其他法律、法规的规定。这是规章制度制定的最基本要求。规章制度制定时内容要完善，在不违法、不违规的情况下将公司的管理规定细化，如对劳动合同、工作时间、劳动纪律、考勤制度、工作风纪、薪金制度、培训、考核、晋升、奖惩、辞职、财务等都制定相应制度，汇编成员工手册。尤其是在可能存在辞退员工、要求员工承担违约责任的条款中，要明确何为严重违反公司管理制度的具体情况。

（2）要尽量量化，易操作，即员工违反规章制度的后果要明确具体，可操作。

（3）公司要履行告知的义务，即要将规章制度明确告知员工，让员工知晓，否则对员工不发生效力。规章制度的告知一方面可以让员工知晓公司的管理规定，对自己行为有一定的约束力，另一方面也是确保出现劳动争议案件时，有据可循，有证可举。公司可以通过培训的方式对员工进行告知，也可以通过公告栏中张贴、工作群中下发文件及通过公司管理软件的程序设置学习等，甚至还可以将重要的规章制度作为劳动合同的附件，要求员工在签订劳动合同时一并进行已学习的签单。无论通过哪种方式的告知，公司都必须将告知的情况进行记录，保存完成告知义务的证据。

（4）规章制度的制定程序须符合法律的相关规定。《劳动法》规定要听取工会或者职工代表的协商意见，根据《劳动合同法》第四条的规定，公司在制定、修改或者决定有关劳动报酬、工作时间、休息休假等直接涉及劳动者切身利益的规章制度或管理规定时，应当经过民主程序，比如经过职工代表大会或者全体职工讨论，提出意见，工会或职工认为有不当的，可以向公司提出并进行修改。只有经过民主程序制定的规章制度，才能受到法律的保护。因规章制度制定不符合法律程序导致企业在劳动仲裁中败诉的情况比比皆是。

（5）及时办理员工的社保手续。劳动者入职后，企业应当尽快为劳动者缴纳社会保险，特别是工伤保险。鉴于建筑企业工伤事件高发，建议企业在员工办理完成社保手续，确保工伤保险生效后才允许员工进入工地现场，有条件的企业还可以为劳动者购买一些商业保险，进一步降低企业的用工风险。

（6）加强法律意识，收集保存证据。要加强对企业日常管理的证据意识的培养，在企业用工管理活动中，对工作中形成的合同书，规章制度制定、公示等文件资料进行保存，避免丢失或遗漏。

（7）劳动合同解除或终止后，要注意履行用人单位的附随义务。根据我国《劳动合同法》第五十条的规定，劳动合同解除后，用人单位要在解除或终止合同时出具解除或终止合同的证明文件，在 15 日内为劳动者办理档案和社会保险关系转移手续，合同文本至少保存 2 年备查。根据我国《劳动合同法》第二十二、二十三条的规定，若用人单位与劳动者签订了专项培训和竞业禁止协议，还应注意收回专项培训的违约金、支付竞业禁止期间的经济补偿。

二、劳务班组人员用工合规风险防控

（一）选择有资质的劳务公司发包

将业务发包给具有用人资质的劳务公司，由劳务分包公司承担用工责任。对劳务公司要进行背景调查，考察其法定代表人的资历、主要履历，公司的注册资本、资质情况、组织架构、股东情况、信用情况、相关同类型工程业绩、资金实力等，确保分包商有实力分包工程。

（二）加强现场人员管理

制定现场人员管理的规章制度，并加强项目现场人员的管理。建筑行业属于安全生产风险较高的行业，建筑企业必须高度重视安全生产作业，建立健全企业安全生产责任制，制定并实施安全生产规章制度、操作规程、安全生产事故应急救援预案，确保安全措施费用的投入，要通过一系列的教育培训活动，提升人员的安全生产意识。根据《安全生产法》的规定，建筑施工企业应当设置安全生产管理机构或者配备专职安全生产管理人员。建筑施工企业配备专业安全管理机构和人员应确保指导、督促本单位的安全生产费用投入到位、人员安全生产教育培训到位、安全生产防护措施到位，促使本单位的安全生产各项工作落到实处。

（三）建立工资发放制度，确保劳务班组工资发放到位

（1）建筑企业进行工程分包时，要求分包单位提交农民工工资支付专项履约保证金。在分包企业无力支付工程款时能够有所保障。

（2）建筑企业在结算支付工资时，分包企业负责为招用的农民工申办银行个人工资账户并办理实名制工资支付银行卡，按月考核农民工工作量并编制工资支付表，经农民工本人签字确认后，交建筑企业委托银行通过其设立的工资专用账户直接将工资划入个人工资账户，落实和确保由建筑企业将劳务费直接打入劳务工人的个人银行卡。

（四）加强分包商监督管理

加强对分包企业劳动用工和工资发放的监督管理，在工程项目部配备劳资专管员，建立施工人员进出场登记制度和考勤计量、工资支付等管理台账，实时掌握施工现场用工及其工资支付情况，不得以包代管。施工总承包企业和分包企业应将经农民工本人签字确认的工资支付书面记录保存两年以上备查。

三、劳务派遣用工合规风险防控

（1）审查劳务派遣单位的派遣资质，确保不存在无资质派遣的行为。在实践中，建筑企业要严格审查劳务派遣机构，有选择地与派遣机构进行合作以规避相关风险，对劳务派遣单位可着重审查以下内容：一是审查其资质是否符合法律要求，其资质证书、经营范围是否包含派遣服务内容，注册资本金是否达到法律规定数额；二是审查劳务派遣单位的实力、信誉情况，其服务能力能否满足企业的需求，能否承担风险。

（2）与劳务派遣公司签订书面的劳务派遣协议，在协议中明确双方之间的权利、义务、职责的分界点。在派遣协议内容上，对涉及的法律关系认定及权利义务等内容必须进行明确约定。如对劳务派遣协议中有关派遣员工的岗位安排、报酬支付方式及社保缴纳，发生工伤、侵权、劳动争议等费用如何分担，派遣员工的退回及补偿金支付等重要内容双方必须明确，达成一致协议。劳务派遣协议中应对派遣岗位、工资支付主体、社保缴纳主体、工伤赔偿责任等内容进行明确约定，避免因约定不明导致用工单位就以上问题承担连带赔偿责任。建议用工单位保留派遣员工与派遣单位之间签订的劳动合同，并要求派遣员工签订派驻人员身份确认单。在劳务派遣协议中约定，派遣单位每月给派遣员工缴纳社保的相关凭证需每月提交给用工单位，以证明派遣单位履行了相关的义

务。将派遣员工退回派遣单位前，应先通知派遣单位，并及时对违纪的派遣员工进行处理。在劳务派遣协议中要明确约定用工单位将派遣员工退回的情形、条件和退回的方式，并明确约定与劳务派遣员工解除劳动合同时，经济补偿金、赔偿金的承担主体。

（3）加强劳务派遣公司与用工人员的资料管理，要求劳务派遣公司提供与劳动者签订的劳动合同、缴纳社会保险记录、工资发放凭据等资料。建议由劳务派遣公司进行招聘，招聘表、招聘广告等应避免出现用工单位的信息以免应征者产生误解，在对派遣员工工资及社保管理中，应规范代发工资、代缴社会保险的形式，各类表单中应避免出现用工单位信息，建议由劳务派遣单位以自己名义负责工资核算及表单制作并进行签章，再交由用工单位进行代发、代缴。

此外，建筑企业在建设劳动合规体系时要特别注意考虑以下几方面：一是要注重企业内部劳动规章制度的建立；二是要注重劳动合同的签订和完善，注意劳动合同的主要条款不得违反相关法律法规的要求；三是要注意对特殊员工的特殊照顾，例如，女职工在怀孕期、产期、哺乳期不得解除合同；四是约定工资不得低于当地的最低劳动报酬，建筑企业在计算最低劳动报酬时要注意剔除的事项，确保最低工资计算准确；五是要注意劳动安全、职工教育培训、劳动纪律的规定。

第四章

建筑企业工程项目质量的合规与风险防控

第一节　建筑企业工程项目质量的合规风险

一、建筑企业质量风险的定义及内涵

（一）质量风险的定义及内涵

根据《建筑法》的规定，建设工程经过竣工验收方能投入使用。建设工程质量，应当满足合同约定的发包人要求、满足国家强制性的规范要求、满足设计要求。建设工程质量控制，关键在于过程控制，包括进场材料设备验收、隐蔽验收和分部分项验收等。根据《建筑法》第五十五、五十八、五十九条的规定，总包单位对建设工程质量负总责，对分包单位施工质量承担连带责任，不得擅自变更设计降低质量要求，对建筑材料、设备、建筑构配件进行检验，不符合要求的不得使用。

"百年大计，质量第一"。这些年随着商品房住宅的开发量增加，商品房的价格也在增高，年轻人购房时，往往是父母资助首付、自己负担二三十年的按揭贷款才能买得起房，自然对商品房的质量也格外看重，近些年来业主对商品房质量的投诉也在增多。笔者所服务的建筑企业曾经承建的一栋商品房住宅楼，就因为当时做防水工程的分包单位没有严格按规范施工，造成顶楼几乎每家住户都出现漏水，建筑企业在质保期内花了大量的人力物力基本上是将顶楼防水重新做了，还赔偿了不少业主的租金损失、误工损失等才完成保修事项，建设单位又延长了质保期，最后才将质保金退回，教训深刻！

建筑企业目前普遍存在的"挂靠经营"这一不合规的经营模式，往往包装成"项目内部承包"的模式，如果在日常施工过程中不重视对项目的过程质量管理，而是竣工验收后质保期内不断发生质量问题，不仅是业主会向住房和城乡建设部门投诉，建设单位在建筑企业起诉催收工程款时，还会提起关于质量索赔的反诉，有可能让建筑企业承受经济损失，也会对企业的商业信誉造成极大影响。

（二）对项目质量控制相关概念的理解

建设工程项目质量包括在安全、使用功能以及在耐久性能、环境保护等方面满足要求的明显和隐含能力的特性总和。

其质量特性主要体现在适用性、安全性、耐久性、可靠性、经济性及与环境的协调性等方面。在质量管理体系中通过质量策划、质量控制、质量保证和质量改进等手段来实施和实现全部质量管理职能的所有活动。

质量控制是质量管理的一部分，是致力于满足质量要求的一系列相关活动。这些活

动主要包括：设定目标、测量检查、评价分析、纠正偏差。

项目参与各方致力于进行实现业主要求的项目质量总目标的一系列活动。

（三）项目质量控制的责任和义务

建设工程质量责任主体通常是指建设、勘察、设计、施工、监理单位五方主体。对主体结构的责任则是终身责任，即在设计使用年限内对工程质量承担相应责任。政府监督部门依据有关法律法规和工程建设强制性标准，对五方质量检测等单位的工程质量行为实施监督。

建筑工程五方责任主体项目负责人是指承担建筑工程项目建设的建设单位项目负责人、勘察单位项目负责人、设计单位项目负责人、施工单位项目经理、监理单位总监理工程师。建设工程五方责任主体项目负责人质量终身责任，是指项目负责人在工程设计使用年限内对工程质量承担相应责任。县级以上地方人民政府住房和城乡建设主管部门应当在下列情形下依法追究项目负责人的质量终身责任：①发生工程质量事故；②发生投诉、举报、群体性事件、媒体报道并造成恶劣社会影响的严重工程质量问题；③由于勘察、设计或施工原因造成尚在设计使用年限内的建筑工程不能正常使用；④存在其他需追究责任的违法违规行为。

（四）项目质量的形成过程和影响因素分析

建设工程项目质量的基本特性主要包括使用功能、安全可靠、文化艺术、工程环境等方面。

1. 有关使用功能的质量特性：如房屋建筑工程的平面空间布局、通风采光性能；工业建筑工程的生产能力和工艺流程；道路交通工程的路面等级、通行能力等。

2. 有关安全可靠的质量特性：如建筑结构自身安全可靠，使用过程中防腐蚀、防坠、防火、防盗、防辐射，以及设备系统运行与使用安全等。

3. 有关文化艺术的质量特性：包括建筑造型、立面外观、文化内涵、时代表征以及装修装饰、色彩视觉等。

4. 有关工程环境的质量特性：建筑环境质量包括项目用地范围内的规划布局、交通组织、绿化景观、节能环保；还要追求其与周边环境的协调性或适宜性。

5. 对建设工程项目质量控制体系，实施全面质量管理（TQC）。

1）TQC 的主要特点是：以顾客满意为宗旨；领导参与质量方针和目标的制定；提倡预防为主、科学管理、用数据说话等；全面、全过程、全员参与。①全面质量管理：建设工程项目的全面质量管理，是对项目参与各方所进行的工程项目质量管理的总称，其中包括工程质量和工作质量的全面管理。②全过程质量管理：管理范围贯穿于工程建设的决策、勘察、设计、施工的全过程。③全员参与质量管理：开展全员参与质量管理的重要手段就是运用目标管理法，将组织的质量总目标逐级进行分解。

2）质量管理的 PDCA 循环 [1]：以质量计划为主线，以过程管理为重心。①计划 P：计划由目标和实现目标的手段组成，所以说计划是一条"目标—手段"链。②实施 D：在各项质量活动实施前，要根据质量管理计划进行行动方案的部署和交底。③检查 C：指对计划实施过程进行各种检查，包括作业者的自检、互检和专职管理者专检。④处置 A：处置分为纠偏和预防改进两个方面。

（五）项目质量控制体系的建立和运行

项目质量控制体系的多层次结构是对应于项目工程系统纵向垂直分解的单项、单位工程项目的质量控制体系。在大中型工程项目，尤其是群体工程项目中运用。

第一层次的质量控制体系应由建设单位的工程项目管理机构负责建立；在委托代建、委托项目管理或实行交钥匙式工程总承包的情况下，应由相应的代建方项目管理机构、受托项目管理机构或工程总承包企业项目管理机构负责建立。

第二层次的质量控制体系，通常是指分别由项目的设计总负责单位、施工总承包单位等建立的相应管理范围内的质量控制体系。

第三层次及其以下，是承担工程设计、施工安装、材料设备供应等各承包单位的现场质量自控体系，或称各自的施工质量保证体系。

（六）项目质量控制体系的建立

（1）分层次规划原则。是指项目管理的总组织者和承担项目实施任务的各参与单位，分别进行不同层次和范围的建设工程项目质量控制体系规划。

（2）目标分解原则。是根据控制系统内工程项目的分解结构，将工程项目的建设标准和质量总体目标分解到各个责任主体，明示于合同条件，由各责任主体制定出相应的质量计划，确定其具体的控制方式和控制措施。

（3）质量责任制原则。项目质量控制体系的建立过程，一般可按以下环节依次展开工作。

1）确立系统质量控制网络：首先明确系统各层面的工程质量控制负责人。

2）制定质量控制制度。

3）分析质量控制界面。

4）编制质量控制计划。

（七）项目质量控制体系的运行

（1）动力机制：是项目质量控制体系运行的核心机制。

（2）约束机制：取决于各质量责任主体内部的自我约束能力和外部的监控效力。

---

[1] PDCA 循环是美国质量管理专家休哈特博士首先提出的，由戴明采纳、宣传而获得普及，所以又称戴明环。该理念针对品质工作按规划、执行、查核与行动来进行活动，以确保可靠度目标达成，并进而促使品质持续改善。它是全面质量管理的思想基础和方法依据，也是企业管理各项工作的一般规律。

（3）反馈机制：必须有相关的制度安排，保证质量信息反馈的及时和准确；坚持质量管理者深入生产第一线，掌握第一手资料，才能形成有效的质量信息反馈机制。

（4）持续改进机制：应用 PDCA 循环原理。

（八）施工企业质量管理体系的建立与认证

（1）质量手册（纲领性文件）：是质量管理体系的规范，是阐明一个企业的质量政策、质量体系和质量实践的文件，是实施和保持质量体系过程中长期遵循的纲领性文件。质量手册的主要内容包括：企业的质量方针、质量目标；组织机构和质量职责；各项质量活动的基本控制程序或体系要素；质量评审、修改和控制管理办法。

（2）程序性文件（支持性文件）：各种生产、工作和管理的程序文件是质量手册的支持性文件。

（3）质量计划：是为了确保过程的有效运行和控制，在程序文件的指导下，针对特定的项目、产品、过程或合同而制定的专门质量措施和活动顺序的文件。其内容包括：应达到的质量目标；该项目各阶段的责任和权限；应采用的特定程序、方法和作业指导书；有关阶段的实验、检验和审核大纲；随项目的进展而修改和完善质量计划的方法；为达到质量目标必须采取的其他措施等。

（4）质量记录：应完整地反映质量活动实施、验证和评审的情况，并记载关键活动的过程参数，具有可追溯性的特点。

落实质量体系的内部审核程序，有组织有计划开展内部质量审核活动，其主要目的是：评价质量管理程序的执行情况及适用性；揭露过程中存在的问题，为质量改进提供依据；检查质量体系运行的信息；向外部审核单位提供体系有效的证据。

（九）建设工程项目施工质量控制

施工质量控制的基本环节如下。

（1）事前质量控制：编制质量计划，明确质量目标，制定施工方案，设置质量管理点，落实质量责任，分析可能导致质量目标偏离的各种影响因素，针对这些影响因素制定有效的预防措施。

（2）事中质量控制：自控主体的质量意识和能力是关键，是施工质量的决定因素。事中质量控制的目标是确保工序质量合格，杜绝质量事故发生；控制的关键是坚持质量标准；控制的重点是工序质量、工作质量和质量控制点的控制。

（3）事后质量控制：事后控制包括对质量活动结果的评价、认定；对工序质量偏差的纠正；对不合格产品进行整改和处理。控制的重点是发现施工质量方面的缺陷，并通过分析提出施工质量改进的措施，保持质量处于受控状态。

（十）质量控制点的管理

1. 做好质量控制点的事前质量预控工作

（1）明确质量控制的目标与控制参数。

（2）编制作业指导书和质量控制措施。

（3）确定质量检查检验方式及抽样的数量与方法。

（4）明确检查结果的判断标准及质量记录与信息反馈要求。

2. 在施工过程中进行质量控制工作

（1）施工作业班组进行交底。

（2）相关技术管理和质量控制人员要在现场进行重点指导和检查验收。

（3）施工质量控制点的动态设置和动态跟踪管理。

（4）对"见证点"的施工作业，如重要部位、特种作业、专门工艺等，监理机构到位旁站。

（5）对"待检点"的施工作业，如隐蔽工程等，施工方必须在完成施工质量自检的基础上，提前通知项目监理机构进行检查验收。

（十一）施工准备的质量控制

施工技术准备工作的质量控制：熟悉图纸，组织设计交底和图纸审查；审核相关质量文件，细化施工技术方案和施工人员、机具配置方案，绘制各种施工详图等。

现场施工准备工作的质量控制包含：计量控制；测量控制；施工平面图控制。

工程测量放线是建设工程产品由设计转化为实物的第一步。施工单位在开工前应编制测量控制方案，经项目技术负责人批准后实施。要对建设单位提供的原始坐标点、基准线和水准点等测量控制点进行复核，并将复核结果上报监理工程师审核，批准后施工单位才能建立施工测量控制网，进行工程定位和标高基准的控制。

（十二）施工过程的质量控制

施工作业质量的控制的程序包括：施工作业技术的交底；施工作业活动的实施；施工作业质量的检查，包括施工单位内部的工序作业质量自检、互检、专检和交接检，以及现场监理机构的旁站检查、平行检验等。

其中，施工作业质量的监控是为了保证项目质量，建设单位、监理单位、设计单位及政府的工程质量监督部门，在施工阶段依据法律法规和工程施工承包合同，对施工单位的质量行为和项目实体质量实施监督控制。

现场质量检查：三检——自检、互检、专检。

现场质量检查的方法：目测法（感官，不辅助量具，"看、摸、敲、照"）；实测法（辅助量具，"靠、量、吊、套"）；试验法（理化试验；无损检测：超声波探伤、X 射线探伤、γ 射线探伤等）。

（十三）建设工程项目施工质量验收

施工过程质量验收的内容：主要是指检验批和分项、分部工程的质量验收。

（1）检验批质量验收：检验批是工程验收的最小单位，是分项工程乃至整个建筑工程质量验收的基础，检验批应由监理工程师组织施工单位项目专业质量（技术）负责人等进行验收。检验批质量验收合格应符合下列规定：

1）主控项目的质量经抽样检验均合格；

2）一般项目的质量经抽样检验合格；

3）具有完整的施工操作依据、质量验收记录。

施工过程的质量验收是以检验批的施工质量为基本验收单元。检验批质量不合格可能是由于使用的材料不合格，或施工作业质量不合格，或质量控制资料不完整等原因所致，其处理方法有：

①在检验批验收时，发现存在严重缺陷的应推倒重做，有一般的缺陷可通过返修或更换器具、设备消除缺陷后重新进行验收。

②（鉴定验收）个别检验批发现某些项目或指标（如试块强度等）不满足要求难以确定是否验收时，应请有资质的法定检测单位检测鉴定，当鉴定结果能够达到设计要求时，应予以验收。

③（协商验收）对检测鉴定达不到设计要求，但经原设计单位核算仍能满足结构安全和使用功能的检验批，可予以验收；严重质量缺陷或超过检验批范围内的缺陷，经法定检测单位检测鉴定以后，认为不能满足最低限度的安全储备和使用功能，则必须进行加固处理，虽然改变外形尺寸，但能满足安全使用要求，可按技术处理方案和协商文件进行验收，责任方应承担经济责任。

（2）分项工程质量验收：监理工程师组织施工单位项目专业技术负责人等进行验收。

（3）分部工程质量验收：由总监理工程师组织施工单位项目负责人和项目技术负责人等进行验收；勘察、设计单位项目负责人和施工单位技术、质量部门负责人应参加地基与基础分部工程验收；设计单位项目负责人和施工单位技术、质量部门负责人应参加主体结构、节能分部工程验收。分部（子分部）工程质量验收合格应符合下列规定：

1）所含分项工程的质量均应验收合格；

2）质量控制资料应完整；

3）有关安全、节能、环境保护和主要使用功能的抽样检验结果应符合相应规定；

4）观感质量验收应符合要求。

（十四）竣工质量验收的标准

建设单位应在工程竣工验收前 7 个工作日内将验收时间、地点、验收组名单书面通知该工程的工程质量监督机构。

竣工验收备案：建设单位应当自建设工程竣工验收合格之日起 15 日内，将建设工程竣工验收报告和规划、公安消防、环保等部门出具的认可文件或准许使用文件，报建设行政主管部门或者其他相关部门备案。

（十五）施工质量不合格的处理

施工质量事故报告和调查处理程序如下。

（1）事故报告：工程质量事故发生后，事故现场有关人员应当立即向工程建设单位负责人报告；工程建设单位负责人接到报告后，应于1小时内向事故发生地县级以上人民政府住房和城乡建设主管部门及有关部门报告。

（2）事故调查：未造成人员伤亡的一般事故，县级人民政府也可以委托事故发生单位组织事故调查组进行调查。

（3）事故的原因分析。

（4）制定事故处理的技术方案。

（5）事故处理（事故的技术处理和事故的责任处罚）。

（6）事故处理的鉴定验收。

（7）提交事故处理报告，其内容包括：事故调查的原始资料、测试的数据；事故原因分析和论证结果；事故处理的依据；事故处理的技术方案及措施；实施技术处理过程中有关的数据、记录、资料；检查验收记录；对事故相关责任者的处罚情况和事故处理的结论等。

（十六）施工质量缺陷处理的基本方法

（1）返修处理。例如，某些混凝土结构表面出现蜂窝、麻面，或者混凝土结构局部出现损伤，如结构受撞击、局部未振实、冻害、火灾、酸类腐蚀、碱骨料反应等，当这些缺陷或损伤仅仅在结构的表面或局部，不影响其使用和外观，可进行返修处理。再例如对混凝土结构出现裂缝，经分析研究后如果不影响结构的安全和使用功能时，也可采取返修处理。当裂缝宽度不大于0.2mm时，可采用表面密封法；当裂缝宽度大于0.3mm时，采用嵌缝密闭法；当裂缝较深时，则应采取灌浆修补的方法。

（2）加固处理。主要针对危及结构承载力的质量缺陷的处理。

（3）返工处理。例如，某防洪堤坝填筑压实后，其压实土的干密度未达到规定值，经核算将影响土体的稳定且不满足抗渗能力的要求，须挖除不合格土，重新填筑，重新施工；某公路桥梁工程预计拉力系数为1.3，而实际仅为0.8，属严重的质量缺陷，也无法修补，只能重新制作。再例如某高层住宅施工中，有几层的混凝土结构误用了稳定性不合格的水泥，无法采用其他补救办法，不得不爆破拆除重新浇筑。

（4）不作处理情形包括：不影响结构安全和使用功能的；后道工序可以弥补的质量缺陷；法定检测单位鉴定合格的；经检测鉴定达不到设计要求，但经原设计单位核算，仍能满足结构安全和使用功能的。

（5）数理统计方法在工程质量管理中的应用。

1）因果分析图法。也称为质量特性因素分析法，其基本原理是对每一个质量特性或问题，逐层深入排查可能的原因，然后确定其中最主要的原因。（根据结果找原因）因果分析图法应用时的注意事项如下：

①一个质量特性或一个质量问题使用一张图分析；

②通常采用 QC 小组活动的方式进行，集思广益，共同分析；

③必要时可以邀请小组以外的有关人员参与，广泛听取意见；

④分析时要充分发表意见，层层深入，排除所有可能的原因。

2）排列图法。采用排列图方法进行状况描述，具有直观、主次分明的特点。将其中累计频率 0 ～ 80% 定为 A 类问题，即主要问题，进行重点管理；将累计频率在 80% ～ 90% 区间的问题定为 B 类问题，即次要问题，作为次重点管理；其余累计频率在 90% ～ 100% 区间的问题定为 C 类问题，即一般问题，按照常规应当加强管理。以上方法称为 ABC 分类管理法。

3）直方图法。整理统计数据了解统计数据的分布特征，即数据分布的集中或离散状况，从中掌握质量能力状态；观察分析生产过程质量是否在正常、稳定和受控的状态以及质量水平是否保持在公差允许的范围内。

（十七）建设工程项目质量的政府监督

政府质量监督的性质属于行政执法行为，是主管部门依据有关法律法规和工程建设强制性标准，对工程实体质量和工程建设、勘察、设计、施工、监理单位（以下简称工程质量责任主体）及质量检测等单位的工程质量行为实施监督。政府建设行政主管部门和其他有关部门履行工程质量监督检查职责时，有权采取下列措施：

（1）要求被检查的单位提供有关工程质量的文件和资料；

（2）进入被检查单位的施工现场进行检查；

（3）发现有影响工程质量的问题时，责令改正。

政府对工程项目质量监督的内容与实施。受理建设单位办理质量监督手续如下：在工程项目开工前，监督机构接受建设单位有关建设工程质量监督的申报手续，并对建设单位提供的有关文件进行审核，审查合格后签发有关质量监督文件。对工程质量责任主体和质量检测等单位的质量行为进行检查。检查内容包括：

（1）参与工程项目建设各方的质量保证体系建立和运行情况；

（2）企业的工程经营资质证书和相关人员的资格证书；

（3）按建设程序规定的开工前必须办理的各项建设行政手续是否齐全完备；

（4）施工组织设计、监理规划等文件及其审批手续和实际执行情况；

（5）执行相关法律法规和工程建设强制性标准的情况，工程质量检查记录等；

（6）监督工程竣工验收，重点对竣工验收的组织、程序等是否符合有关规定进行监督；同时对质量监督检查中提出质量问题的整改情况进行复查，检查其整改情况。

项目工程质量监督档案按单位工程建立。经监督机构负责人签字后归档。

二、建筑企业常见质量风险种类

企业的风险无处不在，无时不在。无知的风险才是企业经营最大的风险。随着建筑行业的快速发展，建筑市场的竞争日趋激烈，建筑施工企业所面临的法律风险急剧增加，诉讼案件层出不穷，不利于建筑施工企业的健康经营和持续发展。建筑施工企业迫切地需要全面的经营合规法律服务提供支持，使其能够在生产经营中及时规避法律风险，从而保障自身的合法权益，这对促进建筑施工企业的健康持续发展具有重要意义。

那么一般建筑企业常见质量风险如下。

（1）地质地基条件的风险。工程发包人一般应提供相应的地质资料和地基技术要求，但这些资料有时与实际出入很大，处理异常地质情况或遇到其他障碍物都会增加工作量和延长工期。

（2）水文气象条件等不可抗力的风险。主要表现在异常天气的出现，如台风、暴风雨、雪、洪水、泥石流、塌方等不可抗力的自然现象和其他影响施工的自然条件，都会造成工期的拖延和财产的损失。

（3）施工准备不足的风险。由于业主提供的施工现场存在周边环境等方面自然与人为的障碍或"三通一平"等准备工作不足，导致建筑企业不能做好施工前期的准备工作，给工程施工正常运行带来困难。

（4）设计变更或图纸供应不及时的风险。设计变更会影响施工安排，从而带来一系列问题；设计图纸供应不及时，会导致施工进度延误，造成承包人工期推延和经济损失。

（5）技术不规范的风险。尤其是技术规范以外的特殊工艺，由于发包人没有明确采用的标准、规范，在施工过程中又没较好地进行协调和统一，影响以后工程的验收和结算。

（6）施工技术不协调的风险。工程施工过程出现与自身技术专业能力不相适应的工程技术问题，各专业间又存在不能及时协调的困难等；由于发包人管理工程的技术水平差，对承包人提出需要发包人解决的技术问题，而又没有作出及时答复。

（7）资金、材料、设备供应的风险。主要表现为发包人供应的资金不及时，供应的材料或设备质量不合格或不及时。

（8）存在缺陷、显失公平的合同的风险。合同条款不全面、不完善，文字不细致、不严密，致使合同存在漏洞。如在合同条款上，存在不完善或没有转移风险的担保、索赔、保险等相应条款，缺少因第三方影响造成工期延误或经济损失的条款，存在单方面的约束性、过于苛刻的义务等不平衡条款。

（9）因发包人资信因素导致的质量风险。发包人经济状况恶化，导致履约能力差，无力支付工程款；发包人信誉差，不诚信，不按合同约定进行工程结算，有意拖欠工程款。

（10）分包人违约导致的风险。选择分包商不当，遇到分包商违约，不能按质按量按期完成分包工程，从而影响整个工程的进度或发生经济损失。

（11）发包人履约风险。合同履行过程中，由于发包人派驻工地代表或监理工程师的工作效率低，不能及时解决遇到的问题，甚至发出错误指令等导致质量问题。

（12）对招标文件未吃透的风险。招标文件是招标的主要依据，特别是投标者须知、设计图纸、工程质量要求、合同条款以及工程量清单等都存在着潜在的经济风险，必须仔细分析研究。

（13）来自分包的风险。建设工程分包，是指工程的承包方（包括勘察人、设计人、施工人）经发包人同意后，依法将其承包的工程交给第三人完成的行为。根据《民法典》合同编、《建筑法》以及其他相关法律法规的规定，建设工程的分包应当遵循下列原则：①总承包人对建设工程进行分包的，应当征得发包人的同意，总包合同中另有约定的除外。②总包单位必须自行完成建设项目（或单项、单位工程）的主要部分，其非主要部分或专业性较强的工程可分包给营业条件符合该工程技术要求的建筑安装单位。其中建设项目、单项工程的主要部分，是指技术复杂、工程质量要求高的单位工程；单位工程的主要部分，是指工程的主体结构；专业性较强的工程，是指工艺设备安装、结构吊装工程或专业化施工的分部分项工程。结构和技术要求相同的群体工程，总包单位应自行完成半数以上的单位工程。③总承包单位可以将承包工程的一部分或几部分发包给具有相应资质的分包单位，而不能将全部工程都分包出去。④分包单位必须自行完成分包工程，不得再行分包。但是属于金属容器的气密性试验、压力试验、工艺设备安装的调试工作、吊装工程的焊缝探伤检查、打桩和高级装修等特殊专业技术作业除外。⑤为保证工程质量，切实保护发包人的利益，总承包单位和分包单位就分包工程的工作成果对发包单位承担连带责任。

第二节　建筑企业工程项目质量的风险防控

工程建设项目一般投资大、周期长，在工程建设和生产过程中，经常要受到多种因素的影响与干扰，而这些因素又大多具有相当的不确定性，所以工程建设风险很多。对工程建设风险的认识，应当明确以下两个基本内容。

第一，工程建设风险大。由于建筑施工的流动性大，生产周期长和实际施工时的赶工，生产的多样性与建筑物的复杂性，工程建设风险因素和风险事件发生的概率均较大，往往会造成比较严重的损失后果。

第二，参与工程建设的各方均有风险，并且同一风险事件，对工程建设不同参与方的影响有时迥然不同。在对工程建设风险作具体分析时，分析的出发点不同，分析的结果自然也就不同。对发包人来说，工程建设决策阶段的风险主要表现为投机风险，而在实施阶段的风险主要表现为纯风险。

（一）切实合规增强风险防范的主动性

虽然工程施工在市场经济中非常普遍，且其中存在着巨大、复杂的法律风险，但应正确认识到：此类风险事前是可防可控的。施工企业只要坚持依法经营合规管理、依法合规开展各种经济活动，重视和强化风险意识，完善风险防范机制，依法全面加强合同管理，就一定能够有效地防范、化解施工合同中的法律风险。

1. 组建质量合规组织体系

合规管理体系是一套集法律、风控、财务、审计、人力、安全生产、质量环保、运营管理等涉及各个部门多方管理的综合性管理体系，而建筑企业质量合规就是合规体系中最为重要的子系统。执行质量合规管理制度，按照质量合规要求完善合规业务管理制度和管理流程，保障质量业务风控系统人员合规履职；按照全面风险管理工作要求，组织识别、分析、评价和应对质量合规风险，向法务合规部提交质量合规风险管理报告；进行质量风控业务范围内的合规审核工作，管理有关质量的审批、核准、审核、备案等合规审核事项；组织质量业务条线员工开展合规培训；组织或者接受合规检查，协助或者配合违规查处；组织或者监督质量业务系统不合规行为的整改等。

2. 牢固树立合规经营风险防范意识

要加强法律学习，强化工程施工合规意识和法律风险意识。市场经济就是法治经济。施工企业应全面推行依法决策、依法管理、依法经营等依法治企战略，并将法治理念贯穿于企业生产经营管理的全过程中。为此，施工企业应采取各种形式广泛深入地开展与生产经营密切相关的《民法典》合同编、《建筑法》《招标投标法》及相关法律法规、司法解释的学习教育活动，不断强化广大职工特别是企业各级领导干部、项目经理及经营、财务等相关管理人员的法律意识、风险意识。通过实际案例，分层次地扎实推进法律法规及风险防范教育的反复轮训，使他们在夯实学法、知法、守法的基础上，进一步提高依法经营、依法办事的自觉性，积极运用法律手段维护施工企业的合法权益，充分认识工程施工过程中的法律风险，从思想上、制度上、组织上筑起防范施工经营法律风险的有效屏障。

完善企业规章制度，依法规范工程分包中的各个环节。为了有效降低工程施工分包的法律风险，减少或杜绝项目经理及有关人员的随意性，施工企业必须坚持依法分包原则，并将其纳入企业法治及重要的经营管理轨道，建立健全施工合同包括分包合同的主体资格预审、合同谈判、评审、签约、履行、变更或解除、验收结算、违约的处理、分包合同的终止等统一、严密的内部管理规章制度及措施，严格执行法律审核把关制度，明确界定和落实企业分包合同资格预审人、谈判人、评审签字人、合同签约经办人等相关责任人员的职责，进一步完善责任追究、奖惩措施，使风险管理制度化、规范化。应建立全过程动态监管的流程及系统，并注意适时修改、调整和完善规章制度。从源头上规范行为、夯实基础、消除隐患，进一步完善企业风险防范的制度建设。

在完善风险防范制度的同时，应建立健全企业法律顾问机构，积极发挥企业法律顾问懂经济、懂法律、熟悉本企业生产经营具体情况的特长及作用，自上而下（包括职能部门、二级单位、项目经理部）组建合同管理部门，选配责任心强、人品好、懂经营、懂法律的人员充实到各层次的合同管理岗位，在企业内部形成运作有效、完整的合同管理组织网络，为防范法律风险提供重要的组织保障。

严格依法经营，切实加强施工合同管理。施工企业应依法加强合同管理，建立完善的管理机制，特别要严格合同的资格预审、合同谈判、合同评审、签约等管理程序，确保合同形式、内容的合法有效，从源头上堵塞漏洞。除单价外，合同有关工程量变更及单价调整，不可抗力事件的损失承担，相应工期，竣工验收条件、方法、标准，结算的条件、标准，质保金比例、支付，违约责任等必须与合同约定的相应内容一致。要清醒地看到建筑业是个高风险行业，自始至终树立经营风险防范意识，务必熟读、熟记合同，严格履行合同。在管理的每个环节上均应克服任何麻痹或侥幸思想，认真履行对分包工程的监督管理的法定及合同约定的职责、义务，完善签证程序及规定，确定专人负责签证、专人收集保管资料，努力将问题解决在萌芽阶段，减少损失的扩大。并注意及时、全面地收集相关证据材料，为一旦发生纠纷做好基础性的应对工作，保证工程按约进行，获得预期的效益。

3. 主动加强风险监测工作

风起于青萍之末，浪成于微澜之间。重大风险往往会经历一个孕育生成、发展演变、升级失控的演化过程。现实中的诸多事例也表明，重大风险事件的发生往往都是量的积累的结果。

建立合规风险防控机制，全面提升合规管理水平能力已经成为新发展理念下，企业实现健康可持续发展的必经之路。将风险防控机制建设深度融入企业管理体系，成为企业治理体系、治理能力进化升级的显著标志。

风险是指未来损失的不确定性，工程质量风险即指工程质量实际与期望偏离可能造成未来损失的不确定性。其贯穿于工程建造及使用全程，且易与工程履约风险、安全生产风险等相互关联形成相关分布的灾害链，对于整个工程影响深远。

有效地识别、评估、分析、预测和控制建筑工程质量风险，保障工程质量风险处于安全可控状态，是各风险关联方都需直面的命题。

工程质量风险的发生是诸多风险因素和其他因素共同作用的结果。按照来源，其风险因素可以分为环境、经济、技术、合同四个方面。

从环境方面看，地底条件（即地质、地基、地下水及土壤条件）、水文气象条件、周边环境（包括地下管线、构筑物、建筑物等）等环境因素对工程质量的影响具有复杂性、多变性，需充分利用有利因素，并预防和防治不利因素。

从经济方面看，宏观经济形势、金融市场因素、财政税收政策、生产要素价格以及资金、劳动力、劳动生产率等风险因素存在错综复杂的内在关系及环环相扣的交叉关系，也使工程质量风险显示出多层次特征。

从技术方面看，技术规范、技术协调以及规划人员、勘察人员、设计人员、施工人员、监理人员的技术水平都会直接影响建筑工程质量。

从合同方面看，合同的签订及履行方面的风险包括合同缺陷、合同欺诈、阴阳合同、转包等。技术因素与合同因素交错造成了图纸设计、建筑材料、机械设备、施工工艺、项目管理等方面的质量风险。

风险因素往往是产生质量缺陷的直接或间接原因，质量缺陷又往往是造成质量事故的直接或间接原因——前者不断量变，且相互促进、相互影响，最终超出承受水平范围形成后者，质变结果的经济损失更大、程度更严重。遵循这一工程质量风险形成机制，合规风险管理者应在全面识别建筑工程质量风险因素的基础上，使用合规风险预测方法进行动态评估与实时监控，而后在风险处于高危状态时对风险事件进行改善，合理选择风险规避、风险控制、风险自留、风险分散、风险转移等应对策略。

4. 不断完善应急合规处置体系

房屋建筑工程领域内的生产企业应编制综合应急预案、专项应急预案和现场处置方案。

综合应急预案，是指生产经营单位为应对各种生产安全事故而制定的综合性工作方案，是本单位应对生产安全事故的总体工作程序、措施和应急预案体系的总纲。应当包括本单位的应急组织机构及其职责、应急预案体系、事故风险描述、预警及信息报告、应急响应、保障措施等内容。

专项应急预案，是指生产经营单位针对某一种或某几种类型事故，或者针对重要生产设施、重大危险源、重大危险作业、重大活动等而制定的方案。专项应急预案应制定明确的救援程序和具体的应急救援措施，应当包括事故风险分析、应急组织机构与职责、应急处置程序和措施等内容。

现场处置方案，是指生产经营单位针对具体的装置、场所或设施、岗位所制定的应急处置措施。现场处置方案应具体、简单、针对性强，重点规范事故风险描述、应急工作职责、应急处置措施和注意事项，应体现自救互救、信息报告和先期处置的特点。

（二）提高合规风险防范的有效性

1. 准确识别风险

（1）风险识别的特点

①个别性。任何风险都有与其他风险不同之处，没有两个风险是完全一致的。

②主观性。风险本身是客观的，但风险识别是主观行为。风险识别时尽可能减少主

观对风险识别结果的影响，要做到这一点，关键在于提高风险识别的水平。

③复杂性。建设工程所涉及的风险因素和风险事件都很多，而且关系复杂、相互影响，给风险识别带来很强的复杂性。

④不确定性。这一特点可以说是主观性和复杂性的结果。由风险的定义可知，风险识别本身也是风险。因而避免和减少风险识别的风险也是风险管理的内容。

（2）质量合规风险识别的原则

①由粗及细，由细及粗。由粗及细是指对风险因素进行全面分析，并通过多种途径对工程风险进行分解，逐渐细化，以获得对工程风险的广泛认识，从而得到工程初始风险清单。而由细及粗是指从工程初始风险清单的众多风险中，根据同类建设工程的经验以及对拟建建设工程具体情况的分析和风险调查，确定那些对建设工程目标实现有较大影响的工程风险作为主要风险，即作为风险评价以及风险对策决策的主要对象。

②严格界定质量风险内涵并考虑风险因素之间的相关性。对各种风险的内涵要严格加以界定，不要出现重复和交叉现象。另外，还要尽可能考虑各种风险因素之间的相关性。在风险识别阶段，考虑风险因素之间的相关性有一定难度，但至少要做到严格界定风险内涵。

③先怀疑，后排除。先考虑其是否存在不确定性，要通过认真地分析进行确认或排除。

④排除与确认并重。对于肯定可以排除和肯定可以确认的风险应尽早予以排除和确认；对于一时既不能排除又不能确认的风险再作进一步的分析，予以排除或确认；最后，对于肯定不能排除但又不能肯定予以确认的风险按确认考虑。

⑤必要时，可作试验论证。对于那些按常规方法难以判定其是否存在，也难以确定其对建设工程目标影响程度的风险，尤其是技术方面的风险，必要时可作试验论证。这样做的结论可靠，但要以付出费用为代价。

（3）建设工程质量合规风险识别的过程

建设工程风险识别的方法有：专家调查法、财务报表法、流程图法、初始清单法、经验数据法和风险调查法。

①专家调查法。专家调查法有两种方式：

a. 召集有关专家开会：又称为头脑风暴法，它借助于专家的经验，通过会议方式去分析和识别项目的风险。会议的领导者要善于发挥专家和分析人员的创造性思维，让他们畅所欲言地发表自己的看法，对风险源进行识别，然后根据风险类型进行风险分类。

b. 采用问卷式调查：又称为德尔菲法，它是依据系统的程序，采用匿名发表意见的方式，即团队成员之间不得互相讨论，不发生横向联系，只能与调查人员发生联系，反复地填写问卷，以集结问卷填写人的共识及搜集各方意见，可用来构造团队沟通流程，应对复杂任务难题的管理技术。

②财务报表法。通过分析资产负债表、现金流量表、营业报表及有关补充资料，可以识别企业当前的所有资产、责任及人身损失风险。将这些报表与财务预测、预算结合起来，可以发现企业或建设工程未来的风险。

由于工程财务报表与企业财务报表不尽相同，因而需要结合工程财务报表的特点来识别建设工程风险。

③流程图法。流程图法是将一项特定的生产或经营活动按步骤或阶段顺序，以若干个模块形式组成一个流程图系列，在每个模块中都标出各种潜在的风险因素或风险事件，从而给决策者一个清晰的总体印象。这种方法实际上是将时间维与因素维相结合。由于流程图的篇幅限制，采用这种方法所得到的风险识别结果较粗。

④初始清单法。通过适当的风险分解方式来识别风险，是建立建设工程初始风险清单的有效途径。对大中型的建设工程，首先将其按单项工程、单位工程分解，再对各单项、单位工程分别从时间维、目标维和因素维进行分解，或进一步将各风险因素分解到风险事件，这样可以较容易地识别出建设工程主要的和常见的风险。

⑤经验数据法。经验数据法也称为统计资料法，即根据已建各类建设工程与风险有关的统计资料来识别拟建建设工程的风险。

⑥风险调查法。由风险识别的个别性可知，两个不同的建设工程不可能有完全一致的工程风险。因此，在建设工程风险识别的过程中，花费人力、物力、财力进行风险调查是必不可少的。这既是一项非常重要的工作，也是建设工程风险识别的重要方法。

2. 加强风险分析

建筑企业防范风险一般可以采取三种方式，即控制风险、转移风险和保留风险。

控制风险，是使风险发生的概率和导致的经济损失降到最低程度，它包括避免风险、消灭风险和减少风险三种。控制工程项目风险的主要措施如下。

（1）熟悉和掌握工程施工阶段的有关法律法规。涉及施工阶段的法律法规是保护工程承发包双方利益的法定依据，建筑企业只有熟悉和掌握这些法律法规，依据法律法规办事，才能增强用法律保护自己利益的意识，有效地依法控制工程风险。

（2）深入研究和全面分析招标文件。承包商取得招标文件后，应当深入研究和分析，正确理解招标文件，吃透业主意图及要求；全面分析招标人须知，详细审查图纸，复核工程量，分析合同文本，研究招标策略，以减少合同签订后的风险。

（3）签订完善的施工合同。基于"利益原则"的承包人应当综合分析、慎重决策，不能签订不利的、独立承担过多风险的合同。施工过程中存在的很多风险，必须搞清楚由谁来承担。减少或避免风险是谈判施工合同的重点。通过合同谈判，对合同条款拾遗补缺，尽量完善，防止不必要的风险；通过合同谈判，使合同能体现双方职责、权利关系的平衡和公平，对不可避免的风险，应有相应的策划和对策。使用合同示范文本（或称标准文本）从而签订合同是使施工合同趋于完善的有效途径。

3. 强化防范措施

以施工合同为基础的索赔。索赔是当事人在合同实施过程中，根据法律、合同规定及管理制度，对并非由于自己的过错，而是属于应由合同对方承担责任的情况造成的，且实际发生的损失，向对方提出给予补偿的要求，它是转移风险的主要途径。施工索赔是合同和法律赋予受损失者的权利，对建筑企业来说是一种保护自己，维护自己正当权益，避免损失，增加利润的手段。

（三）强调合规风险防范的科学性

第一，是要落实风险责任。建筑施工企业在法律风险防范的应对策略上，应将提升企业人员的法律意识放在首位，只有企业人员都树立了较强的法律意识，在遇到纠纷或问题时才会第一时间运用法律的手段进行处理和解决，才能使企业的合法权益得到有效保障，达到较好的维权效果。尤其是需要强化建筑施工企业的负责人和管理人员的法律意识，这样在作出一些重大决策和制定相应的管理措施时，他们才能从法律的角度出发，周全考量可能发生的一切后果，最大限度地降低法律风险发生概率。这种法律意识还应贯彻到施工工作的各个环节当中，通过拟制一系列的风险防范措施，对可能出现的法律隐患进行有效控制。这就需要聘请专业律师结合建筑施工企业的具体状况对其内部制度进行综合性的优化和完善，从而形成明文条例让各种建筑风险在法律层面都能得到一种周密控制。在合同的法律风险规避和防范方面，应当对合同中的各个条款约定进行明确，确保合同能够在施工过程中发挥出应有的效果和作用。合同双方结合项目工程的实际情况，应进行集中充分讨论，对工程的各项内容及指标等都作出明确的约定，让合同中的每一个条款都条理清晰，保证合同的严谨性和可执行性。由于建筑施工企业所面对的工程项目往往都比较复杂，在客观上很难避免法律纠纷。那么在争议发生之时，建筑施工企业的负责人和管理人员应通过科学的方法积极应对有效处理，避免损失的进一步扩大。

第二，要抓好合规风险控制。将精细化管理理念合理融入建筑工程项目合同管理中。建筑工程项目的运营和管理本身的复杂性，决定了合同管理中法律风险防控的难度。管理人员需根据建筑工程项目的规模和工期等情况，科学制定和完善合同管理模式。如在建筑工程项目施工前，需对施工单位和分包单位的资质进行严格审查，根据最终的市场资信评级，选择合适的施工单位进行合作。而在签订合同之前，双方需在工期、质量、技术规格、施工材料采购、现场作业时间等方面进行细致化的商议。在正式签订合同时，需保证各项合同条款具备法律效力，管理人员需对现行的国家和地方的法律法规进行全面了解，在法定的条件下签署合同。而在最终履行合同条款的过程中，若出现变更和终止合同的问题，必须严格按照法律程序落实各项工作。通过将精细化管理理念合理融入建筑工程项目合同管理全过程，并在合同管理的各个阶段逐步实施精细化管理，以保证在合同的各个环节和阶段有效防控法律风险。

构建严密和合理的合同签订与实施风险防控机制。工程项目的实施环节，是最易于引发合同法律风险的阶段。建筑企业需通过构建严密和科学合理的法律风险防控机制，确保合同各方都能按照约定履行相应的权利和义务。管理人员需熟知具体项目可能存在的风险隐患之处，并根据风险的来源，细化合同约定内容。合同各方主体在对具体条款进行讨论的过程中，应生成具体的限制和约束条件，将权责落实到书面上。同时，需针对违约金和违约触发条件进行明确约定，在工程项目施工的关键阶段，若一方出现违约行为应赔付商定的违约金。这样，在合同订立和签署前期，能全面而长远地考虑合同法律风险问题，从而确保在合同签订和实施的各个阶段，都能进行有效的法律风险防控。

培育具有法治思维的建筑工程项目合同管理专员。建筑企业注重提升施工质量的同时，需加强人才的培育与管理。人作为具体实施和践行工作方案和战略规划的执行者，其管理思维的与时俱进，以及岗位胜任力和职业素养等，都会对最终的管理结果产生直接影响。针对建筑工程项目合同管理工作进行研究，在聚焦法律风险管控内容时，应注重培育具有法治思维的合同管理人员。建筑企业应设定独立的合同签订和落实的岗位，并组织业务人员系统学习既定领域的法律知识，确保他们能从法治思维出发，开展和推进建筑工程项目合同管理工作，以确保在最基础和最关键的合同签订环节，就能做好法律风险的防控，在根源处解决问题，最大限度降低发生法律风险的概率。

第三，要完善风险机制。建筑企业需根据合同管理关键点和法律风险主要类型，有侧重点地思考建筑工程项目合同管理中的法律风险防范问题。管理人员应将精细化管理理念融入建筑工程项目合同管理中，在易于引发法律风险的关键环节做好法律风险防范。同时，应构建严密、合理的合同签订与实施风险防控机制，培育具有法治思维的建筑工程项目合同管理专员，以保证建筑企业长期具备有效控制法律风险的能力。

第四，组织专题会议与培训学习，树立质量第一意识。质量问题一直是建筑行业的首要问题，它关乎企业的声誉，人民的生命财产安全以及社会和谐稳定发展。同时，它也是一个建筑企业的灵魂。在建筑工程项目中，一定要狠抓质量，做好质量把控是决定建筑质量的关键所在，也是影响企业生存和发展的决定性因素。从目前的状况来看，有很多建筑企业在施工过程中，都忽视质量把控这一环节，将经济效益放在首位，"豆腐渣"工程时有出现。

质量把控的原则主要有预防为主、以人为本、质量第一以及遵守职业规范。

首先要做到预防为主。施工单位要做好全方位的检查，不仅要在施工过程中以及施工过程后进行检查，还要在施工前做好控制，做到预防为主，减少质量问题的发生。对施工过程中所用到的产品也要进行全方位的检查，确保施工项目的质量。

其次要以人为本。企业要坚持"以人为核心"，充分调动人的积极性、创造性，让员工将质量意识放在首位，增强其责任感。人作为质量的创造者，通过提高他们的质量意识能够有效避免人为失误，进而促进工程质量的提高。

再者要坚持质量第一。作为一种特殊商品，建筑产品的使用年限不同于其他商品，其使用时间久，消耗材料多，成本高，且购买费用大。不仅如此，它还和人们的生命安全有直接的联系。

最后要遵守职业规范。不管是技术负责人、项目经理还是施工人员，在处理质量问题时，一定要遵守职业规范，要持有公平公正的态度，尊重客观事实，按要求办事。

质量把控是建筑工程中的关键，要想建筑工程能够顺利施工，能够在后期顺利投入使用，就必须做好质量把控工作，保证建筑工程质量。在建筑工程施工过程中，如果忽视质量把控这一环节，就会造成一些安全事故，后期在投入使用的过程中留下很多安全隐患。所以在施工过程中，一定要注意质量把控问题。除设计人员，施工单位外，施工人员也要格外注重施工质量。质量把控在建筑工程中的重要性可以分为三个方面。

首先，质量把控影响工程工期。随着我国经济发展水平的提高，社会对于建筑物的需求量增加，建筑工程项目施工的工期就显得较为紧张。为了保证工程工期不延误，就要做好质量把控工作，避免由于施工质量问题造成返工现象，保证建筑工程在工期内顺利完工。

其次，质量把控影响整个工程造价。建筑工程施工过程中的工程量较大，加上施工过程中易发生设计变更，管理难度较大。同时，在施工过程中所运用到的机械设备数量较多，对建筑材料的需求量较大，导致工程造价高。一旦工程出现返工现象，就会浪费材料和设备，进而提高工程造价。

最后，质量把控决定建筑的最终质量。工程质量的好坏决定着工程的总质量，虽然建筑工程的总质量受很多因素的影响，但是质量把控对其产生很大影响。如果在施工前期以及施工过程中不做好质量把控，就会增加管理难度，也会增加后期的检查难度。一旦施工过程中某一环节出现问题，那么将会对工程的总质量产生很大影响，进而会引发一系列法律问题。所以，企业必须重视质量把控工作。

（四）企业质量危机的合规应对与处理要点

对于建筑施工企业而言，一项工程的成败是由工程的质量来决定的，从某种意义上来说，工程的施工质量就是建筑工程的生命线。如果没有良好的施工质量，那么建筑工程的其他相关内容就无从谈起。如今，我国的综合国力在不断地增强，社会与经济也在一定程度上得到了快速的发展，随着我国城市化建设的不断加速，各类建筑的密度也变得越来越高，这就为我国的建筑行业提供了一个巨大的发展空间。工程建设质量管理是一项既艰巨又复杂的工作，其伴随着整个工程的始末。在工程实施过程中，细微的变化都会给工程质量造成影响，因此在工程进行的任何一个环节中都不能出现任何的疏漏。只有通过制定、完善、落实相关的制度，实现对工程质量问题科学地管理，以此保证建筑工程质量，才能推动我国建筑行业的健康发展。

建筑企业风险与危机有效合规管理思路如下。

（1）真实及时性。企业对危机的管理，是一个大课题，也是一个系统工程。企业应通盘考虑，精心策划，才能从容不迫应对各种危机。危机管理成功与否的一个决定性因素在于对风险与危机进行研究，进行事前、事中和事后的整体管理。客观真实及时是提高有效实践的基础和前提。

（2）制度建设和应急预案。风险与危机的事前管理至关重要。危机管理的基础受建筑施工企业施工周期、资金投入、合作伙伴、管理流程等因素影响，在运行过程中风险与危机产生的概率、诱因更为复杂，更应有专职部门进行针对性的有效管理。同时，因风险与危机几乎存在于企业"肌体"的各个部位，还必须有全体成员、各个部门的参与，才能提高运行效率。因而前期的准备应具体从以下几个方面着手。

一是要建立起从职责部门、相关部门、管理委员会、企业领导人的多位一体的质量职责管理体系，明确具体地阐述其职责，做到人人明目标，事事有人管，形成一道严密、科学的"隔离带"，对风险与危机进行有效控制。同时适当引进外部的风险与危机管理机构，如专业的风险管理咨询公司、公共关系咨询公司、金融保险公司、行业协会等，让其帮助组织提供实施风险与危机管理的咨询与意见。

二是要拟订风险与危机管理计划。即将企业的危机管理目标，风险与危机的识别与分析，预防措施、训练准备、警报和报告程序、应变程序，善后处理程序等进行有效规范，做到有据可依，有章可循。对建筑企业而言，前期的策划和研究包括：对企业可能产生风险的环节，列出危机评估表，对产生的潜在原因、危机等级作出预测，这些环节主要包括因组织结构固化、决策机制不灵而引发工程垫资，拖欠工程款等危机；因业务流程不合理、管理不善导致质量、安全危机，造成处罚或资质年审困难；因员工的凝聚力、向心力不强导致劳资纠纷、暴力事件、人才流失等危机；因业主的不满而造成投诉、罚款、毁约、失去信用等危机；因财务状况不佳而导致融资渠道不畅，内部管理混乱，员工士气低落等危机；因竞争者、媒体、政府职能部门的合作关系不融洽而导致处罚、诉讼、媒体负面报道，丧失信用危机等。据此，建筑企业根据行业的特点可建立起经营投标风险评估、资本运营风险评估、质量安全风险评估、法律诉讼风险评估、生产规模与生产能力风险评估、人力资源风险评估、企业形象及信誉评估等。如果能将这些风险与危机进行识别，并采取积极防患措施，同时建立起分轻重缓急的优先处理序列，对风险与危机发生的可能性、影响力，以及对各种风险控制方法的可行性、成本及收益加以综合分析，最终建立针对不同的风险可采用的最适当的危机处理预案。

三是进行必要的风险与危机的培训与实习。其目的在于使企业成员能够具备分析的能力，从中学习和提高独立判断的能力，以便其在危机的情景下作出创造性的决策，并能以弹性的行动来解决危机。如进行施工现场质量、安全事故、火灾事故的模拟仿真训练，其现实意义就非常重大。

（3）质量事件处理进展实时通报。建筑质量也关乎千家万户，与国民经济发展密不可分，涉及社会公共利益的事件应当在第一时间向相关部门通报，有问题一定要及时处理解决，不可久拖延误。一方面可以及时有效地解决已经发生的实际问题，另一方面也是为了降低建筑企业因延误事件产生更多法律上的风险。

（4）通过渠道树立质量信心。首先要控制违法行为。地方建设管理部门要加强对建筑市场的管理，严厉打击非法、违法建设和建筑施工转包、违法分包行为。对各类非法、违法建设行为，地方建设管理部门要联合规划、国土等相关部门综合执法，运用法律、经济、行政等手段，对相关企业和个人依法予以严厉打击，及时遏制非法、违法建设的发生。

其次要强化过程管控。地方建设管理部门要强化过程管控，加大监管投入，加强监管队伍建设，探索有效监管方式。落实网格化监管，将监管区域网格化，逐个落实监管小组和监督人员，做到监管无缝隙全覆盖，有计划、不定期循环监督检查，既能对非法违法建设进行有效监控，又能对网格内在建工程施工情况进行有效控制；改变事先发通知、打招呼的检查方式，采取随机、飞行检查等方式，对建设行为和工程质量时时进行有效的监督检查。严控市场准入，地方建设管理部门要严格把好建筑市场准入关。加强对参与基本建设全过程的各责任单位的资质审查，严格监控建筑市场准入制度的落实。落实市场准入机制和惩戒制度，一旦发现超越资质承揽工程、资质"挂靠"等，依法给予企业和项目负责人严惩，对"挂靠"的自然人要进行经济处罚，使其得不偿失。重点查处无证、越级、超范围承接建筑设计、施工、监理业务行为，挂靠、转包、违法分包行为。严格劳务企业、执业人员、特种作业人员等的资质和职业资格准入，加大劳务企业资质和人员持证上岗监督检查。落实主体责任，地方建设管理部门要加大参建各方主体责任落实的监管力度。建设单位、勘察单位、设计单位、施工单位和监理单位是建筑工程质量管理的关键参建责任主体，他们的责任是否落实、是否到位、是否尽职尽责都直接影响着工程质量。而这五方责任主体的项目负责人是落实责任的关键岗位责任人，加大追责力度也是保障工程建设质量的有效手段。地方建设管理部门要加大质量责任追究力度，对检查发现各方项目负责人履责不到位的，严格依法依规给予罚款、停止执业、吊销执业资格证书等行政处罚并在建筑市场监管与诚信信息平台公布不良行为和处罚信息。

建筑企业法律风险包含技术、环境方面的风险，经济方面的风险以及合同签订和履行方面的风险等。处理不当会引发各种法律危机，这也是当前建筑施工企业所面临的重大法律风险。正是这些风险的客观存在对建筑企业法律顾问制度的建立提出了更高的要求。

（5）对工程分包要努力做到以下几点。一是挑选资质全、素质高的分包单位。承建方对分包单位的选择很大程度上决定着所建项目的质量以及合同的执行效果。在进行分包队伍的选择时，应当对参选单位的营业执照、建设资质、设备情况、资金实力、业内信誉等相关资料进行审查；签订合法的分包协议，清晰说明分包工程涉及的范围、工程质量标准、进度计划、竣工验收标准以及双方应当承担的责任、应履行的义务。对分包企业的施工过程开展现场的监督与管理。二是安排分包企业参与设计图纸的会审工作。三是要审批分包单位的具体项目施工方案，对于分包项目施工方案是否符合建设单位与监理单位的设计图会审要求，能否在工期紧张的情况下合理调整项目进度、实施交叉作业，是否符合相关的法规条款以及专业技术标准进行审查。唯有在符合要求的情况下方可正式施工。四是对分包企业相关人员以及设备进行核查，防止分包工程被非法转包。五是对分包工程施工现场开展有效管理，要求分包企业进行技术交底，在此基础上对相关情况合理监督。六是施工结束后对分包工程要进行质量验收，核实所建部分与设计图纸是否一致、与原先呈报的施工方案是否存在不符之处。

第五章

建筑企业材料采购合同订立的合规与风险防控

第一节 建筑企业材料采购合同订立的合规风险

对于广大建筑企业而言，工期、质量、成本是公认的"三大目标"。要想在具体的建设工程项目中顺利实现按期竣工、质量合格、成本节约这三大目标，那么抓好材料采购合同订立及风险防范无疑是关键之一。在司法实践中，材料采购问题是建设工程纠纷产生的一个重要诱因，例如，由于材料采购或供应不及时导致工期延误，对于有着特殊工艺要求的项目，还会导致质量问题；由于材料质量存在瑕疵、缺陷导致工程质量不合格或达不到合同要求，同时还会累及工期和成本；由于合同条款约定不完善或对合同订约权缺乏有效的规范管理和制度约束，导致采购的材料质次价高，工程显性和隐性成本双重增加等。因此，做好材料采购合同订立及风险防范是建筑企业的一项基础性工作，是建设工程项目后续工作顺利开展的首要前提。

根据《民法典》第四百七十条规定："合同的内容由当事人约定，一般包括下列条款：（一）当事人的姓名或者名称和住所；（二）标的；（三）数量；（四）质量；（五）价款或者报酬；（六）履行期限、地点和方式；（七）违约责任；（八）解决争议的方法。当事人可以参照各类合同的示范文本订立合同。"建筑企业在订立材料采购合同时，须对合同主体、价格条款、质量条款、供应条款、交货条款、验收条款、质保期和质保金条款、结算条款、付款条款、知识产权条款、违约责任条款、争议解决条款中的风险进行重点防范。

一、合同主体不合规风险

材料采购合同中，合同的主体即采购的双方当事人，一方为采购方，另一方为供货方，权利和义务是相对的。建筑企业在签订材料采购合同时往往不注意合同主体的合法和真实，不注意合同主体是否具备相关的资质或许可，不注意对资信能力、业绩、人员等进行审查，甚至自己一方的签订主体也不适格（例如，不是独立法人、法人名称不对、印章和名称不一致等），导致签订的合同无效。

二、价格条款不合规风险

建筑材料市场价格波动较大，直接对建设工程造价成本造成较大影响。实践中由于种种原因，材料采购合同欠缺合同价格条款或者合同价格条款约定不明的情况经常发生，有的合同只约定了总价，没有约定每一个品种规格和单价；由于某种原因，货只供应了一部分，剩下的部分不能供应，此时实际采购的货物实际多少钱就无法确认；有时价款支付约定过于简单也会带来风险，如支付期限、支付方式均没有约定，导致双方日后产生分歧。

三、质量条款不合规风险

通常，在合同中都会涉及"质量条款"。对于材料采购合同而言，签订合同之前双方都会对货物的质量进行严格的约定，所以大部分情况下并不会发生质量问题，但同时货物的质量约定也是最为重要的。对于质量条款，除非业务部门或技术部门提出明确的"质量要求"，否则无论是作为律师，还是作为企业法务人员，都很难在合同中作出明确的"质量条款"，这就导致在签订合同时往往会出现"质量条款约定不明"的情况，为以后合同的履行带来障碍。

四、供应条款不合规风险

建筑企业一定要考虑材料采购合同供应条款签订的合规性，材料一定要供应及时。日常材料一般要提前 3 天进场，特殊材料的进场时间有特殊要求，要根据工程的进度，按照物资采购的程序进行采购、验收控制，保证材料供应及时，否则建设工程可能因为等待材料供应而停工，造成工期延误。

五、交货条款不合规风险

标的物的交付即所谓的送货、收货，是材料采购合同中至关重要的内容，其涉及货物风险的承担、所有权的转移等问题，所以建筑企业应在合同中对交货方式、地点、时间等事项作出明确约定，否则有可能产生货物毁损、灭失的风险。

六、验收条款不合规风险

为了保证材料采购合同标的物的质量达到规定标准，必须进行货物的验收。验收方法有三种：凭封印验收、凭现状验收和凭样品验收。验收的时间和地点、验收的费用一般应在合同中明确约定。关于验收的费用负担，惯例是：如货物合格，验收费用由买方负担；如货物不合格，造成拒收或退货，则验收费用由卖方支付。无论是验收的方法，验收的时间、地点，还是验收费用的负担，都要在合同中明确约定。有些合同签订不合规，就是因为这些重要的合同要素在合同中未明确约定或约定不明，从而造成分歧。

七、质保期和质保金条款不合规风险

"质保期和质保金条款"也是材料采购合同中比较容易产生纠纷和争议的事项。尤其是在货物进场后不能正常使用或者出现备件损坏需要更换的时候，就需要明确的条款去规避供货方恶意拖延、拒绝服务的情况。这就要在合同中明确约定质保期内供货方免费提供质量缺陷货物的维修、更换等服务。供货方借故推托或无理由拒绝采购方提出的维修、更换服务要求，采购方可以委托第三方进行维修，维修费用采购方有权从供货方的质保金中直接扣除（无须征得供货方同意），质保金不足以支付维修费用的，由供货方补足。采购方根据合同规定对供货方行使的其他权利不受影响，并保留进一步索赔的权利。维修或更换后的货物的质保期相应延长 6 个月。否则，双方有可能在质保期和质保金问题上产生纠纷。

八、结算条款不合规风险

《民法典》第五百九十六条规定："买卖合同的内容一般包括标的物的名称、数量、质量、价款、履行期限、履行地点和方式、包装方式、检验标准和方法、结算方式、合同使用的文字及其效力等条款。"结算条款是材料采购合同中的重要条款，中国的结算制度规定办理结算必须遵循以下三条原则：①钱货两清，即卖方要按期发货，买方要按规定付款，不得拖欠货款和无理拒付货款；②维护收付双方的正当权益，收付双方要严格履行合同的有关条款，执行结算制度的规定，银行组织结算工作，要从整体利益出发，不得偏袒任何一方。③银行不予垫款，银行为企业提供结算服务，只负责把款项从付款者账户转入收款者账户，不能代垫款项，企业委托银行付款时，必须在银行账上备有足够的资金，委托银行收款时，必须等待款项收妥后才能支用。违反上述原则订立结算条款，即约定不合规就可能带来风险。

九、付款条款不合规风险

材料采购合同支付方式有现金、支票、汇票、托收承付（验单付款或验货付款）；支付期限有预付款、货到付款、分期付款等。如果未约定预付款退还时间，就会影响资金占用利息起算时间。未明确合同价款是否含税，是否需要先开发票往往导致产生争议。约定先开票后付款往往不被支持。因为税务发票体现的是国家与纳税人的纳税关系，是一种行政管理行为而非合同法上法定的先履行抗辩事项。附条件付款或附期限付款约定必须明确，如果约定不明可能导致不利后果。

十、违约责任条款不合规风险

在建筑企业材料采购合同订立实践的过程中，有的合同仅仅是大概地约定了如果对方违约，应当承担违约责任或者赔偿损失，没有约定具体的违约金条款、具体地确定损失的方式、具体的损失包括的范围等。内容非常概括、宽泛，在具体违约的时候，如何承担违约责任以及赔偿损失的界限、范围均无法确定，使得最后守约方的举证责任很重，往往因为证据不足导致应得到的赔偿没有获得支持。

十一、争议解决条款不合规风险

材料采购合同发生争议，一般有以下解决方式：①和解，即由合同双方对争议内容进行协商处理；②调解，即对合同双方的争议，共同由第三人或者机构进行调解；③仲裁，即合同双方可以约定将合同争议提交独立的仲裁机构进行仲裁；④诉讼，即合同双方将争议起诉到法院处理。其中，大家往往忽视的是对仲裁条款的约定不合规，导致约定无效。选择仲裁需要双方一致同意。仲裁的优点是比较灵活，不受地域和级别管辖限制。仲裁的受理和开庭程序相对简单，实行一裁终局。但如果不能确定具体的仲裁机构，也没有说明具体的仲裁事项和仲裁委员会，当事人也达不成补充协议的，该仲裁条款无效。

第二节 建筑企业材料采购合同订立的风险防控

一、合同主体风险防范

建筑企业在订立材料采购合同前，不仅要严格加强己方的合同签订管理工作，更要认真审查对方的主体资格、经营资质、资信状况、履约能力以及代理人的身份信息、代理权限等具体情况，以保证材料采购合同交易的安全性。

（一）审核己方（建筑企业）

建筑企业签订材料采购合同应使用公司行政章或者合同专用章，并可在合同条款中约定"加盖合同专用章，加盖其他印章本合同无效"等类似条款，以防止滥用部门印章、项目部印章的情况出现。建筑企业设立的部门和项目部不具有独立主体资格，非经公司授权，不能对外签订合同。部门印章、项目部印章要严格管理，防止滥用后给建筑企业带来不利法律后果。

【参考案例】（2021）吉民申1818号；（2020）晋民申482号；（2019）赣民再185号。

（二）审核对方（材料供应商）

要想保证交易安全，首先应当了解"交易对手"。材料供应商是采购合同的一方当事人，对其各项情况进行审查是建筑企业防范合同风险的第一道防线。

（1）认真审查对方是否是适格主体，例如，是否具备独立法人资格、有无相应的经营资质、分公司签合同是否经过总公司授权等，从而判断材料供应商是否具有订立合同的相应民事权利能力和民事行为能力。审查的文件主要包括企业法人营业执照、资质证书等。

企业法人营业执照透露的信息：①住所地（要看住所地与目前的经营地是否一致）；②法定代表人（是否由法定代表人签约）；③注册资本与实收资本（反映出公司的规模大小）；④公司类型（有限责任公司、股份有限公司）；⑤经营范围（是否具备相应的经营内容）；⑥成立日期和经营期限（反映出公司经营是否稳定以及未来持续经营的能力）；⑦年度检验情况（有无到期未年检的情况，未年检大部分是公司经营出现问题）。

案例：材料供应商无资质生产经营遭查处

①某省住房和城乡建设厅官网2021年6月1日发布的《关于对A公司无资质从事生产经营行为的曝光》显示，2021年5月21日，某市救助管理站、未保中心（反家暴中心）工程——综合楼、照料中心工程现场发生一起施工机具伤害事故，致1人死亡。该工程项目预拌混凝土企业A公司，无资质从事混凝土生产。天眼查显示，2021年11月29日，某市住房和城乡建设局作出"连住建罚字（2021）00053号"决定书，对该公司处罚款人民币3.1348万元，处罚事由为"未取得资质证书承接项目"。②某省某市住房和城乡建设局官网2017年8月7日发布的《以案释法案例——某公司无资质生产混凝土并向违建工程供应案》显示，2017年5月18日，某市住房和城乡建设局工作人员在市城区某镇发现一房屋建设工地现场有搅拌车在供应混凝土，到该搅拌车所属公司后发现该公司搅拌生产线在生产混凝土，但该公司未取得相应生产预拌混凝土的资质。次日，该局责令该公司立即停止违法行为。同年6月1日，该局认定该公司上述行为违反了《某省建设工程质量管理条例》第十四条"商品混凝土生产单位、混凝土预制构件生产单位承担下列质量义务：（一）在资质证书许可的范围内承揽生产业务"之规定，对该公司出具停业整顿两个月的《行政处罚意见告知书》及《行政处罚听证告知书》。该公司未提出陈述、申辩、听证要求，自2017年6月6日起停业整顿两个月。由此可见，

如果建筑企业在签订材料采购合同前，不注重审查材料供应商的经营资质，很可能就会导致建设工程项目后续工作无法顺利开展，严重影响工期、质量、成本。

（2）注意了解对方的资信状况、履约能力，主要为了规避"先付款后供货"这一情形的风险。通过资信状况、履约能力调查，查明对方的经济实力、信用状况和不良行为记录，为避免合同风险提供有力保障。资信情况、履约能力调查应通过公共信息、特别渠道信息和对方提供的情况进行综合分析判断。公共信息主要是通过网络收集的对方的销售规模、市场声誉、经营风险等相关信息，上述"材料供应商无资质生产经营遭查处"的案例就是通过网络搜索查询到的；特别渠道信息主要是业务人员通过自身资源了解的对方的具体情况；对方提供的情况也是判断其履约能力的重要依据。

（3）注意考察对方的供货能力、内部组织和管理、售后服务等具体情况。

1）供货能力，这旨在考虑材料供应商提供所需材料能否满足数量和质量要求的能力以及材料供应商能否持续、稳定地提供货物和服务的能力。

2）内部组织和管理，这关系到日后材料供应商的服务质量。如果材料供应商内部组织机构设置混乱，将直接影响采购的效率及质量，甚至由于材料供应商部门之间的相互矛盾而影响到供应活动能否及时、高质量地完成。另外，材料供应商的高层主管是否将建筑企业视为主要客户也是影响供应质量的一个重要因素，否则在面临一些突发事件时，就无法获得优先处理的机会。

3）售后服务，这是材料采购工作的延续环节，是保证材料采购连续性的重要方面，如果售后服务只流于形式，那么被选择的材料供应商只能是短时间配合与协作，不能与其成为战略伙伴关系。

（4）严格审查对方签约代表是否经过授权。

1）法定代表人签约，要提供法定代表人身份证明。

2）非法定代表人签约，要提供法定代表人身份证明、授权委托书及签约人的身份证复印件等。

【参考案例】（2016）苏民终734号。

二、价格条款风险防范

价格条款是材料采购合同的关键，建筑企业须特别注意对材料价格约定应明确、具体、易操作、无争议。例如，材料所对应的计量单位应准确；材料价格应明确是否包含税金，是否包含运费、保险费、装卸费、保管费等相关费用，如不包含，由谁承担；涉外合同还应明确货币种类及外汇结算标准，防止出现分歧。另外，在市场价格波动频繁的情况下，建筑企业应在材料采购合同中合理设置市场价格波动风险条款，否则容易引起纠纷。

（1）在市场价格呈上涨趋势时，材料采购合同可约定"供方严格按合同约定价格供货，不随市场变化而调整。供方不得以任何理由推迟供货，否则将承担违约责任和需方由此而产生的损失"，可采取"固定总价"或"固定单价"的价格形式。

（2）在市场价格呈下跌趋势时，材料采购合同可约定"供方按合同约定价格供货，如市场价格下跌，供方必须按照下跌价格及时调整材料单价。供方不得以任何理由推迟供货，否则将承担违约责任和需方由此产生的损失"。

（3）在市场价格变化趋势不明显时，材料采购合同可约定"供方按合同约定价格供货，如遇特殊情况需作调整，须经双方协商一致并签订补充协议（形式不限，出具书面承诺也可），补充协议与本合同具有同等法律效力。供方不得以任何理由推迟供货，否则将承担违约责任和需方由此产生的损失"。

【参考案例】（2019）最高法民申 5829 号；（2018）最高法民终 380 号；（2017）鲁民终 841 号；（2021）鲁 05 民终 2462 号。

三、质量条款风险防范

材料采购合同是典型的买卖合同，买方的主要合同义务是支付价款，卖方的主要合同义务是提供质量符合要求的标的物。对于建筑企业来说，如何通过合同条款有效约束材料供应商，使之按照约定提供质量符合要求的建筑材料，是订立材料采购合同时需要考虑的最重要一点。材料的质量不仅是品质，还包括规格、型号、包装等所有反映材料是否符合要求的要素。因此，严格把控材料采购合同质量条款关，应做到以下三点。

（1）材料采购合同中应明确材质、型号、规格和包装等要求。例如，订立钢材采购合同时，要根据施工要求对材型和材质进行分门别类逐一约定，不仅要细分碳素钢、合金钢、高合金钢，还要进一步细化，碳素钢要细分到低碳钢、中碳钢、高碳钢，像"供应 C 型钢 20 吨"这样的表述就很模糊，当材质不符合施工要求时很难追究材料供应商责任。对技术性能参数较多、较广的材料，应另行签订技术协议作为合同附件，避免型号不详或材质不清等因素造成发错、用错材料，影响工程进度和工程质量。此外，在建筑企业上门自提货物的情况下，由于毁损、灭失的风险由建筑企业自行承担，故合同中必须提高材料供应商的货物包装要求。

（2）材料采购合同中应明确材料供应商必须提供产品合格证书、使用说明书、质量保证书等附随义务。例如，在合同中约定"供方必须随货提交质量证明书原件，否则需方有权拒绝收货"。涉及进口材料，还应要求材料供应商提供原产地证明、进口报关单等资料，如在合同中约定"供方应随货物提供进口材料的原产地证明，否则需方有权拒绝接受或按国产材料结算"。

【参考案例】（2017）琼 02 民终 362 号。

（3）材料采购合同中应明确材料质量标准。由于标准更新较快，合同中应约定"质量验收不限于以上标准，其中未包括的内容，执行现行的适用于该材料的国家和行业最高标准"。切忌在质量标准中笼统约定"合格""按国家标准执行"，这样的约定远远不够，要知道很多材料的质量标准是根据使用范围来进行规定的。例如，无缝钢管的标准就有四种，即《结构用无缝钢管》GB/T 8162—2018、《输送流体用无缝钢管》GB/T 8163—2018、《低中压锅炉用无缝钢管》GB/T 3087—2022、《高压锅炉用无缝钢管》GB/T 5310—2017，如果没有约定明确，材料供货商可能以低标准供货。因此，为了避免出现争议时对质量标准的认识不统一，约定的质量标准无法应用的问题，特别是对于一些新型材料或有特殊要求的材料，在签订合同时就应明确质量标准。

质量标准的约定应根据建筑材料的具体情况，有国家、行业标准的建筑材料，可通过约定适用的规范标准达到明确质量要求的目的，如约定"供方所供钢材必须符合《钢筋混凝土用钢　第 2 部分：热轧带肋钢筋》GB 1499.2—2018 及《低碳钢热轧圆盘条》GB/T 701—2008 质量标准及需方要求""供方所供混凝土质量标准应严格按照《预拌混凝土》GB/T 14902—2012 执行，需方按照《混凝土结构工程施工质量验收规范》GB 50204—2015 验收"；天然的出产物或质量受原材料影响较大的石材、瓷砖等产品以及无法用文字表述的产品，可通过双方共同"封样"（买卖双方在签约时共同认可和接受的能够代表成交货物整体质量水平，并作为日后双方履约的质量依据的少量实物）的方式明确质量标准；非标准的加工定作产品则可以通过明确原材料、技术参数要求等对质量标准予以明确。合同约定采用规范来明确质量时应注意不同规范的产品质量要求不同，应选择质量要求高的规范。合同约定采用"封样"的方式明确质量要求的，在封样同时可要求材料供应商出具样品质量的书面说明。

【参考案例】（2019）粤 02 民终 2300 号；（2017）粤行终 1486 号；（2020）闽 05 民终 2965 号；（2021）京 01 民终 9920 号。

四、供应条款风险防范

材料是否能够及时供应将直接影响建设工程项目的工期，甚至质量。建筑企业要防范类似风险，就必须在材料采购合同中对材料供应商的货物供应提出明确和严格的要求，这包括两个方面。一是时间要求。材料采购合同中既要明确货物到达工地的时间，又要约定不能按时到达的责任，此类条款一方面给材料供货商提供履约指引，另一方面通过责任追究条款对其形成有效督促。二是供应量要求。虽然能做到按时供货，但是做不到足量供货，所产生的后果与不能按时供货是一样的。因此，在材料采购合同条款中要明确约定采购总量、供货批次、每次供货的数量、不能足量供货的违约责任等，此些条款宜细不宜粗，如可约定"供方未能按时交货，每拖延一天，须向需方支付该批货物金额 1‰ 的违约金。若确实造成需方工期延误或停工的，还应赔偿需方的工期延误损失、现场工人工资、机械设备租赁费用、周转材料费用等损失，违约金和赔偿款需方有权直接从应付货款中扣除"。

【参考案例】（2020）苏 09 民终 2345 号；（2021）晋 01 民终 2193 号。

五、交货条款风险防范

（1）明确约定交货方式、地点。在签订材料采购合同时，一定要约定具体的货物交付方式、地点，避免不必要的风险承担。如果选择材料供应商送货方式，则可约定在建筑企业工地交货时、卸货后，货物所有权和风险转移；如果选择建筑企业提货方式，则可约定在材料供应商处提货时、装货后，货物所有权和风险转移。须注意，卸货、装货过程中的所有权归属和风险承担也务必要明确约定，防止发生货物毁损、灭失甚至安全事故后双方互相推脱责任。同时，根据《民法典》第六百零七条"当事人没有约定交付地点或者约定不明确，依据本法第六百零三条第二款第一项的规定标的物需要运输的，出卖人将标的物交付给第一承运人后，标的物毁损、灭失的风险由买受人承担"、第六百零六条"出卖人出卖交由承运人运输的在途标的物，除当事人另有约定外，毁损、灭失的风险自合同成立时起由买受人承担"之规定，从对采购方即建筑企业有利的角度出发，如果货物运输委托他人进行，应在合同中明确约定货物在运输途中出现的毁损、灭失由供货方即材料供应商负责，把可能出现的风险降到最低。另外需注意，在合同中还要明确"货物毁损、灭失的风险转移不等同于货物质量问题的责任转移"，实践中材料供应商往往故意将货物交付后毁损、灭失的风险转移与质量问题的责任转移混为一谈，以此来逃避承担质量责任。

【参考案例】（2019）最高法民终 203 号。

（2）明确约定交货日期。"合同生效后 1 个月交货"，这种约定比较模糊，交货日期缺乏限制性，存在因材料供应不及时而影响工程项目工期或进度的风险，故应在合同中约定"按需方电话或书面通知交货，供方不按时按量供货时，应承担相应违约责任"，同时须注意保存通知供货的证据。

六、验收条款风险防范

（1）材料数量验收方法不正确，也容易造成材料数量亏损。对此，建筑企业签订材料采购合同时，应在验收条款中约定"送货单必须有两个指定收料人同时签收，按月进行结算"，将月结的材料数量与工程进度所使用的数量及预算的数量进行比较，做到节点过程控制，也可在验收条款中约定"材料进场时，需由建设单位、监理单位、施工单位三方共同验收"，以防范一方随意验收材料的风险。对于主要材料数量的验收应根据材料的特点加以特别约定，例如混凝土采购合同可对数量验收作如下约定：供货数量应按签单数结算，如需方对供方所供混凝土是否足量有疑问，需方可用过磅形式随机抽验供方所供混凝土是否足量（按抽检三车平均值计算）；如抽验结果误差在 ±2% 范围以内，双方互不追究，过磅费双方共同承担；如抽验结果为负差且负差大于 2% 时，则当日抽验前发出车数均应按抽验结果计算方数，过磅费由供方承担。

【参考案例】（2014）一中民（商）终字第 7081 号；（2021）粤 01 民终 3922 号。

（2）验收条款中还应注意的是材料验收期（又称质量异议期）的问题。通常的情况下，作为卖方（材料供应商）来说，希望买方（建筑企业）能够尽快完成检验，因为材料检验合格后就能免除其质量担保责任。而对买方而言，交货后立即检验通常只能查看材料表面是否存在瑕疵、缺陷，其内在是否有瑕疵、缺陷很难判断，特别是对于批量交付的材料，要求交货后立即检验是不现实的。因此，关于材料质量检验期须约定充分的时间，应在合同中载明"交货验收只限于材料表观验收，内在质量问题可在一定期限（如材料使用期限）或两年内提出"等。

【参考案例】（2020）京 02 民终 7863 号。

七、质保期和质保金条款风险防范

为了保证建设工程质量，以及材料供应商违约或无能力履约时，建筑企业能够得到基本救济，应在材料采购合同中约定质保期并预留质保金或提交履约保函。

（1）质保期的约定可与建设工程施工合同保持一致或遵循相关法律法规，例如《建设工程质量管理条例》第四十条"在正常使用条件下，建设工程的最低保修期限为：（一）基础设施工程、房屋建筑的地基基础工程和主体结构工程，为设计文件规定的该工程的合理使用年限；（二）屋面防水工程、有防水要求的卫生间、房间和外墙面的防渗漏，为 5 年；（三）供热与供冷系统，为 2 个采暖期、供冷期；（四）电气管线、给水排水管道、设备安装和装修工程，为 2 年"的有关质保期的规定等。

（2）建筑企业签订大额、重要的材料采购合同，特别是与初次合作的材料供应商签订合同时，为了更有效地督促材料供应商履行约定义务，双方有必要在合同中约定质保金或履约保函。合同中约定的质保金额度应不低于合同总额的 5%，也可约定按照建设工程施工合同的同等比例留出质保金，质保金支付应注明"无息支付"；履约保函可以约定"供方在签订合同后 7 日内，必须向需方提交合同总额 10% 的银行履约保函，如不按时提交，需方有权拒付预付款或解除合同，且需方不必承担任何违约责任。质保期届满且无质量问题后，需方将银行履约保函原封退还给供方"。

【参考案例】（2021）桂民申 6267 号。

八、结算条款风险防范

结算条款在材料采购合同中非常重要，因为它直接关系到建筑企业的主要合同义务——支付价款，很多材料采购合同纠纷往往在结算阶段才集中爆发出来。结算牵涉到合同的方方面面，容易产生争议的包括价格、供应量和质量等方面。

（1）价格方面。一方面，前文已提及，在签订材料采购合同时，可以在价格条款中直接约定"如市场价格下跌，供方必须按照下跌价格及时调整材料单价"等类似条款；另一方面，在履行合同过程中，如发现合作供应商的材料价格高于其他供应商，应及时签订补充协议调整材料单价，或者在一开始签订材料采购合同时就可以在结算条款里约定"供方所供材料价格如果高于本市其他材料供应商，需方有权要求供方降低价格，供方必须下调价格后再供货，不得以任何理由拒绝供货，否则将承担违约责任和需方由此而产生的损失。结算时以供货全部结束后，双方最终对账确认的价格为准或以审计价为准"。

（2）数量方面。供应商材料供应不足、数量短少等情况时有发生，或者提供的数量并不是实际使用的数量，所以按照实际用量进行结算才不致蒙受损失。因此，建筑企业在订立材料采购合同时，可以在结算条款中约定"据实结算"，或者约定"合同所列数量为暂估量，结算以实际送货量为准，送货单须经需方指定人员签字并经指定部门盖章核实确认"等条款。

【参考案例】（2019）京 03 民终 10482 号。

（3）质量方面。在合同履行过程中，建筑企业往往会因为赶工期或处于卖方市场等原因，而只能对供应商的材料照单接受，暂时对材料质量问题隐忍不发，这是建设工程领域的客观情况。在相应分项工程完工后，双方结算时原先隐藏的矛盾爆发出来，材料供应商索要货款，建筑企业以材料质量不符合要求进行抗辩。但有的材料供应商很狡猾，在供货单上印了一句话"请您确认货物数量及品质后在送货单上签收"，很多现场施工管理人员不注意细节和文字推敲，货到后只要数量属实，甚至不清点数量就在供货单上签下大名。这一签不仅是对货物数量的确认，还是对质量的认可，为日后结算和质量异议留下难以补救的法律风险，那么该如何防范呢？一方面，建筑企业要加大对项目部管理人员和现场施工人员的法律基本知识、风险防范意识的培训和教育；另一方面，建筑企业要在律师配合帮助下加强对合同订立的管理，从预防着手，特别要注重通过设置有效的合同条款达到有效的风险防范。例如，为了防止签收人员进入供应商的"圈套"或"陷阱"，就可以在合同结算条款里约定"需方人员在供货单上的签字权是对货物到达需方工地的确认，对货物数量和质量根据本合同相关条款的约定进行确认"或"需方人员签收的送货单等材料仅仅表明收到货物，不能用以证明供方交付的标的物符合合同约定的数量、质量等。数量、质量检测报告应由需方另行出具"。

【参考案例】（2016）闽 02 民终 1864 号。

九、付款条款风险防范

材料采购合同履行过程中的付款程序，主要包括预付款、进度款、结算款和质保金等阶段，各阶段款项支付均须明确支付方式（如转账、现金、支票、承兑汇票等）。另外，为了保障建筑企业利益最大化，材料采购合同中还可约定"先票后款""背靠背条款"等类似条款。

（1）预付款。预付款的支付比例，一般应控制在 30% 以内，当然合同最好是能够约定"无预付款"。

（2）进度款。进度款可约定"货到现场签收后或验收合格后 1 个月内付款"，这比"货到付款"能推迟付款期限，有利于建筑企业更充分地利用资金。

（3）结算款。结算款可约定"供货全部结束后，合同双方须对已完工程货款或材料款进行最终结算核对。如需方已支付进度款金额大于结算款金额，供方须予以退还；如需方已支付进度款金额小于结算款金额，需方须予以补足"。

（4）质保金。前已述及，质保金可约定质保期满后"无息支付"，质保金比例不应低于合同总额的 5%。

（5）约定"先票后款"。建筑企业可在材料采购合同中明确约定"付款前，供方必须向需方开具正规材料含税发票，否则需方有权拒付，且不属于需方违约"，从而争取达到履行期限延长的效果。但同时建筑企业也需注意，其实际付款金额切勿超出材料供应商实际开票金额，否则法院会认为建筑企业"以事实行为变更了'先票后款'的合同约定"。另外，开具的发票名称、种类（如普通税务发票和增值税专用发票）等也应在材料采购合同中明确约定。

【参考案例】（2018）粤 13 民终 6912 号；（2021）桂 01 民终 11282 号；（2020）兵 12 民终 59 号。

（6）约定"背靠背"条款。"背靠背"条款一般是指合同中负有付款义务的一方与相对人约定，以其在与第三人的合同关系中收到相关款项作为其履行本合同付款义务前提或条件的条款。"背靠背"条款原本多数是存在于建设工程施工领域，近些年已经逐步扩展到建筑材料采购领域，即建筑企业可以通过"背靠背"条款将货款支付风险转移给材料供应商。虽然在目前的司法实践中，对于"背靠背"条款的法律效力存在争议，但部分法院还是认为该条款有效，认为该条款是合同双方关于价款支付的风险负担，系双方真实的意思表示，不违反法律、行政法规的强制性规定。例如，《北京市高级人民法院关于审理建设工程施工合同纠纷案件若干疑难问题的解答》第22条明确："分包合同中约定待总包人与发包人进行结算且发包人支付工程款后，总包人再向分包人支付工程款的，该约定有效。因总包人拖延结算或怠于行使其到期债权致使分包人不能及时取得工程款，分包人要求总包人支付欠付工程款的，应予支持。总包人对于其与发包人之间的结算情况以及发包人支付工程款的事实负有举证责任。"因此，为了能够最大限度地保障自身利益，建筑企业可以在材料采购合同中约定"货款或材料款必须经业主方确认并支付给需方后，再由需方支付给供方"，这样以"业主支付款项"为前提能够最大化地转移支付风险。但同时建筑企业也须注意，要积极催收债权并保存相应证据，否则也会因为怠于主张债权，而导致法院否定"背靠背"条款的法律效力，支持材料供应商的货款请求。

笔者曾经承办过一个建筑材料买卖合同纠纷案件，其中的《混凝土购销合同》约定："货款的结算：供方提供混凝土到四层，需方付完成工程量混凝土款的50%，到主体封顶付完成工程量的50%，余款50%在业主工程审计后需方资金到账后10天内付清。上述节点付款均须需方工程款到账后10天内支付。"该约定系典型的"背靠背"条款。在笔者广泛搜集案例并充分说理分析下，一、二审法院均认可了该条款的法律效力，认为"案涉购销合同系双方的真实意思表示，且不违反法律法规的强制性规定，合法有效，对合同双方均具有约束力。合同约定'余款50%在业主工程审计后需方资金到账后10天内付清'，该付款条件得到案涉购销合同双方的认可，属于其意思自治的范畴，人民法院对此应予尊重。供方未举证证明需方存在不正当地阻止付款条件成就的情形，且业主亦出具说明证实案涉的相关工程正在审计中，从目前证据看，案涉的付款条件尚不存在无法成就的情形"，驳回了材料供应商要求建筑企业支付货款的诉讼请求。

【参考案例】（2021）皖02民终2740号；（2017）皖0207民初230号；（2019）最高法知民终819号；（2017）浙民申2147号；（2019）鲁01民终10060号；（2019）苏01民终3257号；（2020）沪民申165号；（2021）沪02民终1504号；（2014）济民五终字第182号。

（7）如果付款账号、户名等与合同上的信息不相符，建筑企业应要求材料供应商出具相关证明，经确认无误后，再行办理付款手续，以保证支付安全，避免产生纠纷。

十、违约责任条款风险防范

违约责任是促使材料采购合同当事人履行合同义务，使对方免受或少受损失的法律措施，也是保证合同履行的主要条款，应在材料采购合同中作出较为详尽的约定。违约责任条款设置的目的不在于追求对方违约时己方能从该条款中获利，而是增加对方违约的成本，防止对方违约。大量的材料采购合同中只是概括地约定了违约责任，如任何一方违约，不履行合同义务或者履行义务不符合合同约定，则应当赔偿因此给守约方造成的经济损失，这种约定等同于没有约定，没有实质意义，操作起来很难，尤其是关于损失的举证，首先你要举证对方有违约行为，其次你要举证你发生了损失，再次你要举证违约行为与损失之间的因果关系，要做好这一系列的举证非常不容易。那么建筑企业订立材料采购合同时应如何处理呢？首先应对对方可能的各种违约行为及其导致的损失进行预估，即沙盘推演，然后在此基础上针对各种违约行为在合同中约定明确的违约金数额或计算方法。为什么这么做呢？其一，违约责任的归责原则是严格责任原则，即违反合同义务的当事人无论主观上有无过错，客观上都造成了损害后果，均应承担违约责任的归责原则；其二，约定的违约金数额或计算方法免除了非违约方的损失举证义务，大大减轻了诉累和诉讼难度，更有利于保护非违约方权益。

（1）建筑企业应注意对材料供应商在供货质量及供货是否按时等两方面设定违约金，以督促材料供应商按合同履行义务。违约金的约定方式有两种，一是约定固定数额的违约金；二是约定违约金的计算方法，例如，在供应条款风险防范中提及的可约定"供方未能按时交货，每拖延一天，须向需方支付该批货物金额 1‰ 的违约金"。

（2）建筑企业应特别注意己方付款违约金的约定，切勿将己方付款违约金约定为 1% 或更高，这样对建筑企业非常不利。《最高人民法院关于审理买卖合同纠纷案件适用法律问题的解释》第十八条规定："买卖合同没有约定逾期付款违约金或者该违约金的计算方法，出卖人以买受人违约为由主张赔偿逾期付款损失，违约行为发生在 2019 年 8 月 19 日之前的，人民法院可以中国人民银行同期同类人民币贷款基准利率为基础，参照逾期罚息利率标准计算。"故建筑企业在合同中试图以不约定己方付款违约金的方式避免承担违约责任几无可能。因此，建筑企业在签订材料采购合同前，应认真审查己方履约能力，对己方违约的可能性作出预判，从而合理约定对己方有利的违约金数额或计算方法。

【参考案例】（2020）冀 09 民终 627 号；（2022）鲁 01 民终 2362 号。

（3）违约责任约定注意事项。

1）过低的违约金可以要求调高，或者可以要求赔偿实际损失，过高的违约责任也可以要求调低，法院对此有较大的自由裁量权，故建筑企业无须约定过高的违约责任来"画饼充饥"，约定合理即可，以防对己方不利。

2）根据《民法典》第五百七十七条规定："当事人一方不履行合同义务或者履行合同义务不符合约定的，应当承担继续履行、采取补救措施或者赔偿损失等违约责任。"材料供应商承担违约责任后，并不能免除其继续履行的义务，只要合同还是能够履行的，建筑企业就可以要求材料供应商继续履行。

3）根据《民法典》第五百六十二条规定："当事人可以约定一方解除合同的事由。

解除合同的事由发生时，解除权人可以解除合同。"建筑企业还应在材料采购合同中约定材料供应商违约达到一定标准或具有一定情形时己方的解除权，即合同约定解除权，这样如果材料供应商违约，建筑企业就可以有充分的选择方案，既可以选择要求材料供应商支付违约金，也可以选择直接解除合同，以免出现"僵局"对己方不利。

十一、争议解决条款风险防范

《民法典》第五百零七条规定："合同不生效、无效、被撤销或者终止的，不影响合同中有关解决争议方法的条款的效力。"由此可见，争议解决条款具有"天生"的独立地位，不受合同效力的限制，对合同各方当事人具有自始至终的约束力，在合同内容中具有非常重要的地位和作用。签订合同时，争议解决方法及管辖权的约定，看似一般但相当重要，因为在我国现有司法体制下，存在着承办人员办案水平参差不齐、地方保护主义、异地解决争议成本高等客观因素，而这些客观因素就决定了选择争议发生时的管辖法院或仲裁机构的重要性，如果选择不当将会对诉讼或仲裁结果产生非常大的不利影响。那么建筑企业如何在材料采购合同中制定对自己有利的争议解决条款呢？须注意以下三点。

（一）"仲裁"和"诉讼"只能二选一

仲裁与诉讼作为两种法定的纠纷解决方式，各有优势。简单来说，仲裁程序实行"一裁终局"模式，简单灵活、高效便捷、保密性强。但需注意，如果合同约定仲裁要明确具体的仲裁机构，例如中国国际经济贸易仲裁委员会、北京仲裁委员会、上海国际经济贸易仲裁委员会（又称上海国际仲裁中心）、华南国际经济贸易仲裁委员会（又称深圳国际仲裁院）、广州仲裁委员会等。切勿约定成"由当地仲裁委员会仲裁"，因为"当地"包括合同双方住所地、合同履行地、合同签订地、标的物所在地等多种情形，故这样约定是不明确的，仲裁委员会一般情况下不会受理。诉讼程序则实行"两审终审"模式，虽耗时较长，但公正严谨，公开透明，受理范围广泛，受国家公权力保护。

《最高人民法院关于适用〈中华人民共和国仲裁法〉若干问题的解释》第七条规定："当事人约定争议可以向仲裁机构申请仲裁也可以向人民法院起诉的，仲裁协议无效。"合同中既约定仲裁又约定诉讼的争议解决条款一般会被认定为无效，一旦发生纠纷，通常情况下是由有管辖权的人民法院解决。因此，建筑企业在选择争议解决方式时，应综合考虑业务实际情况、合同标的金额大小、交易复杂程度、争议解决费用等因素，恰当选择其中一种纠纷解决方式。

【参考案例】（2016）粤03民辖终351号；（2020）苏0211民初1929号。

（二）合理选择诉讼管辖法院

（1）建筑企业在签订材料采购合同约定管辖法院时，本着争取自身利益最大化、节约诉讼成本的原则,应尽量选择由己方所在地法院管辖,可约定"因合同发生的任何争议,双方同意向(建筑企业)所在地法院提起诉讼"。当然,在开展业务合作时,建筑企业并不总是处于谈判优势地位,若有协商空间,应考虑诉讼成本、权利实现难度、司法环境等因素,尽量选择对自己最有利的法院管辖。

(2)我们可以发现,在合同履行过程中谁的话语权大,那么约定的管辖法院基本就在话语权大的一方当事人所在地。当遇到这种情况时,若建筑企业是话语权小的一方,怎么保护自己的权益呢?这个时候建筑企业可以和材料供应商协商,将争议解决的机构约定在"原告所在地人民法院",因为在双方没有产生争议的时候谁是原告还不确定,这样从对方的心理上也容易接受一点,若贸然修改为"我方所在地人民法院",可能对方也不会同意,从而影响双方的合作。

(3)我国民事诉讼法及相关司法解释对诉讼管辖的规定较多,包括专属管辖、级别管辖、地域管辖、选择管辖等,系统而复杂。因此,建筑企业在选择由己方所在地法院管辖时,应确定选择己方所在地法院不违反法律关于管辖的规定。此外,在材料采购合同中约定管辖法院时,如果要明确具体的法院名称,例如某市某区人民法院,应首先明确该法院对合同争议是否有管辖权。在实际操作中,如果建筑企业和材料供应商属于不同区县但属于同一地级市,管辖法院应当明确到具体某区的法院。如果建筑企业和材料供应商属于不同的地级市,合同可以直接约定为"某地级市有管辖权的法院管辖",这样可以规避诸多因案件特殊、合同标的额过大等基层法院无权管辖的情形。

(三)约定承担维权费用

由于建设工程材料需用量大的特点,所以当履行材料采购合同发生纠纷时,维权成本和费用往往非常高昂,包括但不限于律师费、诉讼费、保全费、鉴定费、差旅费等费用。按照我国法律规定,只有某些特殊情况维权成本和费用才由被告承担,但允许将维权成本和费用约定到合同内,故建筑企业可在材料采购合同中约定"如因一方违约行为导致守约方需向仲裁委员会申请仲裁或向人民法院提起诉讼,由违约方承担律师费、诉讼费、保全费、鉴定费、差旅费等合理费用"。但建筑企业也要仔细衡量己方违约的可能性,认真考虑约定承担维权费用是否对己方有利,否则己方违约也要向对方支付维权费用。

【参考案例】(2019)最高法民终 1948 号。

十二、其他需要防范的风险点

(1)建筑企业应选择信用好、实力强的材料供应商,切不可唯低价采购。

(2)建筑企业应尽可能地与材料供应商当面签订材料采购合同,以防建筑企业将己方签字盖章的合同发给对方后,对方擅自修改甚至造假。

（3）如果建筑企业对材料采购合同成立有特殊需要或要求，可以约定合同成立的时间或条件。

（4）建筑企业在材料采购合同中可约定将技术协议、补充协议等文件作为合同附件，必要时还可约定将供方即材料供应商的投标资料及其他书面承诺等资料作为合同附件，约定具有同等法律效力。

（5）当材料供应商工作人员到建筑企业施工现场进行作业时，建筑企业须注意在合同中明确双方各自应承担的安全责任、费用和应尽的义务等。

总之，材料采购合同签订阶段是建筑企业防范风险的第一关，如果在签订阶段能够审慎、周密地进行约定，避免因没有约定或约定不明而带来的风险，对于今后的合同履行无疑是大有裨益的。实践中，很多建筑企业也能够重视签订材料采购合同，但对合同签订后履行过程中的问题则往往重视不够，由此就会导致合同签订与合同执行脱节，增加了合同产生纠纷的机会，给建筑企业造成了不必要的经济损失。要知道，合同签订后即具有了法律效力，对合同双方当事人都具有约束力。因此，建筑企业不仅要事前重视材料采购合同的签订及风险防范，也要事后重视材料采购合同的履行及风险控制。在材料采购合同履行过程中，建筑企业应该密切关注货物交付的时间及权利转移的时间，敦促供应商按时交付货物的同时，切实做好己方货物交接管理工作；注意对货物的质量检查，遇到不符合合同约定质量标准要求的，应及时向材料供应商提出异议并进行退、换货处理；如合同存在保密条款，应注意通知双方合同履行人员保护商业秘密，以防泄露；合同履行完毕后注意对材料供应商进行评价，为下次确定材料供应商积累经验等。为实现风险防范目标，建筑企业必须加强对材料采购合同从开始签订到履行完毕整个过程的管理，将材料采购管理工作做到精细化、常态化、长效化。

第六章

建筑企业设立分公司的合规与风险防控

第一节　建筑企业设立分公司的原因

建筑企业作为母公司或者总公司设立子公司或者分公司甚至是某个地方设立临时办事处，都是为了承接公司业务，扩大公司业务范围。依据实践中反馈的案例情形来看，设立分公司的情形较为普遍，所以本章主要就建筑企业在各地设立分公司进行一定的法律分析和风险防控建议。按照法律规定，分公司指的是在经营范围、人事、资金等各方面都需要受到总公司管理的分支机构，并且这个分支机构不具有独立法人资格，在法律上、经济上、业务上缺乏独立性，其存在主要需要依靠总公司，可以说是总公司的附属机构。从法律上分析分公司主要特征表现为以下几点：

（1）分公司不是独立公司机构，设立时主管部门不会按照公司的设立程序作出要求，很多地方只需要在工商部门办理简单的登记和营业手续即可；

（2）分公司不具有企业法人资格，其民事责任由公司承担，分公司不独立承担民事责任；

（3）分公司是附属机构，整体依靠总公司，相应的公司管理等都依附于总公司，自然也无须像设立公司一样制定章程，也不需要像总公司一样设立董事会等形式的经营决策机构；

（4）非独立核算的分公司实际占有、使用的财产均来源于总公司，归属于总公司，是总公司的资产范围，列入总公司的资产负债表，分公司没有自己独立的财产权利。

依据对分公司法律地位的分析，建筑企业遍地设立分公司的主要原因作者认为有以下几点。

一、总公司与设立后的分公司可以共享资质

《公司法》第十四条规定："公司可以设立分公司。设立分公司，应当向公司登记机关申请登记，领取营业执照。分公司不具有法人资格，其民事责任由公司承担。公司可以设立子公司，子公司具有法人资格，依法独立承担民事责任。"该条款对子公司、分公司的法律地位以及与母公司、总公司的法律关系、责任承担都进行了具体的规定，成立子公司，意味着这是个新公司，与母公司是相互独立的法律主体，若子公司经营业务的话，需要重新申请建筑施工企业资质，实践中这个资质的申请对企业本身的要求较高，一些中小建筑施工企业申请难度更大。从法律规定来看，分公司成立门槛低，没有独立

资质要求，在建筑企业分公司注册设立以后可以共享总公司的资质。对于建筑企业来说，在投标建筑物所在地设立分公司后，可以直接以总公司的资质进行投标，很大程度上解决了成立子公司无法解决的问题，例如新成立子公司，依据子公司的独立法人地位，要想参与招标必须有属于子公司自己的资质。

二、地方政策限制

虽然目前住房和城乡建设部办公厅已经下发了《关于支持民营建筑企业发展的通知》，为推进统一建筑市场体系建设，开展建筑市场监管地方性法规、地方政府规章及规范性文件专项清理工作，以此达到优化招标投标竞争环境的效果。但在此之前甚至目前确实存在一大部分地方为了保护本地区的建筑施工项目的税源，一般都要求建筑施工企业必须在当地成立公司，防止税源外流，对于无法成立独立核算的子公司的建筑企业，一般就要求成立分公司。外地建筑企业想要进入当地承接建筑工程，那么必须响应这个要求，所以建筑企业分公司"遍地开花"。

三、方便纳税申报

分公司一般会采取"独立核算"的纳税申报方式。

"独立核算"的分公司有权利单独对分公司业务经营过程、成果、盈亏进行会计核算。"独立核算"的分公司可以独立进行经营活动，能够与其他单位自由订立经济合同，采用独立核算的方式意味着分公司可以独立计算盈亏，可以与总公司的财务不混同，可以单独配置会计机构和财务人员，并且可以在当地银行开户，具有一定数量的资金可以自由使用。采用独立核算、独立纳税的处理方式，还可以使得总公司与分公司即便在业务合并计算的情况下仍然可以享受小微企业所得税的优惠政策，对于交易来往涉及资金较大的建筑企业尤为实用。

四、资质挂靠

资质挂靠也是普遍现象，尤其是建筑行业，无资质的建筑企业在参与工程投标时若遇到发包人对投标企业的资质有要求，便会失去投标资格。此时，对于无资质的建筑企业来说，要想参与投标，短期内无法获得建筑资质的情况下，另辟蹊径，选择一家有资质的建筑企业合作可以让自己能够参与到投标工程中去。实践中，大部分小规模无资质的建筑企业以及个人合伙为了承接工程或者参与投标都会选择资质挂靠的方式，采用资质挂靠的方式无法直接使用被挂靠总公司的名义，故采取分公司的形式较为简便。

第二节　建筑企业设立分公司的合规风险

要想分析和知道建筑企业设立分公司存在哪些风险，必然要对建筑企业分公司进行分析，针对建筑企业分公司的特点找寻设立分公司可能会存在的风险点。

一、建筑企业分公司特点

第一，建筑企业分公司相对于总公司较为独立，建筑企业分公司具备独立的缔约能力，并且建筑企业分公司在办理设立登记后，能够办理专属于该分公司的公章，也能够以建筑企业分公司的名义单独对外开展业务、承接项目，甚至参与招标投标。其中前面提到的独立核算的分公司独立性更强,非独立核算的分公司需要依赖总公司开展业务（非独立核算的分公司一般指在财务方面一并统筹在总公司之下计算增值税、企业所得税，不能开具分公司抬头的发票，对外经营业务取得的收入和产生的成本费用都计入总公司名下）。跨省跨区域设立的分公司由不同税务部门监管，符合《跨地区经营汇总纳税企业所得税征收管理办法》中规定条件的建筑企业分公司，可以做独立财务核算并分摊缴纳企业所得税，在这种情况下，建筑企业分公司成为独立的利润中心，独立核算。

第二，建筑企业分公司属于常设性的公司经营组织，不会随着设立分公司所在地的某个建筑项目竣工验收而解散或者注销，大多数建筑企业分公司会长期存续，跨地域设立的建筑企业分公司可以有效在设立地为建筑企业总公司拓展业务、进入新市场。总公司可以通过恰当的管理对设立的建筑企业分公司进行行为控制，这样一来，建筑企业分公司在符合当地税收政策的条件下，可以与当地企业在某些项目的招标中享有同样的地域优势，并且建筑企业分公司有自己背后强大的总公司资质作为支撑，相比于一些本地小建筑企业，优势较为明显。

第三，建筑企业分公司的设立手续以及注销机制相对简便，注册流程简单、耗费成本较低，特别是对于非独立核算、无须独立记账的建筑企业分公司而言，总公司运营施工企业分公司的成本相当低。设立子公司相当于在当地重新注册设立一个新的公司，工商注册流程与重新设立一家公司无异，并且子公司的工商管理、财务制度、税务管理等都与总公司一样，这样一来，总公司并没有在设立公司的程序上获取便利，而且某种程度上，子公司独立核算，财务自由，不受总公司控制，与建筑企业分公司在法律地位上并不相同。

第四，建筑企业总公司与分公司之间可以实现财务混同、灵活转移资金的便捷式操作，建筑企业总公司可以根据整个公司以及分公司的经营状况随时调整对建筑企业分公司经营资本的注入，建筑企业分公司与其他分公司一样，不具有独立的法律主体资格，依靠总公司存在，作为建筑企业分公司的总公司在经营过程中可以依据经营模式、区域发展等因素随时在总公司与分公司、分公司与分公司之间进行资金拆借、利润转移而不受法律法规的限制。如果换成建筑企业设立子公司，子公司与母公司之间是相对独立的法律主体，双方之间只有股东和公司的关系，无论是资金往来还是业务往来都相当于是两家公司，无法获取与分公司一样便利的条件。

二、建筑企业分公司的风险点

凡事皆有两面，建筑企业设立分公司基于分公司法律地位的优越性和便捷性，随之而来的也会有设立建筑企业分公司后出现的风险。各种风险都可以归结为诉讼风险，根据《公司法》及相关法律的规定，建筑企业分公司不具备独立法人资格，缺乏法人所具备的独立性，建筑企业分公司设立时也不会有注册资本要求，建筑企业分公司设立后所有的资金来源于总公司的拨付，换句话说，建筑企业分公司不具备独立承担民事责任的经济基础，但是建筑企业分公司设立后有公章，也领取了营业执照并具有总公司授权经营的范围，也就意味着建筑企业分公司具备诉讼主体资格，是诉讼中的适格主体。一般债权人作为原告起诉时，即便建筑企业分公司是独立的适格诉讼主体，但是因为不具备独立偿还的经济基础，所以总公司不可避免地会被列为共同被告，从而增加总公司的诉讼风险。例如，A公司的分公司将其建设工程中的土石方工程承包给B施工，并与B签订了《土石方工程承包协议》，同时加盖了A公司分公司项目部的资料章。土石方工程完工后，B与该项目部负责人结算价款。但A公司分公司未按约定支付价款，B以分公司为被告诉至法院，并且考虑到分公司本身不具有法人资格，其资产也有可能不足以偿还债务，为了最大限度地保护债权人利益，同时追加了A公司为共同被告。最终判决由分公司承担支付责任，A公司对分公司债务承担连带清偿责任。该案反映的涉诉风险仅仅是未按时支付款项引起的，但实际上，建筑企业在经营过程中造成的总公司涉诉的风险却来自不同方面，笔者认为建筑企业分公司经营过程中会致使总公司涉诉的风险主要来自于以下几个方面。

（一）经营范围风险

建筑企业分公司经营范围应当在总公司营业执照中载明的经营范围内，也就是说建筑企业分公司是不能独立承担民事责任的分支机构，其经营范围不得超出所隶属企业的经营范围[《企业经营范围登记管理规定》❶（2015年8月27日国家工商行政管理总

---

❶　该规定已废止，目前无最新规定推出，下同。

局令第 76 号公布）]。根据《最高人民法院关于适用〈中华人民共和国合同法〉若干问题的解释（一）》❶第十条的规定，当事人超越经营范围订立合同，人民法院不因此认定合同无效。但违反国家限制经营、特许经营以及法律、行政法规禁止经营规定的除外。同时根据《最高人民法院关于审理建设工程施工合同纠纷案件适用法律问题若干问题的解释（一）》第一条的规定，建筑施工企业超越资质等级签订的合同认定无效。依据现行法律规定来看，总公司对建筑企业分公司对外承包或者投标建设工程签订施工或承包合同时不予以监管或者监管不到位，建筑企业分公司对外签订建筑工程合同极容易超出总公司核准的经营范围，建筑企业分公司超出经营范围签订的合同可能会无效或效力待定，因合同违反法律法规规定或者未被追认导致无效后，产生的法律后果会直接由总公司承担，通过前面列举的案例也可以看出，总公司在建筑企业分公司出现债务时需要承担的是连带责任。如因建筑企业分公司自身原因导致签订的施工合同归于无效，往往建设工程施工合同中都约定了巨额违约金，此时总公司在合同相对方提起诉讼时无疑会成为共同被告承担责任，承担因合同无效造成的所有法律后果和赔偿责任。

即便建筑企业分公司在签订合同以及合同履行过程中未产生风险承担，但是在日常的经营活动中，若未经行政许可但从事了需要经过审批的许可项目的经营活动的，工商行政管理部门有权按照无照经营行为责令停止经营活动并给予行政处罚（《无证无照经营查处办法》）。

另外，建筑企业及其分公司在总公司经营范围发生变更时应当及时前往主管部门进行变更登记，《公司登记管理条例》第六十八条规定："公司登记事项发生变更时，未依照本条例规定办理有关变更登记的，由公司登记机关责令限期登记；逾期不登记的，处以 1 万元以上 10 万元以下的罚款。其中，变更经营范围涉及法律、行政法规或者国务院决定规定须经批准的项目而未取得批准，擅自从事相关经营活动，情节严重的，吊销营业执照。公司未依照本条例规定办理有关备案的，由公司登记机关责令限期办理；逾期未办理的，处以 3 万元以下的罚款。"

企业能够存在并且承接业务最根本的依据是经营范围，超越经营范围、无经营权限继续经营都是违法行为，设立分公司后，总公司与分公司不在一处，虽然是总公司的分支机构，但对其进行管理相较于公司部门管理来说较难，如何管理建筑企业分公司使其在企业核准的经营范围内合规经营是总公司急于解决的难题之一。例如，建筑企业分公司为了参与当地一建筑项目投标，明知发包单位或者建设方要求投标人具有某项建筑资质，但总公司的营业执照经营范围并不包括该项资质所在范围，此时为了争抢业务刻意隐瞒或者通过疏通关系的方式使得建筑企业分公司自身获得了投标资格，但是在后期的合同签订以及履行过程中，因总公司缺乏经营资质，那么签订合同的建筑企业分公司自

---

❶ 该解释已废止，目前无最新版本推出。

然也无资质，会直接导致签订的合同因超越经营范围面临无效的风险，并且会因己方过错造成合同无效从而造成对合同相对方承担赔偿责任的后果，最终还是由总公司承担支付巨额违约金的风险。

（二）合同管理风险

公司对外开展业务主要形式之一是合同，无论是书面合同还是电子邮件合同，都是公司与公司、公司与个人之间建立合作关系的要件，合同是固定双方权利义务的载体，合同的签订、履行、终止、解除都存在风险。

合同管理的风险首先体现在合同签署风险，合同签署风险表现为不签订正式合同、合同文本不规范、合同被篡改、合同被泄露等方面。签署建设工程类别的合同时，需要建筑企业分公司负责人具有一定的工程经验和合同签订的专业知识。要求建筑企业分公司负责人签订合同时对合同内涉及的霸王条款、发承包方所设置的文字陷阱等都了然于胸，谨慎把关。实践过程中各行各业尤其是工程行业，都是特别看重合作效果，包工头之间大多互相"讲义气"，重口头协议，很多时候对于工程补充协议、工程变更协议、增减项协议这些都是出于信任，忽视书面合同的签订。但从法律角度说，一旦出现纠纷，口头协议不能等同于书面合同白纸黑字的约定，更不能等同于法律规定。只有纸质合同中记载的条款才能从法律上约束双方。总公司对于分公司对外签订合同时可能产生的风险应该清楚和明白，后续对合同签署环节进行事先预防和管理是规避合同风险的重要环节。

前面有提到，建筑企业分公司成立后可以独立刻分公司的公章，可以独立以分公司名义对外签订合同。如果建筑企业总公司不能建立一套完整的公司内部组织、管理体系，对于分公司公章的使用没有完善的报备流程，对于分公司负责人的权限不加以限制，总公司将处于一个无法固定的风险漩涡中，这个风险来自分公司有权以分公司名义独立签订合同，分公司如果是独立核算的分公司，有资产可用于履行债权债务，对总公司整体影响不大；如果建筑企业分公司本身税款是与总公司合并征收，且自身没有过多的资金注入，如合同履行结果不善，债权人会直接诉求建筑企业总公司对债务承担责任。

绝大部分建筑企业总公司之所以设立分公司，是寄希望于建筑企业分公司在除总公司业务辐射范围外对外开展业务、在当地扎根，从而在分公司设立后，不会对分公司进行过多的权限限制和企业管理，这也是实践中总公司因分公司开展的业务频频成为诉讼被告的主要原因。合同管理风险除了合同签订时的风险，也体现在合同履行过程中，假使合同的签订是在总公司的监管下，不会出现超越经营范围签订合同的情况，但建筑企业总公司如果在合同签订后便抱着高枕无忧的想法，对合同的后期履行不进行进一步的合规监督和管理，对分公司分管的负责人或分管合同项目的管理者不进行合规管理，合同履行过程中总公司整体不介入管理和监督，也会引发潜在风险。为什么这么说，简单来说，是因为虽然合同是在总公司监管下签订的，但具体的合同履行是由分公司负责人进行，不论所签订的合同是否是固定总价，履行过程中均会产生签证❶变更（增加或减少工程量）、工期延误、进出场时间等必然会出现的问题。法律规定建设工程施工合同采用固定总价包干方式，当事人以实际工程量存在增减为由要求调整的，有约定的按约定处理。没有约定，总价包干范围明确的，可相应调整工程价款；总价包干范围约定不明的，主张调整的当事人应承担举证责任。当事人对工程量有争议的，按照施工过程中形成的签证等书面文件确认。签证类似于合同签订后履行过程中双方达成一致的补充协议，没有相反证据推翻的情况下，一般应予以认定。如果总公司不对分公司负责人加以监督、不设定签署施工过程中的规范程序，由于建筑企业分公司本就是总公司下设在建筑工程所在地的分支机构，分公司管理人甚至都不是总公司直接派驻，而是直接在建筑工程所在地寻找的工程经理，这些不直接接受总公司管控的人员在合同履行过程中的乱签、不签、补签、倒签等行为屡禁不止，鉴于分公司负责人或项目管理人是公司直接授权的，实践案例中不乏即便存在不签、多签（公司无证据证明的情况下）的情况但最终法院认定签证合法有效，所产生的法律后果由分公司承担，意味着最终承担责任的仍然是总公司。例如，施工单位为了获取非法利益，串通建设单位负责人（建筑企业分公司负责人或者委任的项目经理）和监理代表，提供虚假工程现场签证单，如果总公司在整个过程中不对合同履行进行监管，也没有制定分公司相应的签证签署报备的规章制度，对每段工程结束是否会出现大量实际未发生的签证的情形无法预计。

（三）企业雇员风险

说到建筑企业，随之联想到的便是劳动力、农民工，所以建筑企业在承接项目时雇员风险也是最直接的风险之一，分公司在中标后必然会在当地招用大批的建筑工人参与到工程建设，建筑工人的规范管理包括安全教育管理、风险防范管理、施工管理等各方面，建筑企业分公司很多时候是为了承接当地工程临时设立的，缺乏完整的公司人员管理体系，加上建筑工人人员流动性大，直接加大了雇员风险，雇员风险主要体现在意外事故赔偿、意外伤害赔偿、劳动仲裁等方面。简而言之，用人就有风险，很多建筑企业分公司为了减少运营成本，不会像正规的企业一般雇佣建筑工人，更不会按照劳动法规定去保障建筑工人的基本权益，但建筑工人事实上与建筑企业分公司之间形成了雇佣关系或者劳动关系，在法律适用方面会对公司不利。并且因为建筑行业属于高危行业，在施工过程中稍有不慎便会出现安全事故问题，安全事故产生后，情节轻的是民事赔偿问题，情节严重的可能会构成重大安全事故罪，所以建筑企业分公司在雇佣员工时所面临的风险也是较为常见的风险之一。

（四）工程项目风险

建筑企业分公司成立后必然离不开工程承接，工程承接项目与分公司的日常经营割

舍不断，为什么说建筑企业分公司工程项目存在风险？按照国家九部委颁布的《工程建设项目施工招标投标办法》第三十五条的规定，投标人是响应招标，参加投标竞争的法人或其他组织。招标人的任何不具有独立法人资格的附属机构（单位），或者为招标项目的前期准备或监理工作提供设计、咨询服务的任何法人及其附属机构（单位），都无资格参加该招标项目的投标。所以建筑企业分公司参加项目和工程投标时会直接使用总公司的资质，中标后，一般具体的工程项目实施和合同履行还是由建筑企业分公司进行，有的甚至是分公司的人员负责竞标投标，只是使用总公司的资质，总公司不会派员参与和监督。在投标过程中，可能会中标与建筑企业分公司本身规模不相对等的工程项目，例如，建筑企业分公司所配备的人员、资金只能承担和周转 500 万元范围内的工程项目，但是建筑企业分公司在投标时，想要"一口吞下个大象"，依靠总公司的资质参加了合同价款 1000 万元的工程项目投标，中标后，分公司不将中标的工程项目标的告知总公司，总公司未能及时对分公司进行资金、人员的合理配置，分公司仅依靠原来的资金、人员配置，可能会直接导致合同逾期甚至产生违约责任，分公司的资产不足以承担合同逾期或者违约责任，最后也将直接增加总公司的对外债务，也会影响总公司在建筑行业的整体信誉。

第三节　建筑企业设立分公司的风险防控

一、建筑企业设立分公司时风险防控

公司可以设立分公司，《公司法》第十四条规定："公司可以设立分公司。设立分公司，应当向公司登记机关申请登记，领取营业执照。分公司不具有法人资格，其民事责任由公司承担。公司可以设立子公司，子公司具有法人资格，依法独立承担民事责任。"建筑企业总公司为承接各地工程、拓展市场决定设立建筑企业分公司的，应当按期办理设立和登记手续。设立建筑企业分公司时，根据《公司登记管理条例》第四十六条的规定，需要登记的事项包括名称、营业场所、负责人、经营范围；分公司的名称应当符合国家有关规定；分公司的经营范围不得超出总公司的经营范围。建筑企业分公司应当自决定作出之日起 30 日内向分公司所在地的公司登记机关申请登记，按照法律、行政法规或者国务院决定规定必须报经有关部门批准的，应当自批准之日起 30 日内向公司登记机关申请登记。设立分公司，应当向公司登记机关提交下列文件：①公司法定代表人签署的设立分公司的登记申请书；②公司章程以及加盖公司印章的企业法人营业执照复印件；③营业场所使用证明；④分公司负责人任职文件和身份证明；⑤国家市场监督管理

总局规定要求提交的其他文件。法律、行政法规或者国务院决定规定设立分公司必须报经批准，或者分公司经营范围中属于法律、行政法规或者国务院决定规定在登记前须经批准的项目的，还应当提交有关批准文件。

在公司设立时做好风险防控，应当针对分公司设立需要的材料和程序分别对症下药。首先，建筑企业分公司决定设立分公司的，应当保证申请设立的程序合规，包括时间合规、材料合规、事项合规，不要企图省事而导致建筑企业分公司设立的程序不合规；其次，为保证设立程序合法合规，应当对提交给公司登记机关的文件进行从严把控，涉及需要签字和盖章的材料总公司要安排专人负责管理和报备，严禁出现代签、冒签的情况；最后，总公司决定设立分公司后，禁止将设立事宜交与第三方进行办理，对于分公司设立所提交的材料总公司应当备份留存查验，通过合规操作使设立的建筑企业分公司规范运作。如果在发起设立分公司后最终总公司决定不设立，建筑企业总公司也应当尽快终止一切设立活动，撤回相关文件并清退相关人员，杜绝犹豫和拖泥带水，否则因为犹豫不决在分公司设立过程中所产生的一切债务由发起人承担，也就是建筑企业总公司对设立过程中的债务承担责任，及时处理可以防止扩大损失。

建筑企业设立分公司，分公司有权利刻制属于分公司独有的公司印章，一般为了便于分公司开展业务签订合同，总公司不会特意对分公司印章进行统一管理，这一做法无形中增加了风险。在此建议总公司在分公司印章刻制之后，立即下发分公司印章使用报备审批流程并确定印章使用规定，确定用章第一责任人，最后决定是否盖章的岗位一定要是公司十分信任的人，从印章的使用上杜绝私盖引发的债权债务纠纷，如发生未经用章审批程序通过而私自用章的情形，总公司应立即介入调查，对行为人予以严厉惩戒。另外，对负责保管分公司印章的人也需要从严筛查，一旦发生印章保管人离职或者岗位调动的情况，总公司需立即安排印章资料交接。如保管过程中印章丢失或者毁损应第一时间上报总公司由总公司牵头查明情况，经总公司同意后应及时发布作废声明并进行印章更换，从印章的日常管理角度杜绝因印章脱离管理引发的风险。例如，在（2019）赣民终192号案件中，某总公司对分公司印章管理不严格、不规范，致使分公司印章未经有效监管而加盖于分公司单方对外提供的《担保书》上，总公司对担保合同的无效具有过错。一审综合考量各方的过错程度，认定某总公司对行为人不能清偿部分的1/2承担赔偿责任，有事实和法律依据。该案是总公司对分公司印章管理不规范导致承担责任的一种情形。

二、建筑企业分公司负责人选聘的风险防控

建筑企业分公司按照法律规定设立，外在制度架构完成后，最主要的就是配置负责人，建筑企业分公司负责人可以说是整个建筑企业分公司的核心部分，负责人的选任对

建筑企业分公司的整个经营运作起到很关键的作用，建筑企业分公司负责人在其法律地位被确认以后，其个人所实施的法律行为往往代表的就是建筑企业分公司的行为。建筑企业负责人类似于总公司法定代表人，依照《公司法》规定，法定代表人在任职期间所行使的行为视为公司行为，法定代表人的行为可以说某种程度上直接代表了公司，其从事与公司经营有关的行为有被直接定性为职务行为的可能性，所以说建筑企业分公司负责人的选任也是分公司经营期间风险防控的重要因素。

在确定建筑企业分公司负责人人选时要非常谨慎，如因实际情况需要选任不熟悉的人，在确定任命前，需要对即将任命的负责人个人的资信做一个全面的调查，包括是否有未结案件在各个法院，是否被法院列为失信被执行人，是否存在财产被保全、拍卖，是否背负银行贷款等情况，然后综合调查结果显示的内容对此人进行分析判断决定是否选任为建筑企业分公司负责人，对分公司负责人的人选及涉及的重要岗位有关人员都要进行背景调查。很多建筑企业分公司设立后，因为对当地市场和人员不熟，会有一些当地的包工头主动联系寻求合作，要求挂靠和承包，如决定同时委任其为分公司负责人，更不能掉以轻心，应对事对人都进行详细调查，必要时也可要求其提供一定的担保，签订合规合同以明确双方之间的权利义务，合同中对双方的责任和义务应当白纸黑字予以固定，防止因为误信引发不必要的纠纷，造成不必要的经济损失和信誉损失。例如，在（2020）最高法民终 90 号案件中，A 公司在分公司负责人对外借款并以分公司名义出具借条后成为被告承担还款责任，分公司认为借条上的分公司，公章是分公司负责人吴某某越权加盖的，并提供证据证明分公司的公章不得用于对外借贷等用途，认为该借贷依法对分公司不发生法律效力，后果应由吴某某自行承担。法院认为吴某某时任分公司的负责人，掌握该分公司公章，分公司在当地亦有工程项目建设等较为频繁的经营活动，因此，在案涉四张借条的落款处或者"借款公司"处加盖有分公司公章的情形下，作为相对人的覃某某有充分理由相信分公司存在相应的借款需求，即使是吴某某超出其内部授权范围擅自加盖该分公司公章，但吴某某的行为对于出借人覃某某来说亦构成表见代理，吴某某可以代表分公司作出借款的意思表示。结合吴某某长期担任分公司的负责人，借款发生时亦为分公司的负责人的客观事实，分公司在当地也有项目进行建设。出借人有理由相信吴某某有权代表分公司对外借款，其已尽到合理注意义务。A 公司主张其并未授权分公司使用分公司公章对外签订经济合同，并规定由此造成的经济损失及法律责任由分公司自行负责，但是这一规定仅系 A 公司的内部规定，在 A 公司未举证证明出借人对 A 公司上述内部规定知情的情况下，该内部规定对出借人并无约束力。因此，吴某某代表分公司在借条上盖章的行为有效，对分公司发生法律效力。通过该案可以看出，负责人的选任对于建筑企业分公司正常运营，对总公司避免债务承担风险具有十分重要的意义。所以总公司在选任建筑企业分公司负责人时一定要对选任的负责人十分了解并进行适当调查，以便避免使建筑企业分公司乃至总公司落入诉讼困境，承担赔偿责任，造成损失。

在几经选择决定由某人担任分公司负责人后，对其上任后的权力如何进行限制、哪些方面可以进行限制也是需要注意的。首先，应当与分公司负责人签订书面的聘用协议或者其他类型的合同，用以明确分公司负责人具体的岗位职责、责任权限；其次，应与建筑企业分公司选定的负责人签订尽职协议，来保证分公司负责人的日常工作尽职尽责，尽职协议可以约定奖惩制度，激发最大积极性；最后，合同束缚只能起一方面的控制作用，要想充分利用分公司负责人把分公司治理完善，总公司还应当另行对分公司经营及分公司负责人的权力行使进行定期或不定期的巡查，最大限度地给予分公司"自由"的同时加强总公司的监督。

三、建筑企业分公司人员聘用的风险防控

建筑企业分公司设立后，总公司往往要对分公司正常运转配备一定的人员，小到仓储、安保，大到财务、经理，应当保证每个需要运转的岗位都有人员。第一，要确保分公司所有职工都能了解总公司为分公司制定的合规政策、员工手册，并严格按照各项行为准则行事。第二，权力赋予和权力制约是相辅相成的，一方面便于总公司对分公司的控制，另一方面便于分公司日常经营管理。赋予权力是为了便于管理，但如果不加以限制则会造成权力滥用，从而损害公司利益。如果由于招聘时的疏忽，导致公司所招聘的员工工作能力、态度难以达到公司的基本要求，公司要解聘这样的员工，将可能付出较高的成本，这些成本不但包括招聘员工的费用、录用期间的工资，还包括因解雇行为所产生的经济补偿金等，这都是人员聘用过程中会产生的风险。因此，对总公司而言，在招聘员工时严格把关，可以从根本上降低公司的用工成本与风险。

在人员的招聘时如何进行风险防控？首先，对重要职务的员工进行背景调查是必不可少的，详尽的背景调查不但可以更加充分地了解员工的性格与能力，更为重要的是可以从法律的角度降低风险，从法律风险防控的角度出发，对员工的背景调查应当包括应聘者的年龄、学历、工作经历、资格证书等信息的真实性调查，身体健康情况调查等多个方面。除了基本信息的调查，应当着重调查该应聘者是否手持离职证明或者是否有其他材料可以证实与原用人单位完全解除劳动关系，根据《劳动合同法》第九十一条的规定，用人单位招用与其他用人单位尚未解除或者终止劳动合同的劳动者，给其他用人单位造成损失的，应当承担连带赔偿责任。所以查明是否与原单位解除了劳动关系是避免损失的一方面。并且，在聘用的同时需要关注其是否与原用人单位签订了保密协议、竞业限制协议，因为如果签订了保密协议，然后该员工在分公司安排的新工作中使用原工作单位的商业秘密，可能会直接增加建筑企业分公司乃至总公司承担连带责任的风险，竞业限制协议同理也是如此。其次，决定录用后，建筑企业分公司尽量不要以分公司名

义与员工签订劳动合同，可以直接采用总公司名义签订，但并不是说分公司不具备签订劳动合同的主体资格，《劳动合同法实施条例》规定"依法取得营业执照或登记证书的，可以作为用人单位与劳动者订立劳动合同"，分公司具有用人单位的主体资格，相应地分公司与劳动者之间订立劳动合同，形成合法的劳动关系。为什么说尽量不要用分公司名义签订，因为涉及分公司随时有注销的可能。最后，建议聘用员工后，除正常的社保外，尽量给聘用的员工购买一些短期意外保险，因为建筑行业不属于低风险行业，出现意外事故的概率高于一般行业，购买一些意外保险有助于总公司转嫁赔偿风险。

四、建筑企业分公司财务制度的风险防控

财务管理是现代企业管理的核心，是企业生产经营过程中必不可少的，要确保企业的可持续发展，首先要有良好且健全的财务运作基础。建筑企业分公司如果单独核算，也就是单独办理税务登记，那么分公司就需要有独立的账目，此时总公司与分公司就是各自独立核算，各交各的税，分公司自负盈亏，相当于两家独立的公司；如果建筑企业分公司不独立核算，那分公司设立后经营的所有业务收支情况都要反映在总公司的账目上，分公司也不会有自己的利润和所得税，此时分公司如果内部存在账目，也仅仅是用于分公司内部管理之用，并不是正式的会计名录，如果当地主管税务部门需要查账，也不会单独去查分公司内部的账，而是查总公司的账。建筑企业分公司无论是合并核算还是独立核算，都需要总公司规范其会计财务制度。

如前所述，如果分公司与总公司是合并征收，此种情况对于总公司来说管理较为方便，因为分公司的业务都需要体现在总公司的账上，那么分公司每一笔支出和收入都能及时反馈到总公司，由总公司进行财务管理和会计账目制作，总公司财务部能够控制各分公司的财务部，包括分公司财务部的人员任免、资金控制等，这种情况下的财务管理风险只要总公司财务制度完善，便可以避免，如何完善总公司与分公司之间的财务制度，可以从以下几个方面予以着手。

第一，通过总公司规章制度确立建筑企业分公司财务人员由总公司委派的内控制度，建筑企业分公司设立后所有财务人员均由总公司委派，不受分公司负责人的管理，与分公司负责人分别向总公司汇报，互相制约，避免分公司负责人与财务沆瀣一气。

第二，实行收支分离的管理制度。设置收款专户和费用专户，对于分公司的营业收入，必须每天上交总公司，分公司的日常开支，必须在费用专户存款中支出，费用专户根据分公司的申请，经相应的授权批准，由总公司拨款。此举可以让总公司时刻掌握分公司的财务状况。

第三，加大内部审计力度。总公司聘用专门的审计人员，每年定期或不定期对下属建筑企业分公司进行财务审计。

如果设立的建筑企业分公司是独立核算、自负盈亏的情形，总公司的财务部一般不会直接对分公司的财务部进行干预，不干预可能来源于分公司与总公司之间的约定，但是不干预并不代表可以放任不管，从分公司的法律地位来分析，总公司是承担分公司债务的最后载体，如何减少总公司承担债务的可能性，就是通过对分公司的监督和管理进行风险防控。此时，总公司对于分公司的财务要通过公司章程和规章制度加以限制，不管是对人员的聘用，还是对日常账目的定期审查，都需要总公司进行合理安排，以便掌握分公司的账目情况。建筑企业分公司单独设立会计账目时，总公司财务部可以要求分公司会计科目设置与总公司保持统一，对于某些共同的往来单位，还应该标注统一代码，所有内部单位都必须按此代码执行，这样不仅可以规范分公司的财务管理制度，也对汇总报表工作有很大的帮助。

（一）建筑企业分公司人员合规教育的风险防控

建筑企业分公司设立后聘用人员是必不可少的，聘用人员时的风险防控在前文也进行了一定的分析，人员聘用后在日常的人事管理方面也应当注意风险防控。分公司聘用的人员除了满足岗位需要以外，还必须满足的一项要求是遵纪守法。

遵纪当然指的是遵守公司的规章制度和管理，服从公司一切合理合法的安排和指示，这就要求总公司一定要指导分公司在设立后建立一套完整的企业管理、用人、奖惩等规章制度，所做行为皆有对应的规章制度可以参照，家有家规，国有国法，体现的就是制度的重要性，规章制度就相当于"用人单位"的家规，可以帮助用人单位的管理规范化。具体表现在：①规章制度可以作为全体员工在单位工作期间的行为指引，比如何时上班，何时下班，请假应履行何种手续，各部门之间如何衔接，规章制度把全体员工组合成一个统一整体，实现了一加一大于二的效应；②规章制度会规定违反的后果，使员工能够在劳动生产过程中自觉抑制违规行为的发生，另外，运用规章制度对员工作出实际惩处，即使得有违规行为的员工受到了警戒，也使其他员工受到了教育；③劳动关系的履行过程，是双方不断地履行自己的权利义务的过程。劳资双方的权利和义务以及权利和义务实现的措施、途径和方法通过规章制度加以明确、具体后，就可以很大程度上防止纠纷的发生，从而可以维护企业正常的生产和工作秩序，比如法律规定了带薪年休假，但带薪年休假如何安排，年休假期间享受什么待遇，这些在规章制度里落实了，就可以避免双方的许多争议。

守法指的是建筑企业分公司的员工应当遵守中华人民共和国法律，不得触犯法律规定。如何让分公司人员避免触犯法律，必然要提到的就是合规教育，就现有的法律条文来看，守法不仅要遵守《民法典》《公司法》《劳动法》的规定，还要遵守《刑法》的规定。目前较多的企业员工违法的情形主要可以归类为侵权、竞业限制、知识产权、商业秘密等民事方面，也涉及商业贿赂、虚假投标、串标、诈骗等刑事方面。可以采用以下几种有效方式对分公司员工进行法律知识教育来避免企业员工违法：①聘请专业法律顾问定期开展法律知识讲座和问答；②将日常常见的违法行为编辑成册对入职人员进行发放学习；③宣传违法犯罪的反面典型案例来进行反面教育；④形成良好的企业风气，弘扬社会主义核心价值观，摒弃不良作风；⑤总公司加强对分公司的人员进行信息审核、调查和监管。

（二）建筑企业分公司工程项目的风险防控

分公司开展业务最主要的还是依靠工程项目投标，如何规范分公司合规参与投标是总公司风险防控亟须解决的问题之一。招标投标阶段是建设项目施工合同的起始阶段，具有基础性、关键性作用。总公司在监督分公司参与投标时应坚持不能只追求承接项目的结果，不重视招标投标过程的原则，要监督建筑企业分公司依法依规参加投标活动。建筑企业分公司在参与工程项目投标时应及时充分地了解并遵守招标投标法律规范，不串通投标、不以他人名义投标、不弄虚作假、不将中标项目随意转让或者分包、严格履行与招标人订立的合同、不行贿。对于前文所述的工程项目风险，总公司应当在投标时监督分公司或者总公司自行组织专业人员开展预投标工程的造价预算（采取固定总价合同时充分考虑风险因素，审慎对待包干价方式，对照施工图了解和掌握施工要求，对图纸及施工说明中不明确的地方及时通过询标要求招标人明示，报价时应与施工图纸认真核对；采用工程量清单计价时，认真研究工程量清单等招标文件，确定总体工程量、做好总体支出预算，通过保证质量、综合调整、合理计价方式最终确定合理的投标价），便于后期分公司参与投标后在投标报价、签订合同时充分考虑各种影响施工的成本因素，监督并阻止建筑企业分公司采用"低价中标"的策略。

（三）建筑企业分公司合同管理的风险防控

目前建筑行业市场准入门槛较低，市场供求相对失衡，建设单位与建筑施工企业市场地位、交易条件不平等，建筑施工企业盲目签订合同现象较为普遍。通过前文分析我们也能够深刻感知建筑企业分公司在签订和履行合同过程中可能会遇到的风险，总公司通过对合同管理进行风险防控可以有效降低因签署及履行合同带来的潜在风险。

1.重视对合同主体资格、合同要素条款及性质的审查

分公司在中标后应当及时将中标信息反馈给总公司，由总公司依据合同性质来明确具体的合同管理部门及职责，规范合同的订立、审批、会签、登记、备案流程，规范合同示范文本的使用、合同专用章的管理。分公司在订立合同时要注重审查对方主体的资格及资质、签约人员身份及权限，明确合同要素条款及合同性质。尤其要说的一点是，订立正式合同后，在客观情况未发生招标投标时难以预见的变化的情形下，杜绝以签订补充协议等方式订立背离中标合同实质性内容的隐蔽合同，避免在结算时产生阴阳合同的局面。

2.加大对合同条款细节、施工图纸的审查

完备的书面合同对于保障双方利益以及交易安全极其重要。建筑施工企业订立合同

时应就内容进行全面磋商，对项目名称、地址、施工内容、技术要求、施工方案、工程中质量要求、工程工期、安全防护措施、双方权利义务、付款方式、违约责任、竣工结算、争议解决方式等在专用条款中以书面方式予以明确，避免使用容易引起歧义的字句或者出现前后矛盾的条款。尽量减少单方面约束性条款，把握违约责任限度防止风险扩大化。合同订立后着手施工前，应与建设单位及监理单位对施工图纸进行认真审查，落实技术交底等事项，确保施工顺利进行，减少施工过程中不必要的更正。

3. 加强自身守约及规范意识

总公司应当监督分公司对合同履约过程进行规范化管理，重视对合同履行的动态监管。加大施工现场管理力度，严格按约履行，加强对施工现场"五大员"或"八大员"的管理，避免出现质量及安全问题。建立风险预警机制，审慎与材料设备商签订合同，确保材料、设备等质价合理。严格按照施工规范制订方案、审批施工，涉及工期及设计变更或者其他工程量增减事宜的应事前签署签证文件或者事后进行书面确认，注意完善手续、留存证据。

4. 重视对分公司负责人（项目经理）的权限管理

实践中分公司负责人往往承担的也是现场项目经理的角色，在合同履行过程中项目经理是合同规范化管理的重中之重，总公司在项目开始后，应当在内部建立健全项目经理监管制度，落实项目经理负责制，项目重大事项决策应由项目经理、部门经理、公司主管逐层把关，尤其是对合同审查、印章使用和项目经理的任命、授权范围等均应作好严格控制，有条件的也可以对外公示。应当落实审计监督制度，重视在建、竣工、分包项目的审计，对规模大、工期长的项目实行年度和终结审计，重点抓好项目经理经营责任与效果、经营活动合法性和财务纪律等重大问题的审计，通过多方面规范化的管理制度来改善分公司负责人或者项目经理能够造成的潜在风险。

（四）建筑企业分公司注销的风险防控

企业设立时有风险，注销时必然也有风险。建筑企业分公司在完成设立时的目的后总公司会选择注销，注销的过程中如果不对风险加以防范，稍有不慎也会引发总公司后期承担债务的风险。

首先，总公司作出撤销分公司的决定以后，应当根据《公司登记管理条例》第四十九条的规定，自决定作出之日起30日内向该分公司的公司登记机关申请注销登记。申请注销登记应当提交公司法定代表人签署的注销登记申请书和分公司的营业执照。公司登记机关准予注销登记后，应当收缴分公司的营业执照，注销分公司也应当从程序上保证注销手续的合法合规。

其次，办理工商注销登记前，总公司应当组织人员对分公司经营期间的经营状况进行审计，避免账目不清的情况，并且需要对分公司应缴税款进行核查，确定有无存在拖欠税款的情形，如有需要，责令独立核算的分公司立即进行税务申报和补缴，同时还应当确定分公司是否已经妥善与聘用的人员全部解除了劳动关系，避免分公司注销后产生劳动仲裁的情形，增加总公司的诉讼风险。

最后，建筑企业分公司注销以后，公司所有的经营活动终止，债权债务由总公司承受。所以总公司在决定注销分公司之前需要对分公司经营期间的债权债务作一个汇总，保证每一项债权债务产生的真实性，依据总公司与分公司之间的约定对已发现或未发现的债权债务进行协商处理，债权债务的明确是为了避免分公司注销后总公司因此产生诉累。

设立建筑企业分公司必然会存在一定的风险，但不能因噎废食，鉴于建筑企业分公司设立后能够独立承接多个项目，能够独立开展业务，也能够独立签订合同，所有风险点的产生无非是因为受到总公司对建筑企业分公司的投入资本少、财务制度监管不到位等因素，以及总公司对分公司的管理以利润为导向，对分公司如何获取项目有意或无意地缺乏监管，导致在分公司内部实施合规监管面临资金投入不足、专业人员匮乏、财务资料不完善等诸多困难。

建筑企业设立分公司的诸多优势导致大量建筑企业分公司出现在市场上，忽视市场交易规则，竞相争夺承包项目，建筑企业分公司的违法行为不仅为自身增加了交易风险，而且增加了总公司的经营风险。某些建筑企业下设多级子公司，每级子公司又设立若干分公司，甚至导致总公司都无法掌握集团内部设立的分公司的数目、经营规模和经营风险。建筑企业正在整体面向一个更加复杂的风险环境。因此建立健全一套完整的公司内部组织体系，清点公司下设的法人主体和非法人组织，了解并厘清不同分支机构所处的商业风险环境，变得愈发艰难。随着监管政策趋严，分公司面临的合规风险正在迅速增加，未尽到合规审查义务付出的代价可能成为总公司正常经营范围外的沉重负担。在分公司内部建立一套内部管理体系，能够实现分公司的自我合规、自我审查的目的。灵活识别分公司在当地经营活动中的合规风险，提高分公司的决策效率，制度性的合规体制建设能够为建筑企业总公司对分公司进行合规监管提供依据和支持，对建筑企业分公司进行合规监管也是总公司在设立分公司时寻求利益最大化的必要手段。

第七章

建筑企业分包、内部承包的合规与风险防控

第一节　建筑企业分包、内部承包的合规风险

一、建筑企业分包的风险类型

（一）分包人主体资格不合法的风险

分包人主体资格不合法将导致合同无效。分包人主体资格不合法一般分为两种情形：一是未取得建筑施工企业资质或者超越资质等级的；二是没有资质的实际施工人借用有资质的建筑施工企业名义的。

由于分包人不具备建设工程分包的民事权利能力和民事行为能力，由此总包单位将面临以下几种风险：

1. 用工责任

如分包人不具有用工资格的，根据劳动和社会保障部《关于确立劳动关系有关事项的通知》第四条的规定，作为工程发包方的总包单位将工程发包给不具备用工主体资格的组织或自然人，对该组织或自然人招用的劳动者，由具备用工主体资格的发包方承担用工主体责任。

案例：（2019）最高法行申 8432 号。

"××国际"项目建设单位为 A 公司，施工单位为 B 公司。徐某某从 2017 年 4 月 9 日起在"××国际"项目工地做工，从事拉砖和拉砂浆等工作。2017 年 6 月 29 日下午 5 时 45 分许，徐某某在"××国际"工地做完工骑电动车下班回家途中发生交通事故当场死亡。某市公安局交通警察支队直属经济开发区大队认定徐某某在本次事故中负次要责任。张某某系徐某某妻子。2017 年 7 月 18 日，张某某向某市人力资源和社会保障局递交《工伤（亡）认定申请表》，申请工亡认定。某市人力资源和社会保障局于 2017 年 8 月 29 日作出某人社伤字〔2017〕1164 号《工亡认定决定书》，认定徐某某为工亡，工作单位为 B 公司。2017 年 12 月 13 日，某市人民政府决定撤销某市人力资源和社会保障局作出的某人社伤字〔2017〕1164 号《工亡认定决定书》，责令某市人力资源和社会保障局在 60 日内调查核实重新作出具体行政行为。

一审法院认为，该案的争议焦点是 B 公司是否是徐某某工亡的用工责任主体。徐某某所工作的"××国际"项目由 B 公司承建，其所做的拉砖、拉砂浆等工作均系 B 公司施工内容的组成部分，结合徐某某的工友徐某、郑某的证言，可以认定徐某某是为

B 公司工作。一审法院判决：①撤销某市人民政府 2017 年 12 月 13 日作出的某府复字〔2017〕87 号《行政复议决定书》；②恢复某市人力资源和社会保障局作出的某人社伤字〔2017〕1164 号《工亡认定决定书》的法律效力。

二审法院认为，该案的争议焦点是 B 公司是否是徐某某工亡的用工责任主体。《工伤保险条例》第十九条第二款规定："职工或者其近亲属认为是工伤，用人单位不认为是工伤的，由用人单位承担举证责任。"该案中徐某某在由 B 公司承建的"××国际"项目工地上从事拉砖、拉砂浆等工作，系 B 公司施工内容的组成部分，同时，徐某某的工友徐某、郑某的证言，可以认定徐某某是为 B 公司工作。张某某提供的《××国际项目部保安管理方案》以及 A 公司"××国际"项目部工作人员的通话录音等证据，可以合理说明不能据此推定徐某某、徐某、郑某等人系 A 公司的员工。张某某还提供了杨某、郑某、邹某、余某、徐某等人出具的《徐某某事件说明》，证明徐某某工作的工地总清工由杨某某承包，杨某某又将其中的泥工部分转包给余某某以及郑某、徐某等无资质的个人雇佣的事实。根据《最高人民法院关于审理工伤保险行政案件若干问题的规定》第三条第一款第（四）项的规定，用工单位违反法律、法规规定将承包业务转包给不具备用工主体资格的组织或自然人，该组织或者自然人聘用的职工从事承包业务时因工伤亡的，用工单位为承担工伤保险责任的单位。由于 B 公司作为用工单位，未提供证据证明其不存在转包或违法分包的情形。因此，某市人力资源和社会保障局作出的某人社伤字〔2017〕1164 号《工亡认定决定书》认定事实清楚，适用法律正确，应予恢复其法律效力。二审法院判决驳回上诉，维持原判。

最高人民法院认为，该案的争议核心系 B 公司是否是徐某某工亡的用工责任主体。案涉的"××国际"项目建设单位为 A 公司，施工单位为 B 公司。徐某某从 2017 年 4 月 9 日起在"××国际"项目工地做工，从事拉砖和拉砂浆等工作，系 B 公司施工内容的组成部分。原审法院经调查并结合徐某某之妻张某某提供的在案证据，认定了徐某某确系为 B 公司工作。最高人民法院裁定驳回再审申请人 B 公司的再审申请。

2. 行政责任

根据《建设工程质量管理条例》第六十二条的规定，承包单位将承包的工程转包或者违法分包的，责令改正，没收违法所得，对勘察、设计单位处合同约定的勘察费、设计费 25% 以上 50% 以下的罚款；对施工单位处工程合同价款 0.5% 以上 1% 以下的罚款；可以责令停业整顿，降低资质等级；情节严重的，吊销资质证书。同时根据住房和城乡建设部《建筑工程施工发包与承包违法行为认定查处管理办法》第十七条的规定，县级以上人民政府住房和城乡建设主管部门应将查处的违法发包、转包、违法分包、挂靠等违法行为和处罚结果记入相关单位或个人信用档案，同时向社会公示，并逐级上报至住房和城乡建设部，在全国建筑市场监管公共服务平台公示。

3. 民事责任

分包人不具备相应的施工资质，则构成违法分包，违法分包合同无效。

专业工程的分包人及劳务作业的分包人应取得按照《建筑业企业资质标准》设立的资质证书，并在该资质证书许可的范围内承接业务。如分包人不具备相应的施工资质，即构成违法分包。对于发包人同意分包的专业工程施工范围既可约定在招标投标文件中，也可约定在双方的施工合同中，还可根据施工的实际情况在过程中达成同意分包的补充协议，且必须有相应的书面文件或者其他证据予以证实，否则将构成违法分包。

因分包合同无效，若发生分包工程质量、安全问题或造成总包合同工期延误等问题，总包单位应向业主承担全部民事赔偿责任。

（二）分包合同内容、形式不合法的风险

《建筑法》第二十九条规定："建筑工程总承包单位可以将承包工程中的部分工程发包给具有相应资质条件的分包单位；但是，除总承包合同中约定的分包外，必须经建设单位认可。施工总承包的，建筑工程主体结构的施工必须由总承包单位自行完成。"

根据上述规定，主体结构工程只能由总承包人自行实施完成，如果总承包人将主体结构分包的，则构成违法分包，还可能构成转包。同时除总承包合同中约定的分包外，总包单位拟分包的事宜需事先征得建设单位认可。否则，就合同本身而言构成重大违约，就法律角度而言确属合同内容、形式不合法。由此，总包单位将面临与分包合同主体违法情形基本相同的法律风险及后果。

（三）转包及肢解后分包或分包人再次分包的风险

《建筑法》第二十八条规定："禁止承包单位将其承包的全部建筑工程转包给他人，禁止承包单位将其承包的全部建筑工程肢解以后以分包的名义分别转包给他人。"第二十九条规定："禁止总承包单位将工程分包给不具备相应资质条件的单位。禁止分包单位将其承包的工程再分包。"第六十七条规定："承包单位将承包的工程转包的，或者违反本法规定进行分包的，责令改正，没收违法所得，并处罚款，可以责令停业整顿，降低资质等级；情节严重的，吊销资质证书。承包单位有前款规定的违法行为的，对因转包工程或者违法分包的工程不符合规定的质量标准造成的损失，与接受转包或者分包的单位承担连带赔偿责任。"

转包及肢解后分包或分包人再次分包因违反法律禁止性规定，必然导致合同无效。总包单位所承担的实际损失往往远远大于其收取的管理费。总包合同工期、质量及安全完全受制于转包方。总包方受到的行政处罚及承担的民事责任等法律风险与违法分包法律责任、后果及风险基本相同。

（四）挂靠或允许他人借用本企业的营业执照及资质证书承揽工程的风险

实践中，施工企业为了规避总包合同不许分包的约定，采取同意其他单位、个人挂靠本单位进行施工或允许其以本企业名义承揽工程的做法较为普遍，由于实际施工方自身技术、人员和管理不能满足工程建设的需要，造成施工企业重大损失的情况时有发生，对总包方而言风险巨大。

《建筑法》第六十六条规定："建筑施工企业转让、出借资质证书或者以其他方式允许他人以本企业的名义承揽工程的，责令改正，没收违法所得，并处罚款，可以责令停业整顿，降低资质等级；情节严重的，吊销资质证书。对因该项承揽工程不符合规定的质量标准造成的损失，建筑施工企业与使用本企业名义的单位或者个人承担连带赔偿责任。"根据上述规定，施工企业将面临罚款、停业整顿、降低资质等级、吊销资质证书等风险。

《最高人民法院关于审理建设工程施工合同纠纷案件适用法律问题的解释（一）》第七条规定："缺乏资质的单位或者个人借用有资质的建筑施工企业名义签订建设工程施工合同，发包人请求出借方与借用方对建设工程质量不合格等因出借资质造成的损失承担连带赔偿责任的，人民法院应予支持。"根据上述规定，对建设工程质量不合格等因出借资质造成的损失，发包人有权要求出借方与借用方承担连带赔偿责任。

（五）安全事故风险

《建设工程安全生产管理条例》第二十四条规定："建设工程实行施工总承包的，由总承包单位对施工现场的安全生产负总责。总承包单位应当自行完成建设工程主体结构的施工。总承包单位依法将建设工程分包给其他单位的，分包合同中应当明确各自在安全生产方面的权利、义务。总承包单位和分包单位对分包工程的安全生产承担连带责任。分包单位应当服从总承包单位的安全生产管理，分包单位不服从管理导致生产安全事故的，由分包单位承担主要责任。"

建筑工程项目分包时常常存在对安全管理主体不重视，有的总包单位认为安全是分包单位的事，往往出现"以包代管"的现象。而有些分包单位认为反正自己是分包，在安全管理上投入不到位、措施不给力。有些总包和分包单位，在合同中也约定了双方的权利和义务，但在实施时，重形式轻实际，往往导致出现安全管理真空区，最终造成重大或特大安全事故。

（六）用工风险

随着国家对劳务公司资质管控的取消，总分包管理中的用工风险加大，特别是施工现场环境特殊，加之施工企业人员素质参差不齐、结构复杂，尤其是农民工人员且流动性大，从而给总分包合同实施带来较多的风险。有的分包单位在夏秋两季农忙时，因农民工回家导致进入半停工或全线停工状态，有时严重影响了总包单位的总进度，总包单位将面临工期违约的风险。

（七）税务管理风险

目前，施工企业的营改增已全面实施，总分包企业的税务风险及管理是双方不可回避的课题。加强双方的税务管控涉及企业的获利及抗风险的能力。

（八）工程质量风险

建筑工程作为一项系统性的工程，在工程的施工过程中会有大量引发工程质量风险的客观因素，常见的因素如建材管理缺失、施工监管力度不足、施工场地规划科学性过低及施工过程中资金不到位等问题，都会引发工程质量风险。

（九）分包人的水平风险

当分包人的素质不能满足工程项目的施工要求时，会导致整个工程项目施工过程中产生大量安全隐患，导致工程项目不能按照相关要求完工，最终形成管理风险。

二、内部承包的风险类型

（一）经济实力不够，缺乏履约和赔偿的能力

尽管在内部承包合同订立时，明确约定该工程由内部承包人独立经营，自负盈亏，其所产生的债权债务与总包单位无关。但是一旦风险产生，如果内部承包人经济实力不够，不能继续履行合同或支付赔款，那么施工企业就要承担连带责任。

（二）内部承包人不积极履行内部承包合同，背信弃义

其表现形式有以下几种：①内部承包人大量拖欠农民工工资且时间较长；②内部承包人侵吞材料款项，造成材料商直接向总包单位要求支付材料款；③内部承包人以项目部名义借款形成债务；④内部承包人与第三方串通，损害总包单位的利益；⑤内部承包人骗取工程款后逃逸或偷工减料，导致总包单位因不能全面履行合同最终承担违约责任。

（三）缺乏合同管理能力

内部承包人的合同管理水平低，直接导致其不知道如何进行工程索赔和依法转移风险，在施工过程中，不知道需要经常对工程量变更等签单以及当工程发生变更时，及时签订补充合同或协议等，从而造成损失。

（四）施工技术管理水平低

在实际的施工过程中，有些内部承包人本身没有施工技术及施工管理知识，与此同时，也不配备专门的技术管理人员进行严格的施工管理，一旦出现工程质量问题，甚至重大的质量安全事故或质量隐患，会造成经济损失和工期延误。

（五）来自自愿债权（务）人的风险

自愿债权（务）人作为企业活动的参与人，对企业的经营模式较为清楚、了解，一般情况下都遵守"游戏规则"，随时决定参与或退出"游戏"。但是，当自愿债权（务）人为了自身利益时，就很可能打破这种"游戏规则"，利用内部承包不影响企业法人独立性的特点，选择最佳的方式保全自己的债权或逃避自己的债务。

（六）来自非自愿债权人的风险

由于来自非自愿债权人风险的规模、频率、损害程度都难以评估，加之常常是在瞬间发生，因此被称为风险中的风险。并且非自愿债权人一般不顾及企业采用何种经营模式，一旦受到侵害，矛头就直指企业。尤其是在内部承包任何一方的无过错侵权行为带来严重损害后果时，可能双方为此付出的代价并非只是财产上的损失。

第二节　建筑企业分包、内部承包的风险防控

一、分包的风险管控

（一）严格审查分包单位的资质

在实践中，大部分工程都是由分包单位完成的，分包单位的资质会影响工程的进度、质量等关键问题，总包单位在选择分包单位时，要严格审查分包单位的资质。

（二）加强分包合同管理

在草拟的分包合同中，会涉及工程项目施工过程中的各类信息，包括成本信息、质量信息、收益信息、工期信息等内容。在合同管理过程中，双方均需要对这些信息进行全面研究和调查，由各相关部门对信息进行审核，尤其是对于造价信息、付款信息、质量信息和工期信息，需要探究这些要求的契合性，只有在能够全面保证科学性以及符合相关规定的情况下才可签订。

（三）落实安全管理

除了在总分包合同中明确双方各自的权利与义务，还要强调双方的责任和职责。在工程实施过程中总包单位要加强检查和监督，同时积极配合、协调分包单位抓好安全管理工作。分包单位要通过加大安全投入、加强安全教育、资格准入等多渠道把控安全生产，同时也要通过购买意外伤害保险等分担企业的安全风险。

（四）加强农民工及用工管理

在当下的施工分包管理中，农民工及用工管理越来越显示出其重要性。总包单位要按要求缴纳农民工工资支付保证金，并监督分包企业的用人与用工的规范性，同时与分包单位签订《关于承分包工程农民工工资发放承诺书》。在要求分包单位提供实名制用工合同和花名册的基础上，可以将分包工程款中的人工费部分直接以代发工资的形式打入工人的工资卡内，从而规避了分包单位拖欠农民工及用工工资的风险。

（五）加强工程税务发票的管理

加强税务管理，除了在总分包合同中约定含税和不含税造价及税率外，在工程实施

过程中，对税务发票问题必须始终加强管理。在每月及最终工程款结算后，在财务入账和支付分包工程款前，要求分包单位必须开具正式的增值税专用发票及完税证明，从而保障总包单位的进项抵扣，这样就能有效地防范税务风险。

（六）强调质量检测

推行了项目分包模式的建筑工程质量管理，要在实际工作中加强质量检测。具体而言，要求以国家现行法律法规为基准，结合合同内条款，以明确的质量标准作为指导。

（七）健全管理机制

分包管理机制的完善，主要体现在以明确的权责分配和工作制度，实现管理风险的应对和预防。可按照管理需要，设定现场管理人员、项目管理负责人和工程总负责人三级制度，现场管理人员主要负责现场施工安全、施工质量以及材料管理等基础性工作，并每日生成工作日志，记录发现的问题和对管理工作的建议。项目管理负责人对现场管理人员的工作记录进行汇总，总结经验，对一般性管理问题直接给出解决方案，不能处理的重大管理问题则上报，由工程总负责人处理。在层次化的管理机制下，所有管理工作的权限和责任是明确、清晰的，能够提升管理效率，也能够在问题出现后进行追责，避免同类问题再次出现。

（八）慎重接受指定分包

指定分包是指建设单位把部分工程项目（尤其是一些专业性较强的项目）通过招标选定分包商或者直接选定分包商。但是被选定的分包商并不直接与建设单位签订合同，而是与总承包单位签订合同。指定分包模式下，施工单位最大的风险是承担着向指定分包支付工程款的义务，所以施工单位要慎重接受指定分包。因为如果建设单位资信较弱，资金支付能力差，也就意味着对于指定分包的工程款支付没有保障。若在施工过程中建设单位资金链断裂甚至破产，就会导致由施工单位向指定分包单位支付工程款。如果建设单位资信较弱，建筑企业应与建设单位协商，要求将指定分包工程直接发包，让建设单位与指定分包签订合同，工程款由建设单位直接向指定分包单位支付，作为总承包单位的建筑企业只收取总包配合费（非管理费），以此降低施工单位风险。如果接受了指定分包，就要加强对分包单位的监督管理。在可能的情况下，要与建设单位、指定分包单位签订三方合同，在三方合同中明确各方的权利与义务。若指定分包不是由施工单位招标，那么施工单位应与建设单位协商，要求对招标文件进行审核，并提出自己的意见与要求。还要加强对指定分包的进度管理、安全管理、质量管理、工程款支付管理以及指定分包过程资料的管理。避免建筑总承包单位和指定分包单位就施工的分包工程承担连带责任。

二、内部承包的风险管控

（一）完善与建设单位签订的施工合同

1.完善建设单位与建筑施工单位的工程款支付流程

实践中，工程款的收取是最容易出现纰漏的环节，最常见的有两种情况。一是建设单位绕开总包单位，直接将工程款支付给内部承包人。有的内部承包人代表该建筑施工企业承建工程，业主方直接将工程款支付到内部承包人个人卡上或内部承包人指定账户，钱都不进入建筑施工企业的账户。内部承包人收款后，仅支付少部分材料款和农民工工资，即停止付款。完工后，材料商和包工队向内部承包人追索欠款无果，便对建筑施工企业采取封门讨债方式，逼迫建筑施工企业为内部承包人支付材料款和农民工工资。等找到内部承包人时，钱款全部花光，一无所有。二是内部承包人绕开建筑施工企业，拿到支票后直接把工程款划入其他账户。为避免工程款的流失，最有效的措施是在与建设单位签订的施工合同中明确约定：本项目的所有工程款（包括但不限于变更联系单、补充协议约定款项，索赔款等）由发包方直接支付至承包方公司账户，承包方账号列于本合同签章栏；如发包方以支票形式付款，收款人一栏应填明承包方全称。发包方不按该约定方式支付，视为发包方未履行付款义务。这样的条款合理合法，一般不会被认定为无效，而且也会引起建设单位财务人员的足够重视。在操作上则应该派遣施工企业财务人员而不是内部承包人前去建设单位领款，避免工程款流失或被管理人员、挂靠人员挪用。

案例：（2020）最高法民申829号。

2015年7月10日，A公司经过竞标后与B公司签订《建设工程施工合同》，B公司将其开发的商住小区项目工程发包给A公司建设施工。合同对付款方式、违约责任等相关事项进行了明确书面约定。合同签订后，A公司组织施工，2017年5月27日，工程竣工验收。2017年12月27日，经委托某工程管理咨询有限公司对项目工程结算，结算价为109268443.68元。B公司拨付工程款合计87196103元。另查明，由A公司项目部申请，B公司支付下列款项：①2016年6月4日B公司用小区S2、S3、S5、S6、S7、S10、S11、S65商铺8间，S12、S59综合楼2间，4-1-901住房抵付王某某债务2727.8万元，2016年3月4日支付王某某60万元的债务利息，2016年3月28日支付王某某60万元的债务利息；②2016年6月14日支付马某440万元，用于支付项目部经理邓某某与马某的个人债务。

关于B公司已经支付的款项能否全部视为A公司收到的工程款的问题，一审法院认为，A公司与B公司作为合同的双方当事人，双方均明知支付工程款的主体为B公司，接受工程款的主体为 A 公司，但在实际支付过程中，B 公司把应支付到 A 公司的工程款根据项目部的指定支付给第三人，该支付行为改变了合同约定的付款方式。B 公司明知接受工程款的主体为 A 公司，却按项目部的指定向第三人支付款项，应承担保证所付资金安全的义务。根据建设部《建筑施工企业项目经理资质管理办法》第八条的规定及 A 公司与 B 公司建设工程施工合同的约定，项目经理无权指定工程款汇付账户，故该案项目经理邓某某指定 B 公司将工程款汇入其指定的账户，不属职务行为。B 公司未按合同约定汇付工程款，而是按照邓某某等人的指令将该款项支付给第三人，是造成部分款项支付给与工程无关的第三人的主要原因，对于支付给与工程无关的第三人的款项不能认定为支付给 A 公司的工程款。首先，B 公司按项目部的指定共计拨付款项 120074083 元，其中对 B 公司已支付的工程款共计 51369556 元，双方均无异议，A 公司也予以确认，51369556 元应认定为 B 公司支付给 A 公司的工程款。其次，关于项目部指定 B 公司将工程款直接拨付给材料供应商、设备出租方或者实际施工人，所拨付的款项是否视为支付给 A 公司的工程款的问题，A 公司提出项目部经理邓某某没有得到 A 公司的明确书面授权，拨款前没有经 A 公司认可，拨款后没有得到 A 公司追认，支付款项不应作为工程款的抗辩，一审法院认为虽然 B 公司并未向 A 公司核实情况而直接根据项目经理邓某某的指定转移付款，但在 B 公司将该付款列入进度付款金额中时，A 公司并未提出异议，则可以视为 A 公司追认了该转移付款，项目经理的指示转移支付有效。还有一种情况是，转移付款的收款人是本工程的材料供应商、分包工程承包人或人工等与该案工程有关联的当事人，这些当事人对 A 公司享有货款、工程款或工资等债权，B 公司应项目经理的指定转移付款后，实际上代 A 公司清偿了债务，该法律效果应当由公司承受。故双方虽有争议，但 A 公司认可转移付款的收款人是该案工程的材料供应商、实际施工人或人工工资等与该案工程有关联的当事人，或者项目经理邓某某已认可转移付款的款项是用于该案工程，对符合上述情形 B 公司已支付的款项 35826547 元应认定为工程款。最后，关于 B 公司支付给王某某的 2727.8 万元以及 120 万元的利息，支付给马某的 440 万元，是项目经理邓某某与王某某和马某的个人债务，与该案工程项目无关联性，而 B 公司在明知接受工程款的主体是 A 公司，未尽合理的注意义务直接按照项目经理邓某某的指示转移付款，A 公司又不予认可，则该付款不应当认定为 B 公司支付给 A 公司的工程款。综上，一审法院认定 B 公司已支付 A 公司工程款为 87196103 元，尚欠工程款 22072340.68 元。

二审法院认为，一审法院对于已付工程款的认定正确，即 B 公司已经支付给 A 公司的已付工程款为 87196103 元，尚欠工程款为 22072340.68 元。二审法院对此予以确认。

关于 B 公司以房抵款给王某某的 2727.8 万元、支付给王某某的 120 万元及以房抵款给马某的 440 万元应否计入已付工程款，最高人民法院认为，虽然 A 公司对项目经理邓某某的授权中有"拨付工程款及处理一切事宜"的表述，但是考虑到建筑行业的惯例、项目经理与承包人之间可能存在利益分歧等因素，发包人仍需对款项的用途负有一定的审查注意义务，尤其是对于明显特殊的大额支出及对与项目无关人员的支付。该案中，综合王某某就其施工部分可不经A公司或项目部盖章直接向B公司请款并获准、邓某某陈述王某某向其收取660万元案涉工程介绍费、王某某在一审庭审中拒不回答法庭关于其与B公司关系的提问等因素，可以推定王某某与B公司之间存在密切关系。在公司支付的款项中，除王某某这一笔债务转移之外，其他付款金额均为几十万至几百万不等，而支付给王某某的两笔款项合计高达2800余万元，数额显著异常。B公司向第三方支付的款项的支付对象多为材料供应商、具体施工人等，而涉马某的440万，支付对象与案涉工程完全无关。最高人民法院裁定驳回公司的再审申请。

2. 明确对内部承包人的授权制约，特别是对内部承包人放弃权利进行限制

实践中，内部承包人为了捞取合同以外的利益，与建设单位恶意串通，通过放弃权利损害施工企业的利益，达到换取额外不当利益的目的。为避免类似情况的发生，可以在与建设单位签订的施工合同中明确约定：在合同履行过程中，建设单位、施工企业之间签订的书面文件（包括但不限于补充协议、会议纪要、承诺书、备忘录、结账单等）中所有涉及施工企业义务、责任增加的条款，如缩短工期、低价结算、放弃施工企业权利等内容，都必须由施工企业加盖公章（该公章必须与备案合同中的施工企业公章一致）确认，内部承包人和其他任何个人单独签字或盖项目部章的一律无效，对施工企业不具有约束力；解除合同、停工、工程结算等重大事项必须经施工企业加盖公章（该公章必须与备案合同中的施工企业公章一致）确认，内部承包人和其他任何个人单独签字或盖项目部章的一律无效。

（二）完善与内部承包人签订的内部承包合同

1. 明确内部承包人结算工程款的前置条件

一般情况下，内部承包合同往往只约定"工程亏损由内部承包人自行承担，施工企业不垫资"，但没有明确"内部承包人在建设单位实际拨付工程款到位后才能申请用款"。实践中，已经发生了这样的案例：在建设单位迟延支付工程款或拒不支付工程款的情况下，内部承包人依据内部承包合同直接起诉施工企业，要求按施工企业与建设单位的合同结算口径扣除管理费后支付工程款，而不管施工企业是否已经从建设单位处收到了工程款，或者内部承包人主张内部承包合同无效，要求据实结算支付工程款。这是典型的内部承包人倒打公司一耙，应对的措施是在内部承包合同中设计以下条款。

（1）内部承包人可代表施工企业按照"施工企业与建设单位签订的施工合同"约定的时间和要求向建设单位催收、结算（决算）工程款，但不得代表施工企业放弃权利或损害施工企业的利益。在内部承包人迟延履行与建设单位结算（决算）工程款的情况下，

施工单位可以催告内部承包人履行义务，在催告后 30 天内内部承包人仍未履行的，施工单位可以另行派人对工程款进行结算（决算），并且该结算（决算）结果直接对内部承包人具有约束力，内部承包人不得因其未签字而不予认可。从建设单位处收取的全部款项（包括但不限于工程款）应直接划入施工企业账户内，内部承包人及项目部任何人不得越过施工企业向建设单位私下收取任何钱物。

（2）在建设单位的工程款到施工企业账上后，内部承包人参照"施工企业与建设单位签订的施工合同"约定的付款条件，工程进度，工程人工、机械、材料的投入情况，并按实收工程款比例申请用款。每次内部承包人向施工企业申请用款前，必须提供真实、足额的材料发票和工人工资单及前次工资发放公示材料，施工企业向内部承包人支付的款项金额最多至"建设单位付至施工企业账户内的实收工程款扣除施工企业管理费"后的相应百分比。若建设单位不能按约支付工程款（包括但不限于预付款、进度款、索赔款或结算款等）的，工程资金缺口由内部承包人自行解决，即在建设单位的工程款到位之前，内部承包人不得以任何理由向施工企业要求支付工程款或其他款项（约定本条款的内容具有独立的法律效力，即使在本合同无效的情况下，本条款仍然有效）。

（3）内部承包人和施工企业之间的最终内部结算必须同时满足以下三个前提条件：

①工程竣工验收完毕并交付，且已经符合施工合同和国家规范的要求；

②建设单位与施工企业的工程竣工结算完毕；

③建设单位应支付给施工企业的工程款已全部到位。

2. 明确内部承包人的违约责任

看到很多内部承包合同中约定有内部承包人的义务，但并没有约定内部承包人违反合同条款应承担的违约责任。譬如我们通常约定"承包工程所发生的人工费、材料款等一切外欠款均由内部承包人负责支付"，但实践中，一旦内部承包人拒绝付款时，材料商或农民工就会直接要求施工企业付款。根据合同相对性原则，内部承包人在承包工程上的行为属于职务行为，其法律后果应当由施工企业来承担，因此施工企业不得已对外付款，在付款后又觉得自己很冤枉，明明已约定由内部承包人来支付的款项，最后还是由自己承担了。

为了避免争议的产生，可在内部承包合同中进行如下约定。工程盈亏由内部承包人承担，与工程有关的人工费、材料款、租赁费、设备费等一切费用均由内部承包人自行承担。内部承包人必须按约履行内部承包人（或项目部）与第三方的合同和协议，按有关规定及时支付农民工工资和材料款等，违反该条约定给施工企业造成的全部损失均由内部承包人进行赔偿：①若发生投诉，施工企业有权向内部承包人收取违约金"元／次"；②若内部承包人没有按时支付对外欠款，导致农民工、材料商、租赁商、设备商等直接向施工企业催讨，在发生群体性事件或政府主管部门协调等情况下，施工企业可以先行垫付相应的款项，对该垫付的款项内部承包人必须无条件认可，并视为内部承包人向施工企业的借款，借款本金为垫付的款项，借款利息按全国银行间同业拆借中心公布的贷款市场报价利率计取，且施工企业有权在应付内部承包人的款项中直接扣除，由此给施工企业造成的其他损失也全部由内部承包人承担；③因内部承包人对外欠款而发生诉讼或仲裁案件的，由此产生的律师费、交通费、诉讼费、保全费、执行款等全部费用均由内部承包人无条件承担。若案件发生后，内部承包人没有及时处理，施工企业有权派员处理，对于处理结果内部承包人无条件认可并最终承担一切后果。并且，若因此导致施工企业的财产被第三人采取保全或强制执行措施的，由此造成的损失也全部由内部承包人承担；若因此造成施工企业的银行账户被冻结，则施工企业有权以实际被冻结账户的资金金额作为本金，按全国银行间同业拆借中心公布的贷款市场报价利率计取利息，并有权在施工企业应付内部承包人的款项中直接扣除；若因此造成施工企业的银行账户资金或其他财产被强制执行，则自被强制执行之日起按内部承包人向施工企业的借款处理，借款本金为施工企业因此而遭受的全部损失，借款利息按全国银行间同业拆借中心公布的贷款市场报价利率计取，且施工企业有权在应付内部承包人的承包款项中直接扣除。

3. 明确工程款的性质

实践中，内部承包人往往把建设单位支付的工程款视为其可以随意支配的个人财产，更有甚者，将工程款挪用于非法用途，造成工程资金入不敷出和亏损。实际上，内部承包合同签订后，内部承包人即成为工程的实际承包人，但同时，内部承包人又是代表施工企业在履行职责，包括代表施工企业向建设单位催收工程款，向农民工、材料商支付款项等。一旦内部承包人虚构资金用途，从施工企业套取工程款后用于个人消费，就有可能构成职务侵占行为。在常规的内部承包中，施工企业往往不垫资，但实际上，工程中的人工、材料、机械、设备等的投入并非内部承包人的个人财产，而是内部承包人以施工企业项目部名义组织来的，工程资金也并非全部由内部承包人自己解决，而是通过建设单位拨付工程款，材料商、设备商垫资和农民工提前付出劳动力等而来的。

避免上述争议的方法主要有两点。一是完善施工企业与内部承包人的劳动合同关系，对用工手续和社会保险关系进行规范。二是在内部承包合同中设计以下条款：在施工企业与内部承包人（或项目部）就内部承包结算完毕之前，所有建设单位支付的工程款均属于施工企业，工程款的支配权属于施工企业；内部承包人向施工企业领取的所有款项，必须保证全部用于工程，不得挪用于任何其他用途（包括用于赌博、吸毒、买房、买车、投资或其他个人行为等）；若违反该条规定，内部承包人承诺向施工企业支付所涉金额2～3倍的违约金。

4. 明确承包的最终责任划分

内部承包具有双重性，对外，内部承包人代表施工企业履行职务行为，其法律后果应当直接由施工企业来承担；对内，即内部承包人和施工企业之间，由于承包的性质决定了工程最终的盈利和亏损均由内部承包人来承担，故根据权利与义务的对等性，施工企业在对外承担责任后，可以依据内部承包合同向内部承包人进行追偿。但是，对追偿权如何行使，应当在合同中加以明确，建议在内部承包合同中设计以下条款：因本工程引起的一切纠纷，包括但不限于与该工程相关的一切合同、协议或其他文件、项目部成员的行为、项目部施工班组和农民工的行为、内部承包人委派的其他人的行为等引起的法律责任均由内部承包人承担，若施工企业先行承担的，施工企业在承担责任后可以依据内部承包关系向内部承包人行使追偿权，最终的一切责任均由内部承包人个人承担。

5. 明确中途接管的法律后果

实践中，内部承包人在工程可能面临亏损的情况下，会选择单方面解除内部承包合同，甚至中途携款潜逃，留下一个"烂摊子"，由施工企业最终承担全部的责任。为避免该风险，可以在内部承包合同中设计以下条款，加以明确。本合同签订后，内部承包人不得擅自解除合同，出现下列情形之一的，施工企业有权另行派人接管该工程：①未经施工企业同意，内部承包人擅自退出工程管理达 30 天以上；②未经施工企业同意，工程停工时间达 30 天以上；③建设单位对内部承包人的管理提出异议，书面要求更换内部承包人的；④工程施工现场管理混乱，建设行政主管部门对工程提出通报批评达 4 次以上的；⑤发生严重的质量或安全事故，导致工程处于瘫痪状态的。

施工企业接管以后，内部承包合同关系仍未解除，但是，施工企业接管后即视为内部承包人自行放弃向施工企业要求任何款项的权利，即工程盈利由施工企业根据接管人的贡献另行分配；工程亏损，则仍由内部承包人承担全部责任。对于接管以后涉及该工程产生的一切纠纷和责任，最终仍由内部承包人承担最终的责任。

6. 要求内部承包人提供合法有效的担保

建设工程的造价动辄上亿元，内部承包的实质就是要把施工企业在承包工程上的风险绝大部分都转嫁到承包人身上。因此，内部承包人的实力即合同履行能力很重要，为此，可以要求其提供担保，既可以是有经济实力的人或企业的担保，也可以是物的担保。需要注意的是，担保条款一定要注明担保不因主合同（即内部承包合同）的无效而无效，并且不动产的担保应当到房管部门办理抵押登记。

双方也可将履约过程当中的一部分工程进度款作为担保款。将基础阶段工程款的 20% 保留在公司作为担保款，基础工程通过验收后可以释放，结构阶段也是，以这种方式来控制内部承包人的工期和质量，来保证合同的履行。实践中，管理制度混乱、以包代管的施工企业最容易发生问题，在实行内部承包的管理过程中，切忌"一脚踢"。不要以为选定了内部承包人、签订了内部承包合同就万事大吉，什么事情都可以推给内部承包人，这样往往会导致内部承包失控。

（三）内部承包合同的职责划分

项目部主要是以内部承包人为主进行组建，项目部的日常运作也是由内部承包人直接负责的，但是，施工企业仍需对项目部在管理、技术等方面进行支撑。

1. 加强对工程安全、进度的监督和检查

从职能划分来看，承包工程的人工、材料、机械、设备、资金的日常调度均由项目部具体来运作，工程安全、进度也由项目部具体控制，但施工企业一定要定期或不定期地派员对内部承包人和项目部的工作进行检查和监督，依据国家规范、建设行政主管部门的要求、建设单位的要求、合同要求和公司内部制度等进行综合考核和评价，不能以包代管。对违反规定或合同约定的行为，及时进行处理。从法律角度来讲，要理顺项目部的法律地位。

（1）对工地人、财、物等要素的审核和分析。实践中，内部承包人对人工、材料或机械设备的采购和调度往往并非以个人名义进行，而是以施工企业下属项目部名义对外实施法律行为，有时还会加盖项目部公章。项目部虽然只是施工企业下属的一个临时性机构，并不具备独立的法律主体地位，也不具有诉讼主体资格，但是，其与承包工程相关的行为后果对外最终均将由施工企业来承担。从这个意义上讲，通过内部承包，施工企业将大宗材料的采购权授权给了内部承包人，使其自负盈亏，以充分调动其积极性，提高工作效率，杜绝内部腐败。但是，施工企业还是有必要对钢筋和商品混凝土的采购、钢管和大型机械设备的租赁、农民工工资的发放等主要事项进行审核或备案，并对照工程预算造价和实际施工进度进行真实性分析。

（2）参与并指导工程阶段性结构验收和竣工验收，加强对工程资料的审核工作。实践中，很多工程在施工过程中都会存在或多或少的工期延误现象和常见的质量问题，这往往容易引起与建设单位的摩擦，严重的还可能引发建设单位对施工企业的索赔。因此，施工企业在平时就要派遣人员对项目部进行支援，指导项目部在阶段性结构验收和竣工验收等关键阶段的工作，对项目部制作的工程资料进行必要的审核和完善，切实帮助项目部提高管理水平，维护项目部的合法权益，最终也是保护施工企业自身的权益。

2. 加强印章管理

印章管理难的问题在很多企业中都存在，但是在施工企业中，这个问题尤为突出。从便于管理的角度来讲，企业的印章越少越好，但是对施工企业来讲，如果印章均集中在企业中保管和使用，在现实中不具有可操作性。因为施工企业承建的工程往往遍布各地，实践中大家共用一本施工资质和接受属地化的管理模式，具体通过设立分支机构（分公司或办事处）来运作，每个分支机构再管辖若干个工程项目部。因此，每设立一个分支机构，就势必产生一个企业分支机构的印章，有的还刻有工程项目部印章，在工程投标文件中又只能使用公司总部印章，所以总部印章也有好几个，这样就导致施工企业印章的种类和数量繁多，难以管理。为此，建议：

（1）所有印章的刻制均由施工企业总部统一负责，并在工商行政主管部门和公安登记机关备案，印章刻制后由分支机构和项目部派专人领取，并签订印章使用协议。

（2）完善印章使用制度，严格落实"盖章必须审批备案"的制度，做到有据可查；书面合同一式多页，要加盖骑缝章，防止合同内容被换页；正文末尾与落款盖章处距离不宜太远，空白处要注明"此处无正文"或用斜线划掉，防止合同被篡改或印章被盗用。

（3）对于工程项目部，原则上不刻制"××工程项目部公章"，确有需要，可以刻制"××工程项目部技术专用章"，并在印章上注明"本印章仅用于工程内部技术资料，对外签合同无效"。

（4）发现有伪造（或私刻）印章的情况，应当及时向公安机关报案，立即收回假印章及所有已经使用该假印章的文件资料，并向有关关联方书面发函通知，在全国性报纸上发布公告声明作废。实践中，发生有项目部私刻的假印章频繁地使用在各类合法的工程资料中的情况，若不及时予以查处，施工企业就会被推定存在过失，会让善意第三人误认为该频繁使用在合法资料上的印章系施工认可的，使假的变成了真的。

3. 加强对项目资金的监督和管理

实践中，项目部实行成本支付独立核算，但工程款一般均由施工企业的公司财务部门进行控制，特别注意要完善内部承包人在公司内部的领款手续。

（1）实行严格的领款程序，在建设单位工程款支付到施工企业账户后，不能简单扣除管理费后即将款项全部支付给内部承包人。应当结合工程预算造价、施工进度和项目部的成本支出来付款，大额资金的支付必须查明真实、合法的使用用途。

（2）规范《用款申请单》的设计，注明"专款专用"，内部承包人领款后应及时出具收条。如果是按内部承包人指定汇款到其他单位的，则一定要内部承包人提供合同，并由内部承包人签字表明施工企业是受其委托付款的，款到指定单位即视为内部承包人已经领到了钱款。

（3）一旦项目部成本账户出现赤字，发生材料商群体催款、农民工群体催讨工资等危急情况，在不得不垫资的情况下，施工企业应当在内部承包人办理借款手续后再进行垫付。

4. 加强施工质量管理

建筑工程质量是施工企业的生命，工程质量若出现问题，将会对施工企业造成严重影响。施工企业应当要求进入施工现场的材料、设备等有出厂合格证和实验报告，设备需认真安装调试经试运行确认无误后方可投入使用。同时应加强对现场施工的质量管理，严格控制工程质量和进度，必须按设计图纸、国家现行有关标准、验收规范、操作规程的要求完成施工。

5. 加强其他方面监督管理

（1）建立严格的内部管理制度。要在内部管理制度中明确规定，内部承包人不得未经公司书面同意私自刻制项目部印章、以公司或项目部名义对外签订合同，或对外放弃公司应享有的权利。

（2）严禁出具空白的或者授权不明的授权委托书、任命书等授权性文件。授权委托书、介绍信、任命书必须有明确的授权范围、授权期限，不允许转委托。

（3）限缩印章使用范围。规范项目部章的刻制内容，如在项目部章下弧刻制"仅作联系、制作资料之用，不得用于任何其他用途"或"用于订立经济合同、担保无效等内容"。

（4）公示牌明示内部承包人权限范围。一些法院在案件裁判中认为工地公示牌明确签字人为内部承包人，内部承包人在公示牌标明的领域内行事即构成表见代理。鉴于公示牌具有的公示性，公示牌上应该同时明确内部承包人的授权范围。

（5）加强材料、设备出入库管理。材料采购合同和租赁合同履行过程中单据要以项目部的入库单和出库单上的规格单价和数额为准，不得随意在对方供货单或者退货单上签字确认。

（6）发布撤销委托声明、公告。内部承包人因亏损或其他个人原因不再参与项目管理时，登报公示取消内部承包人身份，取消其对外签订合同、法律文书的授权。

（7）完善建筑施工企业与内部承包人签署的承包合同内容。

（8）完善内部承包合同的履约担保内容。

第八章

建筑企业股东纠纷的合规与风险防控

第一节 建筑企业股东出资纠纷的合规与风险防控

建筑企业之间的股东出资纠纷多因股东出资不实而引发，出资不实一般指未出资或出资不足或未按时出资，以及在出资后抽逃出资的行为。以货币出资的，主要表现为资金数额低于章程规定的数额，以非货币财产出资的，评估价值低于章程规定的数额。

一、股东抽逃出资的表现形式

（1）将出资款项转入公司账户验资后再转出；

（2）通过虚构债务关系将其出资转出；

（3）制作虚假财务会计报表虚增利润进行分配；

（4）利用关联交易将出资转出；

（5）其他未经法定程序将出资抽回的行为。

二、虚假出资、抽逃出资等瑕疵出资的股东承担的法律责任

（一）民事责任——虚假出资的股东对建筑公司和其他股东需要在认缴出资的范围内承担民事法律责任

（1）有限公司成立前，股东之间的出资协议对签订股东具有合同约束力，违反该出资协议而未缴纳或未足额缴纳出资的，即构成违约，应继续履行出资义务或承担解除出资合同、公司不能成立的法律责任。

（2）有限公司成立后，股东即受公司章程的约束，公司章程亦具有契约性质，约束全体股东和公司本身的行为，其中，章程中出资部分的记载即为股东对出资的承诺，《公司法》第二十八条即规定了有限公司股东违反公司章程而未足额出资应对公司承担出资填补责任，对其他股东承担违约责任。即已足额出资的股东对公司债权人承担责任后，可以以违约为由向未履行出资义务的股东追偿。

（二）行政处罚——抽逃出资的建筑公司股东可能面临相应的行政处罚

《公司法》第一百九十九条规定："公司的发起人、股东虚假出资，未交付或者未按期交付作为出资的货币或者非货币财产的，由公司登记机关责令改正，处以虚假出资金额百分之五以上百分之十五以下的罚款。"

案例：（2014）嘉海行初字第 7 号

2014 年 2 月 18 日，某市工商行政管理局作出某工商处字（2014）37 号行政处罚决定并依法送达。人民法院认为即便《公司法》实现了对一般公司从有限制的认缴资本制到完全的认缴资本制的转变，也未免除股东抽逃出资的法律责任，改变的只是股东履行具体出资义务的时间和期限，而非股东出资义务本身。股东仍需按照公司章程、认股书、增资协议等具有法律效力的文书所确定的缴纳出资的数额和期限履行实缴出资的义务。

（三）刑事责任——在实缴制注册公司及特殊行业的公司范围内追究股东虚假出资、抽逃出资的刑事责任

2013 年 12 月 28 日，第十二届全国人民代表大会常务委员会第六次会议对《公司法》进行了修改。其中，将有限责任公司和发起设立的股份有限公司的注册资本实缴登记制修改为认缴登记制；银行业金融机构、证券公司、期货公司、基金管理公司、保险公司、保险专业代理机构和保险经纪人、直销企业、对外劳务合作企业、融资性担保公司、募集设立的股份有限公司，以及劳务派遣企业、典当行、保险资产管理公司、小额贷款公司暂不实行注册资本认缴登记制，而是继续实行注册资本实缴登记制。因此，需要注意的是，建筑企业虽然不在上述强制实缴登记制的行业公司中，但是当建筑企业募集设立股份有限公司时，则属于强制实缴登记制的范围，股东应当注意其出资实缴的风险和责任。例如在建筑公司中，需要防范股东在验资后以工程款、材料款的名义抽逃出资；在设立的建筑公司中，股东可能以设定抵押的资产承诺出资，但其后出资并未到位。再如房地产公司，股东可能会以公司所有的土地使用权作为其出资方式，构成虚假出资。

【参考案例】（2013）鄂汉阳刑初字第 00616 号；（2014）黑高商终字第 92 号；（2013）渝五中法刑终字第 00273 号；（2014）菏刑二终字第 76 号。

三、建筑工程施工合同的法律关系中，承包人向瑕疵出资的股东主张权利的救济途径

（一）承包人可以追加瑕疵出资的股东作为被告，主张其承担法律责任

在建筑工程施工合同纠纷的法律规定及司法实践中，保障承包人的债权实现途径有很多，一般是主张工程价款的优先受偿权，但如果是未完工（烂尾楼工程）或不宜拍卖、变卖的工程，优先受偿权并不能有效保障承包人债权的实现。在司法执行过程中，增加执行的保障一般会追加被执行人建筑企业的股东，其途径一般有两个：一是直接在执行中申请追加被执行人建筑企业的股东为被执行人，如果被法院裁定不予追加，则提起执

行异议之诉；二是以"股东损害债权人利益责任纠纷"为案由另行提起新的诉讼，要求被执行人建筑企业的股东承担责任。但是这两种途径要么涉及两个诉讼要么程序漫长，因此，让未履行或未全部履行出资义务的建筑企业股东承担补充赔偿责任是重要的救济途径之一。

【参考案例】（2019）苏 03 民终 5556 号、（2021）苏 03 民终 688 号；（2015）黔高民初字第 14 号。

（二）注意的问题之一：建设工程施工合同纠纷与股东损害公司债权人利益责任纠纷能否合并审理的问题

（1）观点一：两者基于的法律关系、法律事实不同，不应合并审理。

案例：【（2014）赣民一初字第 2-1 号、（2014）民一终字第 228 号】

江西省高级人民法院根据《最高人民法院关于印发修改后的〈民事案件案由规定〉的通知》（法〔2011〕42 号）第三条第 3 款"同一诉讼中涉及两个以上法律关系的，应当依照当事人诉争的法律关系的性质确定案由，均为诉争法律关系的，则按诉争的两个以上法律关系确定并列的两个案由"之规定，结合该案实际，将建设工程施工合同履行过程中引发的纠纷所导致的多项诉请合并一案审理。

最高人民法院对于《最高人民法院关于印发修改后的〈民事案件案由规定〉的通知》（法〔2011〕42 号）第三条第 3 款规定的"同一诉讼中涉及两个以上法律关系的"，解释为当事人基于同一法律事实向法院起诉时，其诉争的法律关系可能涉及两个以上，人民法院可以确定并列的两个案由进行立案，不意味着对《民事诉讼法》规定的诉的合并的条件有所突破，更不能理解为当事人不同、法律关系不同、法律事实不同的案件可以合并审理。因此，最高人民法院认为建设工程施工合同之诉与股东损害公司债权人利益责任纠纷，是分别基于不同的法律关系、法律事实，故而不应合并审理。

该判例作为出资不实的股东抗辩、甚至申请再审的理由被大量引用。该判例也提高了承包人或债权人维权成本，增加了当事人诉累，对出资不实的股东没有起到惩戒的作用，其影响是负面的。

（2）观点二：可以合并审理，且案件是否可以合并审理不属于管辖权异议审查范围。

案例：【（2017）最高法民辖终 42 号】

A 公司、B 公司上诉称，C 公司诉 D 公司案件属于建设工程施工合同纠纷；而从 C

公司诉 A 公司、B 公司的诉讼请求、事实和理由来看，该案属于损害公司利益责任纠纷。这两者显然属于完全不同的法律关系，前者属于合同之诉，后者属于侵权之诉，且两案件的当事人也不相同，显然属于两个不同的案件，不应在同一案件中审理。一审法院将两个不同的法律关系，不同的事实和理由，不同的当事人的案件并案审理，无法律依据。

最高人民法院查明，C 公司以 B 公司、A 公司抽逃出资为由，申请追加两公司为被告，并请求 B 公司、A 公司在两公司抽逃出资本息及未出资本息范围内对 D 公司的债务不能清偿部分承担补充赔偿责任。一审法院依法追加 B 公司、A 公司为共同被告参加诉讼。B 公司、A 公司以 C 公司诉 D 公司案件属建设工程施工合同纠纷，C 公司诉 A 公司、B 公司，属损害公司利益纠纷，两者属于不同法律关系，不应在同一案件中审理为由，提出管辖权异议。最高人民法院认为，对管辖权异议的审查范围应当限定于受理法院是否对案件具有管辖权，案件是否可以合并审理不属于管辖权异议审查范围，一审法院驳回 B 公司、A 公司对该案管辖权提出的异议，在适用法律上并无不当。裁定驳回上诉，维持原裁定。

通过上述案例可以看出，最高人民法院在债权人是否能同时起诉公司和股东这一问题上，观点前后不一，但从发展过程看，最终认可建设工程施工合同纠纷与股东损害公司债权人利益责任纠纷是可以同时起诉的。

（三）注意的问题之二：对《最高人民法院关于适用〈中华人民共和国公司法〉若干问题的规定（三）》第十三条第二款中的"公司债务不能清偿"的理解

《最高人民法院关于适用〈中华人民共和国公司法〉若干问题的规定（三）》第十三条第二款的规定："公司债权人请求未履行或者未全面履行出资义务的股东在未出资本息范围内对公司债务不能清偿的部分承担补充赔偿责任的，人民法院应予支持；未履行或者未全面履行出资义务的股东已经承担上述责任，其他债权人提出相同请求的，人民法院不予支持。"依据上述司法解释的规定，公司债权人突破合同相对性，要求公司股东对公司债务承担补充赔偿责任，其前提条件首先是"公司对债权人的债务不能清偿"。

司法实践中，债权人在起诉公司时将未出资股东作为共同被告，即使法院判决未出资股东在未出资本息范围内承担补充赔偿责任，但是当需要股东实际承担责任时，仍以法院审查公司是否构成"不能清偿"为必要条件。如何理解"不能清偿"？标准是什么？司法实践中颇有争议，主流观点是以"执行财产不能清偿"为标准。

（1）"执行财产不能清偿"是指公司债权人就与公司的债务纠纷经过诉讼或者仲裁，并就公司所有的财产依法强制执行后仍不能清偿为标准，否则股东享有先诉抗辩权。该标准以司法强制执行为前提，有利于将"不能清偿"客观化、权威化。

"不能清偿"标准的字面表达与我国《民法典》上的规定一致。我国《民法典》第六百八十七条规定："一般保证的保证人在主合同纠纷未经审判或者仲裁，并就债务人财产依法强制执行仍不能履行债务前，对债权人可以拒绝承担保证责任。"这是关于一般保证人先诉抗辩权的规定，有关学者认为未出资股东亦享有此先诉抗辩权。但该观点的弊端也是很明显的：首先，股东补充赔偿责任不是一般保证，股东补充赔偿责任表面上看股东是向公司债权人承担责任，但其实质是股东承担自己的出资责任，是股东出资责任的一种变通履行方式，是一种法定责任，有其必然性；其次，在认缴资本制下，公司债权人承担了更大的商业风险，股东补充赔偿责任本来起到保护债权人的作用，但是执行程序却使债权人向股东请求清偿的门槛提高了，强制执行中的执行异议、暂缓执行、中止执行、变卖或拍卖等复杂而漫长的程序无疑拉长了债权人通过股东补充责任获得清偿的时间，且这段时间又很有可能为股东隐匿或转移财产以规避责任提供空间，实质上削弱了股东补充赔偿责任的清偿债务和保护债权人功能，这样并不利于公司债权人债权的实现。在执行程序中会遇到很多问题，比如部分资产（如国家划拨的土地）无法变卖或者拍卖，亦无法通过折价清偿债务；有的财产出现多家法院查封的情况，此种情形下执行程序会变得更为复杂，法院往往会轮候查封后裁定执行终结，但这种裁定是否属于"执行财产不能清偿"，亦存在疑问。所以，股东承担补充赔偿责任以强制执行所有的财产为前提，不仅增加了对"执行财产不能清偿"判定的难度，而且会大量消耗执法资源。

（2）第二种观点是以"方便执行"为标准。法院在判令股东承担补充赔偿责任时限定执行财产的范围，引入了"方便执行"的概念。

"方便执行"源自《最高人民法院关于适用〈中华人民共和国担保法〉若干问题的解释》（现已失效）第一百三十一条的规定，"不能清偿"是指对债务人的存款、现金、有价证券、成品、半成品、原材料、交通工具等可以执行的动产和其他方便执行的财产执行完毕后，债务仍未能得到清偿的状态。这里"不能清偿"的判定虽然也是以债务人财产经法院强制执行完毕为前提，但是财产范围上并不是债务人所有财产，而是采用了"方便执行财产"的概念。"方便执行财产"是指清偿直接、变现容易、回收便捷的财产，一般指司法解释中列举的存款、现金、有价证券、成品、半成品、原材料、交通工具等动产，但是否仅限于动产，不能一概而论。具体而言，土地、建筑物、设备、对外债权等变现周期长的，一般不属于方便执行财产，但仍以法院根据财产实际情况判断是否方便执行为准。如果债务人方便执行的财产已执行完毕，即使债务人还有其他难以回收或变现的财产没有被执行，仍构成"不能清偿"。

案例：【（2015）黔高民初字第 14 号 】

关于 A 公司、B 公司、C 公司、D 集团是否应在该案中对 E 公司欠付的款项承担责任及承担何种责任的问题。人民法院认为，A公司、B公司、D集团在E公司可以执行的动产和其他方便执行的财产执行完毕后，该案债务仍未得到清偿的情况下，应在其未出资范围内对E公司不能清偿的部分承担补充赔偿责任。第一，E公司的工商登记信息显示，E公司注册资本为20亿元，四个股东实缴出资4亿元，尚有16亿元未缴足。根据《最高人民法院关于适用〈中华人民共和国公司法〉若干问题的规定（三）》第十三条第二款"公司债权人请求未履行或者未全面履行出资义务的股东在未出资本息范围内对公司债务不能清偿的部分承担补充赔偿责任的，人民法院应予支持"之规定，E公司未全面履行出资义务的股东，应对E公司的债务承担补充赔偿责任。第二，根据上述司法解释的规定，股东应在其未出资范围内对公司债务不能清偿的部分承担补偿性责任，以及根据《最高人民法院关于适用〈中华人民共和国担保法〉若干问题的解释》（现已失效）第一百三十一条的规定，"不能清偿"是指对债务人的存款、现金、有价证券、成品、半成品、原材料、交通工具等可以执行的动产和其他方便执行的财产执行完毕后，债务仍未能得到清偿的状态。故E公司未全面履行出资义务的股东在E公司可以执行的动产和其他方便执行的财产执行完毕后，该案债务仍未得到清偿的情况下，应在其未出资本息范围内对不能清偿的部分承担责任。

综上，"方便执行"标准虽然降低了债权人向出资不实股东请求清偿的门槛，但其对"方便"的概念、边界等并没有统一的标准，存在很大争议，各级法院引用该概念判决的很少。

（四）注意的问题之三：股东未履行或未全面履行出资义务的举证责任问题

一种观点认为，由于公司掌握着股东出资的财务资料，从公平的角度出发，应由公司承担举证责任；另一种观点认为，民事诉讼的基本原则是"谁主张、谁举证"，因此应该由原告方举证。

根据"谁主张、谁举证"的一般原则，债权人主张公司股东出资不到位，应承担相应的举证责任。但由于出资的主要证据材料应当保存在公司或出资人手中，债权人取证在事实上存在困难，根据《最高人民法院关于民事诉讼证据的若干规定》第四十八条"控制书证的当事人无正当理由拒不提交书证的，人民法院可以认定对方当事人所主张的书证内容为真实"的规定，对于股东出资是否到位，原则上应当由债务人（包括公司和股东）负举证责任。因此，在司法实践中，对债权人的举证责任要求不宜严苛，只要其能举出能使人对股东出资产生合理怀疑的表面证据或者证据线索，法院应要求债务人提供相关证据证明其不存在虚假出资。

《最高人民法院关于适用〈中华人民共和国公司法〉若干问题的规定（三）》第二十条规定："当事人之间对是否已履行出资义务发生争议，原告提供对股东履行出资义务产生合理怀疑证据的，被告股东应当就其已履行出资义务承担举证责任。"因此，原告应提供产生合理怀疑的证据，被告股东应就其已履行出资义务承担举证责任。

【参考案例】（2014）川民终字第 125 号。

第二节　建筑企业股权确认纠纷的合规与风险管控

股权确认即股东资格确认。因股东资格引发的股权确认纠纷是较为常见的，股东资格的认定主要存在于有限责任公司，股份有限公司的股东资格以是否持有公司发行的股票为认定标准。建筑公司的股权资格确认纠纷主要分为以下几种类型。

一、建筑企业中股东与股东之间因出资产生的股权确认纠纷

股东与股东之间因出资产生的股权确认纠纷通常是指隐名出资的情况，即一般股东以他人名义出资，由他人作为挂名股东，但实际出资资金来源于该隐名股东。隐名股东与挂名股东之间签订隐名出资协议，约定挂名股东不享有实际权利，一切权利归隐名股东所有。当双方就隐名出资协议的效力发生争议时，就会出现股东确认纠纷。下面以一个案件为例进行分析。

【案情简介】A 公司于 2008 年 7 月 1 日正式注册成立，原告方先生原系持有该公司 75% 股权的股东及公司监事。原告由于个人原因不想继续作为公司的工商登记股东，在与公司其他股东商量后，于 2009 年 2 月 10 日，与红女士签订《股权代持协议》并约定："方先生将其持有的 A 公司 75% 的股权，暂时全数转让给红女士，待方先生需要时，红女士无条件将这 75% 的股权全数退回给方先生。"2009 年 2 月 1 日，双方签订《股权转让协议》并约定，方先生将其持有的 A 公司的 75% 股权以 75 万元转让给红女士。由于双方真实意思表示为代持，因此红女士并未支付 75 万元股权转让款。工商变更登记手续完成后，工商登记股东为红女士持 75% 股权、任公司监事，萍女士持 25% 股权、任公司执行董事，案外人殷某某任公司总经理。

后自 2009 年 12 月开始，原告一直要求红女士履行合约中的承诺，归还代持的 75% 股权，但由于案外人殷某某的干预，双方始终没有达成一致。2011 年 2 月 25 日，红女士、萍女士在原告完全不知情的情况下，与卓先生、全先生达成协议：①决定对 A 公司增资扩股 10 万元，增资后 A 公司注册资本为 210 万元；②增资后持股比例分别为红女士代原告持有的股份被稀释为 35.71%，萍女士持有 1.90%，卓先生持有 30%，全先生持有 22.39%；③选举萍女士、卓先生、全先生为董事，萍女士担任董事长，红女士担任公

司监事。并于 2011 年 3 月 1 日完成了有关工商登记手续。

原告认为，原告为持有 75%A 公司股权的隐名股东，红女士、萍女士在未知会原告、未获得原告同意的情况下与卓先生、全先生等协商增资，红女士系无权处分；卓先生、全先生等在增资时明知原告方先生系 A 公司的实际出资人及隐名股东仍参与增资，不适用善意取得，系恶意增资；且 A 公司成立后，原告一直参与公司经营管理并承担经营风险，并多次向 A 公司投资，累计投资金额达 2000 多万元，增资时公司净资产早已超过原注册资本金 100 万元，已发生的增资行为严重稀释了原告的股权。因此原告请求判令以红女士名义持有的 A 公司的 75% 股权为方先生所有，增资决议无效；并判令 5 名被告协助原告办理股权工商变更登记手续。

【法院判决】原告方先生为实际出资人，与红女士签订的协议未约定股权转让款，又约定"暂时全数转让"和"无条件退回"，可以认定双方当时的真实意思表示应为代持，而非转让，故红女士所持有的股权实为方先生所有。卓先生、全先生增资入股时属于公司和股东以外的第三人，因工商登记对外的公示效力，其两人足以相信萍女士和红女士均为 A 公司的真实股东，有权对各自所持有的股权进行处分，而原告并无证据证明其两人知晓红女士当时所持有的 75% 股权实为原告所有，故该两人增资善意。卓先生和全先生增资入股前，A 公司的利润已由萍女士和红女士分配完毕，以每股一元的价格确定该两人持股比例应属合理，且其成为 A 公司股东已依法办理了工商登记手续，故该两人获得 A 公司股权合法有效。则 A 公司 2011 年 2 月 25 日关于增资的股东会决议有效，红女士持有的 A 公司的股权份额为 35.71%，此股权实为原告所有，但因原告不要求法院对此份额作出确认，故不作处理。且由于萍女士、卓先生和全先生均不同意原告显名，故对原告要求五被告办理工商变更手续的诉请不予支持。据此，一审法院驳回原告所有诉讼请求。

【案例点评】在实践中，出于种种考虑，投资人会选择以隐名股东的身份对公司投资。但是由于现有法律法规对隐名股东权益的规定较少，因此也产生了一系列的问题。正如该案中的原告，即便可以确认其隐名股东的身份，但在显名股东无法处分其股权后很难追回所受损失。该案中法律关系的确定共分为三个层次：第一，原告隐名股东身份的确认；第二，显名股东处分其代持股权的行为是否为无权处分；第三，若系无权处分，则无权处分后的受益股东是否适用善意取得制度。

（一）隐名股东股权确认及显名要求的处理

《最高人民法院关于适用〈中华人民共和国公司法〉若干问题的规定（三）》第二十四条规定："有限责任公司的实际出资人与名义出资人订立合同，约定由实际出资人出资并享有投资权益，以名义出资人为名义股东，实际出资人与名义股东对该合同效力发生争议的，如无法律规定的无效情形，人民法院应当认定该合同有效。前款规定的实际出资人与名义股东因投资权益的归属发生争议，实际出资人以其实际履行了出资义务为由向名义股东主张权利的，人民法院应予支持。名义股东以公司股东名册记载、公司登记机关登记为由否认实际出资人权利的，人民法院不予支持。实际出资人未经公司其他股东半数以上同意，请求公司变更股东、签发出资证明书、记载于股东名册、记载于公司章程并办理公司登记机关登记的，人民法院不予支持。"

《上海市高级人民法院关于审理涉及公司诉讼案件若干问题的处理意见（一）》第1条规定："当事人之间约定以一方名义出资（显名投资）、另一方实际出资（隐名投资）的，此约定对公司并不产生效力；实际出资人不得向公司主张行使股东权利，只能首先提起确权诉讼。有限责任公司半数以上其他股东明知实际出资人出资，并且公司一直认可其以实际股东的身份行使权利的，如无其他违背法律法规规定的情形，人民法院可以确认实际出资人对公司享有股权。"

因此，根据现有的对确定隐名股东身份的法律法规的规定，可以看出，隐名股东和显名股东之间的关系应该属于个人之间的合同关系，对公司不产生效力。隐名股东与显名股东发生争议，应首先提起确权之诉，而不能直接向公司要求相应股东权利；但即便确权的请求得到法院认可，仍可能面临隐名股东无法显名的风险，即此时仍需公司其他股东过半数同意其显名，该对外效力的股东名册上的股东。在实践中，其他股东的同意可在庭审前由当事人自行获得，也可以在庭审中由法官询问其他股东的意见，由此来判断是否已征得过半数股东同意。

在该案中，原告方先生与被告红女士签署一份协议，但基于该合同并无名称，内容亦相对较简单，因此法院需首先确定原、被告之间是否真实存在代持关系。一、二审法院经过审理后，对原、被告之间存在代持关系均予以确认，但由于除被告红女士之外的3个股东均不同意原告显名，则原告要求被告等协助办理工商登记变更手续的诉讼请求无法得到支持。

（二）显名股东无权处分行为的认定

《最高人民法院关于适用〈中华人民共和国公司法〉若干问题的规定（三）》第二十五条规定："名义股东将登记于其名下的股权转让、质押或者以其他方式处分，实际出资人以其对于股权享有实际权利为由，请求认定处分股权行为无效的，人民法院可以参照《民法典》第三百一十一条的规定处理。名义股东处分股权造成实际出资人损失，实际出资人请求名义股东承担赔偿责任的，人民法院应予支持。"

《民法典》第三百一十一条规定："无处分权人将不动产或者动产转让给受让人的，所有权人有权追回；除法律另有规定外，符合下列情形的，受让人取得该不动产或者动产的所有权：（一）受让人受让该不动产或者动产时是善意的；（二）以合理的价格转让；（三）转让的不动产或者动产依照法律规定应当登记的已经登记，不需要登记的已经交付给受让人。受让人依照前款规定取得不动产或者动产的所有权的，原所有权人有权向无处分权人请求损害赔偿。当事人善意取得其他物权的，参照适用前两款规定。"

从以上法律规定可知，显名股东处分其代持的股权，若没有得到隐名股东同意，则隐名股东可以追究显名股东的责任，但若要请求确认处分行为无效，则要先判断受让人是否使用善意取得制度。

在实践中，投资人以隐名股东的形式投资多是出于身份的考虑，但这仍然是正常的投资行为，自然大多会希望收到投资的相应回报。但由于投资利润回报属于不确定的间接收益范畴，因此当显名股东无权处分了代持股权，隐名股东若只能向显名股东追究损失，将很难确定究竟损失几何。而隐名股东在请求法院确认处分行为无效的问题上，仍然面临相当大的困难，因为隐名股东需要证明受让人系"明知"这个主观意识。

在该案中，原告提交增资人卓先生、全先生在另案判决中的证言（证明该两人认可原告方先生系 A 公司股东），多名职工的证言等以证明增资人系恶意，但并没有得到法院认可，原告同时要求法院进行司法审计以证明增资时 A 公司利润远不限于注册资本的金额，因此两人以一元一股的金额增资系恶意，但法院认为被告提供的证据足以证明在增资前该公司的利润已经分配完毕，因此并不予进行司法审计。综合前述考虑，法院认定卓先生、全先生两人增资 A 公司系善意，适用《民法典》第三百一十一条的规定。

（三）该案中原告败诉引发的思考

该案最终认定原告确为隐名股东，但由于原告无法提供充足的证据证明被告卓先生、全先生系恶意增资，因此原告在该案中的诉请无法得到支持。但该案仍有值得我们思考的地方。

首先，投资人在考虑是否成为隐名股东的过程中，需注意以下风险点：①由于代持关系仅局限于隐名股东和显名股东之间，与公司无关，因此若出现显名股东无权处分的情况，其无权处分行为较易适用善意取得制度，隐名股东只能向显名股东追究责任，而无权要回股权；②隐名股东要求显名的条件较难达到，若隐名股东在隐名后想要显名，需得到公司其他股东过半数以上同意，或者其他股东过半数明知其为实际投资人并且其实际参与管理公司，在前述两种情况下方可以显名、享有股权。但在实践中，出于种种考虑，公司的其他股东在绝大多数情况下并不愿意隐名股东显名，则该隐名股东的权益很难得到保障。

其次，投资人在签订代持股权协议时应当注意，代持关系必须以清晰、无异议的语言表达出来，其中，代持方无须支付对价的意思必须表达明确。同时，代持协议中还应清楚地约定代持期限、归还方式及违约责任，以便产生纠纷时有所凭据。该案中的代持协议约定得较为简略，因此对代持期限、被告的违约责任方面的认定产生了较大的困扰，同时，由于未明确约定代持期限，原告要求被告归还代持股权的争议期间长达近两年，并直接导致了被告红女士无权处分代持股权行为的产生，致使原告遭受损失。

最后，在处理此类案件的过程中需注意诉讼请求的设置。由于证明增资人、受让人系明知显名股东无权处分仍恶意增资或受让比较困难，因此在没有办法充分证明的情况下，应在设置诉讼请求时注意保护当事人的最大利益，即应分两个层次设置，第一层为确认相关股权权益归隐名股东所有，同时追究显名股东的违约责任，第二层再行请求确认无权处分行为无效。同时，需提示当事人若坚持请求无权处分行为无效可能无法得到支持的风险。在该案中，由于法院确认增资人系善意，且公司其他股东不同意原告显名，则原告无法通过撤销决议或显名来保护自身利益，仅可以确认原告系增资后公司 35.71% 股权的实际投资人。但由于在提示过前述风险后，原告坚持若非确认公司的 75% 的股权系其所有，则其不需要确认 35.71% 的股权权益，则原告的诉讼请求全部没有得到支持。原告若想要再行追究被告红女士的责任，需另案起诉且耗时更为漫长。

【参考案例】（2021）最高法民申 4174 号；（2021）最高法民申 1074 号。

二、建筑企业中股东与公司之间的股权确认纠纷

有时股东与他人之间不存在股权归属争议，但公司不承认股东享有股权。《公司法》规定公司应当备置股东名册，股东可以凭借股东名册上的记载，证明其股东身份，从而向公司主张权利，股东也可以凭借股东名册的记载，向他人主张其股东身份，拒绝他人的不合理请求，如果出资或者股权转让没有在股东名册中进行相应记载，公司可以拒绝实际出资人或者股权受让人主张股权，这样也会产生纠纷引发诉讼。通过分析以下案例可说明这一问题。

案例：【（2018）京 0112 民初 12304 号】

A 公司原名称为某建筑集团，原为集体所有制企业。1999 年 11 月 25 日，某市某区某镇农工商联合公司（甲方）与季某某（乙方）签订《资产有偿转让协议》，约定甲方将所属的某建筑集团的净资产（不含土地使用权）一次性有偿转让给乙方，转让金额为 2762.75 万元。协议生效后，某建筑集团现有债权、债务全部转移给乙方承担，甲方不再承担债务或为乙方承担债务担保。此外，协议还约定了其他事项。2000 年，A 公司由集体所有制企业改制为有限责任公司，注册资本 6000 万元，《企业改制登记注册书》中显示 A 公司共有自然人股东 50 人，出资方式为购买净资产，其中 L 某某出资 180 万元，占 A 公司股份的 3%。

A 公司称，L 某某实际并未出资，《企业改制登记注册书》中 L 某某的签名系他人代签，L 某某不是 A 公司股东。L 某某称，改制时其任 A 公司第九工程处处长，A 公司向其派发股份，无须出资，签名系他人代签。

另查，A 公司将 L 某某、C 某某、G 某某、Z 某某诉至法院，要求确认其四人不是

A 公司股东，之后法院作出判决，依法确认上述四人不是 A 公司股东。

上述事实，有《企业改制登记注册审核表》《企业改制登记注册书》《资产有偿转让协议》及双方当事人的陈述等证据在案佐证。

L 某某称其股份是由 A 公司派股所得，不需要出资，对此 A 公司不予认可，而根据 A 公司《企业改制登记注册书》中显示，股东出资方式为购买净资产，并非派股，L 某某亦未提供证据证明派股的事实，故对于 L 某某的上述意见，法院不予采纳。L 某某并未实际出资，且《企业改制登记注册书》中 L 某某的签名非本人所签，故法院确认 L 某某不是 A 公司股东，对于 A 公司的诉讼请求，法院予以支持。

综上，根据《民法通则》（已失效）第五十五条第（二）项、《民事诉讼法》（2017 修正，现已被修改）第六十四条第一款的规定，判决：确认被告 L 某某不是 A 公司的股东。

第三节　建筑企业股权转让纠纷的合规与风险防控

股权转让纠纷，即股权在转让过程中所发生的纠纷，包括股东之间转让股权、股东与非股东间转让股权的纠纷。近年来，建筑行业内的资质申报越来越难，尤其是住房和城乡建设部于 2021 年 12 月 13 日发布《住房和城乡建设部办公厅关于建设工程企业资质统一延续有关事项的通知》（建办市函〔2021〕510 号），意味着资质申报可能还要继续停办，因此，许多企业只能通过收购建筑企业股权的方式获取资质，其实质就是股权转让。

一、建筑公司的股权转让和资质转让

（一）一般公司股权转让的方式

1. 内部转让

对有限责任公司来说，股东之间股权的转让只会影响出资比例，而不会影响彼此之间的信任基础，所以要求不是很严格，一般有三种情形：一是股东之间自由转让，无须经股东会的同意；二是原则上公司章程可以对股东之间转让股权附加其他条件；三是规定股东之间转让股权必须经股东会同意。

2. 外部转让

（1）法定限制。是一种强制限制，在立法上直接规定股权转让的限制条件。股权的转让，特别是向公司外第三人的转让，必须符合法律的规定方能有效。

（2）约定限制。是一种自主限制，其基本特点就是法律不对转让限制作出硬性要求，而是将此问题交由股东自行处理，允许公司通过章程或合同等形式对股权转让作出具体限制。

3. 股权变更

（1）股权转让时需要缔结协议，股权转让完成后，目标公司应当注销原股东的出资证明书，向新加入股东签发出资证明书，并需要修改公司章程和股东名册中有关股东的姓名、住处、出资额等的内容，也包括这个在法律上有明确的其他规定。

（2）有限责任公司变更股东的，应当自股东发生变动之日起30日内至工商部门办理变更登记。需要强调的是，变更登记的同时应提交新股东的法人资格证明或自然人的身份证明及修改后的公司章程。

（二）建筑企业资质转让的方式

1. 资质整体转让

众所周知，资质转让需要依托于建筑公司的交易，只有这样才能完成合法的资质变更，所以如何转让股权成为企业关注的目标。资质整体转让就是变更企业所有股权，将公司整体进行转让，继而收购方可以获得建筑公司名下的所有资产。

资质整体转让的优势在于办理手续高效便利，可继承原公司的注册人员、安全生产许可证书和工程业绩等，若是人员手续齐全，在转让后可以立即参加招标投标。

不过资质整体转让通常只能用于当地建筑公司的转让，收购方可选择的建筑公司较少，而且在转让的过程中还可能伴随着不良资产一起变更，例如债务纠纷、不良记录等，收购方需要花时间对建筑公司进行调查。

2. 资质分立

近年来资质转让市场火爆，想找到一个符合心意的建筑公司可不是一件容易事，想要快速匹配到合适的资源，就要到全国各地寻找目标，资质转让的目标如果是其他省份的建筑公司，则需要对企业资质进行剥离，这种方式被称作资质分立。

资质分立要先对资质进行剥离，因此操作手续相对其他方式而言更为繁琐，而且资质在平移到外地后不再保留原公司的工程业绩，企业还要另行办理安全生产许可证。不过资质分立也有自己的优点：转让的公司相对更干净，不用担心债务纠纷问题。

3. 部分股权转让

部分股权转让和资质整体转让有些许类似的地方，同样都是收购建筑公司股权，不过区别在于部分股权转让并非收购全部股权，目的只是成为公司股东，有权使用公司资质。但是在收购部分股权之后，若是建筑公司存在债权债务纠纷，那么收购方也要承担部分责任。

二、建筑公司股权转让的风险及建议

（一）建筑公司股权转让的风险

1. 税务方面风险

一般情况下，注册资本在 500 万以下的公司不会经常成为税务机关关注的重点，通常一些小公司不会依法纳税。所以，如果收购的公司注册资本比较少，一定要特别关注其税务问题，弄清其是否足额以及按时缴纳了税款。否则，可能会被税务机关查处，刚购买的公司可能没多久就被吊销了营业执照。

2. 法律方面风险

转让建筑资质本质上是转让建筑公司股权，当涉及签订公司股权转让合同时，就会牵扯到许多法律问题，如果企业没有制定合同的经验，很容易被对方钻合同漏洞。转让协议，建筑公司转让，需要转让双方签订协议，明确各自的权责。而在协议签订之前，就应该确定好转让费用、转让方式等敏感内容。特别是公司债务问题，一定要标注清楚让原公司承担，如果一旦因为存在隐形债务还可以凭借协议追责。

3. 债务情况

对于所有的公司转让，债务问题都是需要特别注意的，同样地，如果建筑公司转让，其所背负的债务，也就一起转给了收购方，所以转让之前一定要注意原公司是否存在债务问题。

4. 资质种类

建筑公司想要开展业务，就得拥有相应的资质，而在收购公司的过程中，那些拥有资质的无疑更加值得青睐，价格也会高一些。在此提醒大家的是，由于资质种类的区别，在转让之前还需要根据需要选择拥有合适资质的公司。

5. 人员情况

了解建筑公司现有的人员情况，是转让后公司能够立即投入使用的关键。如果转让的建筑公司只剩下一个空壳子，没了相关的专业人员，那么不仅正常运转会有问题，连资质证书也可能因为人员不足而无法使用。

6. 不良资产

在建筑公司股权转让中，资质证书作为企业资产的一部分转移至收购方，但是愿意转让的建筑公司在经营的过程中容易存留一些不良资产和记录，例如债务问题、被记入经营异常名录等，这些资产和记录在股权转让后，也会与资质证书一同转移到收购方名下，一旦卷入债务纠纷中收购者反而得不偿失。

（二）风险防范的建议

1. 税务风险的防范

建筑资质属于企业的一种资格，因此，施工资质转让实际上是公司变更的一部分，在转让中需要与公司进行交易。但在此之前，必须首先改变股权，在股权变动的过程中，需要向税务机关申报纳税，涉及印花税、企业所得税、个人所得税，印花税只涉及转让，纳税是由企业所得税、个人所得税支付。至于应纳税额，这与注册资本和股权转让价格有关，因此合同中的股权转让价格也很重要。

2. 法律风险的防范

首先，在建筑公司股权转让前，要先聘请专业的律师事务所或会计师事务所，对目标公司的经营信息记录和财务、债务等问题进行详细的调查；其次，建议由专业的律师帮助制定合同，并提供法律服务。合同的内容应当遵循相关规定和要求，如果有不合法的内容则不受法律保护。有一点需要注意的是，转让方在交易过程中可能提供虚假的资料和信息，为防范转让方向受让方提供虚假的资料和信息的风险，受让方可要求转让方对其欺诈行为可能产生的未来债务作出保证或提供担保，例如向公证机关提存保证金。

此外，受让方还需注意以下几点：

（1）目标公司与债权人之间是否存在债权债务纠纷，是否达成解决方案和协议；

（2）目标公司是否与员工合法签订劳动合同、是否缴纳社会保险、是否按时支付员工工资等；

（3）明确目标公司的股东之间不存在股权转让和盈余分配方面的争议，保证签订的购买协议能够保证切实地履行。

3. 避免不良资产

收购方可以通过以下三种方式防范风险：

（1）在建筑公司股权转让前，聘请会计师事务所协助调查公司财务情况，确认无误后再进行转让；

（2）使用资质分立的方式，把资质证书分立到新注册的子公司中，以确保无不良资产再进行转让；

（3）在选择转让目标时，请资质代办机构协助，资质代办机构通常会提前处理好建筑公司的债务问题，然后直接提供无不良记录的建筑公司给有资质需求的企业挑选。

三、建筑公司股权转让办理流程

（一）建筑公司股权转让的程序

（1）开股东会。股东会是由全体股东组成的会议，如果要对第三人转让，必须召开股东会进行投票表决，征得其他股东同意。什么情况下股权可以对外转让呢？只要同意转让的股东人数占股东总人数的一半以上即可。如果这一步顺利，不但要形成股东会决议，还需要其他股东出具放弃优先购买权的证明。

（2）尽职调查。根据受让方的要求，聘请律师对目标公司的基本情况做尽职调查。

调查内容主要包括公司的基本注册信息、是否存在不良档案、是否受过行政处罚、是否有违法犯罪记录、是否存在债务纠纷、是否有潜在债务等。这些方面都需要引起重视，否则接手以后可能面临一些不必要的麻烦。另外，如果有需要，也可以聘请会计师和评估机构，对公司的资产等进行评估，以此了解其财产情况，计算股权价值。

（3）谈判协商。完成调查以后，双方可以开始进行协商，协商的内容主要有：股权转让价格、债权债务处理、合同内容等。关于转让价格，可以在调查评估的基础上，双方进行谈判，然后再签署股权转让协议。协议的签订，是股权转让过程中的重点，因为很多股权转让中的纠纷都是因为协议签订不当，导致容易产生漏洞，给某一方造成损失。因此，合同最好由律师起草，这样更可靠一些。

（4）工商变更。完成内部流程以后，修改公司章程，向新的股东颁发出资证明，最后再到工商行政部门进行变更登记。

（二）建筑公司股权变更所需的资料

（1）所有股东到市场监督管理局签字，带好身份证原件。

（2）准备工商材料：股权转让协议、老股东会决议、新股东会决议、新公司章程。

（3）市场监督管理局会将公司股权变更进行备案。

（4）工商变更后，如涉及法人变更，营业执照、法定代表人，也需要变更；

（5）变更税务登记证。

（三）建筑公司股权转让涉及的税费

（1）股权转让的双方要按 0.5‰ 税率缴纳印花税，对于股权转让所得，如果股东是自然人，要按 20% 税率缴纳个人所得税，如果是法人股东，要按 25% 税率缴纳企业所得税。

（2）购买股权的人 A 只需按照成交价格缴纳印花税，税率为 0.5‰。

（3）出售股权的人 B 以大于其初始投资数额出售的，则其差额按"财产转让所得"依 20% 税率缴纳个人所得税（如果是小于或等于其初始投资数额出售的，则不需要缴纳所得税），同时按照成交价缴纳印花税，税率为 0.5‰。

（4）股权转让双方都要按照实际成交额缴纳印花税。印花税是在签订了转让合同之后，双方去企业驻地地方税务局缴纳，凭完税证明去市场监督管理局办理股权变更手续。

（5）股东出让股权，一般来讲公司权益没有变化，企业一般不用缴纳所得税。

第四节　建筑企业股东权益纠纷的合规与风险防控

根据《公司法》第四条规定："公司股东依法享有资产收益、参与重大决策和选择管理者等权利"，当股东的权利受到损害时，股东可通过法律救济途径维护自身的合法权益。但是，在建筑企业中，股东滥用权利损害公司或其他股东的权益时，应当如何处理？

一、有限责任公司的股东权利

（1）知情权。中小股东要想维护自己的合法权益，首先应当对公司的情况有充分的了解。根据《公司法》第三十三条的规定，公司股东享有查阅、复制公司章程、股东会会议记录、董事会会议决议、监事会会议决议和财务会计报告的权利，这也是股东全面了解公司情况的首选方法。股东的这些权利是法定的，公司不能拒绝。

（2）召集和主持股东会会议的权利。

（3）依法转让股权的权利。根据《公司法》第七十一的规定，股东依法享有转让自己所持股权的权利，依法行使转让权也是股东保护自己合法权益的一种方式。

（4）优先购买权。

（5）依法请求公司按照合理的价格收购其股权的权利。

（6）以自己的名义维护公司和自己合法权益的权利。

（7）请求人民法院解散公司和要求清算的权利。

二、股份有限公司的股东权利

（1）知情权。在这一点上，股份有限公司的股东与有限责任公司的股东的权利行使方式没有差别。

（2）召集和主持股东大会会议的权利。股份有限公司的中小股东在行使这一权利时与有限责任公司的股东稍有不同。

根据《公司法》第一百零一条的规定，当董事会不能履行或者不履行召集股东大会会议职责的，监事会又不召集和主持的，连续90日以上单独或者合计持有公司10%以上股份的股东可以自行召集和主持。这里对中小股东的持股时间有个限制，即需连续持股90日以上。这是为了防止一些股东为了自己的利益而采用临时购买的方式使其持股份额达到这一比例而作的规定。

（3）提案权。股份有限公司的中小股东应当充分利用这一规定，行使提案权，以最大限度地为自己争取权利。

（4）充分利用累积投票制选举自己信任的董事。根据《公司法》第一百零五条的规定，股东大会选举董事、监事，可以依照公司章程的规定或者股东大会的决议，实行累积投票制。

（5）委托代理人行使表决权。根据《公司法》第一百零六条的规定，股东可以委托代理人出席股东大会会议，代理人应当向公司提交股东授权委托书，并在授权范围内行使表决权。

（6）依法转让股份的权利。除《公司法》第一百四十一条规定的情形外，股东持有的股份可以依法转让。该种转让因其所持股份为记名或者无记名而有所不同。无记名股票只要在法定交易场所完成交付即可，记名股票则需要根据法律的规定履行完相关手续后才能发生转让的效力。

（7）以自己的名义维护自己及公司合法权益的权利。股份有限公司的股东在行使该权利时与有限责任公司股东的不同有二：一是有权提起诉讼请求的股东为连续 180 日以上单独或者合计持有公司 1% 以上股份的股东；二是根据《证券法》第四十四条的规定，上市公司董事、监事、高级管理人员、持有 5% 以上股份的股东，将其持有的该公司的股票或者其他具有股权性质的证券在买入后 6 个月内卖出，或者在卖出后 6 个月内又买入，由此所得收益归该公司所有，公司董事会应当收回其所得收益。

（8）请求人民法院解散公司和要求清算的权利。该权利与有限责任公司的股东没有差别，只不过在分配剩余财产时是按照股东持有的股份比例进行分配的。

三、建筑企业中股东滥用权利的案例分析

2014 年 9 月 30 日，A 公司与 B 公司及原审第三人 C 公司损害股东利益责任纠纷一案，经过省高级人民法院一审、最高人民法院二审，原告申请再审，最高人民法院驳回再审申请告一段落。作为最高人民法院审理的案件，此案判决对审理股东间股东权益纠纷具有指导性意义，明确了公司独立人格下，股东间发生利益纠纷时直接诉讼及股东代表诉讼的适用情形。

（一）案情简介

C 公司在 2002 年至 2006 年经增资扩股后，共有六家股东，其中 B 公司持股 49.7% 为第一大股东、A 公司持股 33.3% 为第二大股东，其他四家股东分别持股 1.53% ~ 9.21% 不等。2006 年 11 月 9 日，C 公司拟与 D 公司达成合作协议，将 C 公司 70 亩土地及附属物的所有权、开发权转让给 D 公司并进行合作。为此，C 公司董事会向各股东致函，要求各股东针对 C 公司与 D 公司的合作开发事项进行表决，除一小股东弃权未表决外，其余五家股东均向 C 公司董事会送达了表决意见，其中 B 公司等三家股东投赞成票（共持有 61.24% 的股份）；A 公司等两家股东投反对票（共持有 34.83% 的股份）。根据这一表决结果，C 公司形成股东会决议（落款为 "C 公司董事会，董事长邹某"，并加盖度假村公司公章），确定同意合作开发事项。之后，C 公司与 D 公司签订《合作开发协议》及补充协议、备忘录等文件，约定 C 公司将其 70 亩土地及地上建筑物的所有权和开发

权交给 D 公司，作价 8033 万元。其后，D 公司按合同履行了相关付款义务。但自 2008 年 3 月开始，双方因 C 公司 70 亩土地过户问题产生纠纷，相关案件历经二审，最终判决 C 公司将 70.26 亩土地过户到 D 公司名下，并向 D 公司支付 1000 万元违约金。

A 公司认为，邹某既担任 C 公司董事长，也担任 B 公司董事长，且 B 公司不顾其他股东的反对意见，决定 C 公司与 D 公司合作，导致了 C 公司数亿元的损失。故就上述 C 公司的股东会决议向某市人民法院提起撤销之诉。该案历经一、二审，后又发回重审，最终 A 公司于 2011 年撤回起诉。

另外，A 公司向某省高级人民法院提起侵害股东利益责任诉讼，以 B 公司滥用股东权利，损害其利益为由，请求 B 公司赔偿其损失，具体损失计算为：

（1）C 公司过户给 D 公司 70.26 亩土地的土地使用权中 A 公司相应份额；

（2）C 公司应付 D 公司 1000 万元违约金。

（二）法院观点

1. 高级人民法院一审

C 公司股东会决议未达到《公司法》（2005 年修订，现已被修改）第四十四条所规定的代表 2/3 以上表决权的股东通过，B 公司利用其董事长邹某同时担任 C 公司董事长的条件以及掌管 C 公司公章的权力自行制作 C 公司股东会决议，系滥用股东权利，并由此侵犯了 A 公司的合法权益，因该次合作造成的损失应由 B 公司进行赔偿。关于 A 公司的损失，某省高级人民法院以该宗土地《评估报告》所得金额与 C 公司转让差额，乘以 A 公司持股比例 33.30% 予以确定，即为 458.139435 万元。而 C 公司应付 D 公司违约金尚未支付，损失尚未发生，故对 A 公司该部分主张不予支持。

后 A 公司与 B 公司均不服一审法院判决，向最高人民法院提起上诉。

2. 最高人民法院二审

C 公司与 D 公司进行的"土地开发合作事宜"属于公司一般性经营活动，是一系列正常开发行为，我国《公司法》及 C 公司章程并未规定该决议必须经代表 2/3 以上表决权的股东通过，且 C 公司形成股东会决议过程中，B 公司作为公司股东作出的赞成表决并无不当，尽管大股东 B 公司的法定代表人同时担任 C 公司董事会的董事长，但此"双重职务身份"并不为我国《公司法》及相关法律法规所禁止，在没有证据证明公司与其股东之间存在利益输送的情况下，"董事长同意"并不自然导致"人格混同"之情形，故不能据此得出 B 公司的表决行为损害了 C 公司及其股东 A 公司利益的结论。

对于 A 公司主张由 B 公司赔偿其相应的损失，该院认为 C 公司在该合作开发项目中的损失不属于该案审理的范围，且即使该损失存在，请求该项"损失"救济的权利人应是 C 公司，而非 A 公司，如 A 公司代 C 公司主张权利，则诉讼权利受益人仍是 C 公司，这与该案不属于同一法律关系，亦不属于该案审理范围。

最终，最高人民法院认定 B 公司并不存在滥用股东权利的行为，撤销高级人民法院一审判决，并驳回 A 公司的诉讼请求。A 公司不服二审判决，向最高人民法院申请再审，再审裁定驳回 A 公司的再审申请。

（三）实务分析

1. 股东滥用权利的确定

关于股东滥用权利，我国《公司法》第二十条规定："公司股东应当遵守法律、行政法规和公司章程，依法行使股东权利，不得滥用股东权利损害公司或者其他股东的利益。"该案中，最高人民法院在认定 B 公司行使表决权是否构成滥用股东权利的问题上便依据了上述规定，认为该案"土地开发合作事宜"属于公司一般性经营活动，《公司法》及 C 公司章程并未规定该决议必须经代表 2/3 以上表决权的股东通过，并且《公司法》第四条规定："公司股东依法享有资产收益、参与重大决策和选择管理者等权利。"第四十二条规定："股东会会议由股东按照出资比例行使表决权；但是，公司章程另有规定的除外。"股东就股东会会议讨论的事项行使表决权，是股东的基本权利，也是股权的基本权能。除非法律明确规定，就特定事项股东需要回避表决，否则股东均有权行使表决权。由此，B 公司在股东会上行使表决权，是其作为公司股东正常行使权利的行为，非滥用股东权利。

2. "损失"的界定

依据公司制度的基本原理，股东出资设立了公司，但公司有自己独立的人格，其享有的财产和权益并不属于股东。一方面，公司是股东创造财富的企业形式和创业工具。股东依法参与公司经营，通过正当程序，实现股权中的收益权，但其无权直接分割公司的财产、获取属于公司的利益。否则，不仅侵害了公司内部其他主体的合法权益，还直接损害了外部债权人的利益，以及间接损害社会公共秩序和公共利益（如竞争秩序、税收秩序等）。另一方面，公司的民事责任亦应由其独立承担，包括投资失败的损失。如不存在滥用有限责任及股东权利的行为，股东对于公司的经营损失不承担任何赔偿责任，股东仅以其出资额承担有限责任。

就该案而言，即使 C 公司与 D 公司的投资合作失败，其损失也应由 C 公司独自承担。A 公司以其享有 C 公司的股权比例为依据，要求股东 B 公司赔偿其损失，既混淆了"损失"承受的主体，也违反了股东仅以其出资承担有限责任的基本原则。显然，其诉讼请求没有法律依据，故予以驳回。

3. 股东滥用股东权利侵害公司利益，该如何处理

与该案类似，实践中也常有股东直接以自己的名义起诉其他股东或公司的债务人，要求按股权比例赔偿损失或清收债务的案例，这些诉讼行为均是违反《公司法》基本原理的，法院均会予以驳回。但是，如果股东出于维护公司合法权益的目的，在公司不能及时主张权利的情况下，股东可以代公司提起诉讼，并由公司享有诉讼利益。这便是《公司法》第一百五十一条规定的"股东代表诉讼"，其诉讼利益归属于公司，股东也会间

接受益于公司的利益。

因此，在股东滥用权利纠纷中，可能涉及股东会决议效力之诉、股东直接诉讼、股东代表诉讼等多种救济途径，如不能选择正确的救济途径，非但无法达到期望的目的，反而可能因延误最好的诉讼时机而错过挽回损失的最佳机会。

总之，建筑企业若要防范股东纠纷风险，必须合法合规经营，严格按照法律法规规章以及公司章程规定的程序操作，否则会带来难以估量的损失。

第九章

建筑企业融资的合规与风险防控

资金对任何企业而言都非常重要，是一个企业能够正常运营的重要基础，当然建筑企业也不例外。作为建筑企业，在实际的运营过程中，无疑会遇到各种各样的问题，比如：上下游错综复杂的法律关系、施工合同履约周期长、施工合同约定的建设内容复杂、垫资情况严重、资金占用金额较大且时间长、过程中的进度款项支付比例较低、建设单位拖延支付工程价款等。而且，建筑施工企业所涉及的人和事复杂，导致工程款的结算复杂、建设单位的支付过程繁杂，比如工程款的结算往往牵扯到工程的验收、工程量的核算、多方主体的签字盖章确认等，就算结算完成，还会遭遇建设单位的审批确认流程拖延的问题。

上述种种的现实问题都会导致建筑企业对资金的需求更为渴望，面对巨大的资金周转压力，建筑施工企业除了从建设单位收取工程款之外，还需要从融资的途径获取更多的流动性资金，只有以充足的资金作为坚实的后盾，才能保证工程进度如期完成，维持建筑施工企业的正常经营管理的平衡，比如施工人员的薪酬发放、下游材料供应商的材料款支付等。

建筑施工企业需要通过融资的方式获取更多的资金，来满足经营管理中的各项需求，维持建筑施工企业的正常运营。开拓融资路径，必然是建筑施工企业需要重点研究的课题，当然融资过程中的合规以及法律上的风险防控也尤为重要，以免融资成为建筑施工企业运营中的累赘。本章将重点阐述常见的建筑施工企业融资路径，并分析其中重点法律风险防控点。

第一节　建筑企业融资的合规风险

一、建筑施工企业融资渠道

建筑企业融资渠道概括起来主要有五类：一是债权融资，二是股权融资，三是内部融资和贸易融资，四是项目融资和政策融资，五是信托融资。

（一）债权类融资

1.银行贷款融资

企业是银行的重要潜在客户，一方面，银行通过吸收存款来获得资金，再放贷给资信情况较好的客户，实现资金的流通，从而取得较高的利息收入，赚取存款利息与贷款利息之间的差价；另一方面，银行也希望企业客户能够在银行办理其他的业务，比如开设账户、存款、结算等。

银行贷款是建筑施工企业常用的融资渠道之一，由建筑施工企业提供申报材料，由银行一次性审批，贷款手续比较简单，融资的成本根据市场行情确定，成本不会特别高。当然银行一般对企业也是有一定的考核标准的，因此建筑施工企业需要跟银行建立良好的关系，向银行展示良好的企业形象，比如规范的内部治理机构、健全的财务管理制度、良好的财务状况和诚信记录等，以期获得银行的信用贷款。

2. 债券融资

关于债券融资，住房和城乡建设部在 2020 年 8 月 28 日发布的《住房和城乡建设部等部门关于加快新型建筑工业化发展的若干意见》中曾经提及，支持新型建筑工业化企业通过发行企业债券、公司债券等方式开展融资。这就说明了，债券融资可以并且需要成为建筑施工企业融资方式之一。

企业债券是企业依照法定程序发行，约定在一定期限内还本付息的债券。公司债券的发行主体是股份公司，但是非股份公司的企业也可以发行债券。通常理解，公司债券和企业发行的债券合在一起，可直接称为企业债券。

3. 民间借贷

民间借贷在民营企业当中非常普遍，是指自然人之间、自然人与法人或其他组织之间，以及法人或其他组织相互之间，以货币进行资金借贷的行为。

金融机构的借贷不同于民间借贷，因为金融机构是经金融监管部门批准设立的从事贷款业务的主体，可以从事贷款等资金融通的行为，其资金融通行为需要严格遵守金融监管部门制定的相关政策，这种金融机构的资金融通不属于民间借贷的范畴。

民间借贷的操作程序非常简单，其存在的重要基础是信用，尤其在中小型民营的建筑施工企业领域，公司老板之间业务往来密切，私下的交情比较深，基于对公司老板个人的信任以及公司整体经营状况的了解，会存在比较多的民间借贷行为。但是，大多数的民间借贷，其金额不会太高、借款期限也不会太长。

实践中的民间借贷，因不规范导致的纠纷时有发生，特别是借款利率，有些已经突破法律的保护范围，过高的借款利率无疑会增加建筑施工企业的负担。同时，正如之前所述，民营企业的老板法律意识淡薄，基于相互之间的信任会互为担保，个人债务与公司债务牵扯不清，会造成连带债务缠身。

4. 融资租赁

在建筑施工企业的运营管理中，材料和机械设备成本占企业运营总成本相当大的比例，涉及资金需求量巨大。融资租赁是指出租人根据企业对所需建筑设备和对供货商的选择，出资向供货商购买并租给企业使用，企业按照租赁合同约定，分期、按时、足额支付租金的一种融资模式。在租赁期间，设备所有权归出租方，使用权归企业，出租方不承担因设备本身瑕疵所造成的风险；租赁期满后，如企业按约定支付完所有租金，设备所有权归企业。

实践中，融资租赁业务比银行信贷、股权融资具有更多优势，比如操作程序简单、操作模式灵活、税收政策优惠多等，通过直接融资租赁引入设备，并通过售后返租等形式盘活存量资产。但是融资租赁也存在一定的风险性，根据《金融租赁公司管理办法》等相关的法律法规，融资租赁的风险就在于租赁物所有权与使用权的分离，建筑企业因支付租金困难而违约时，出租方可轻易收回租赁物所有权；围绕租赁物所发生的侵权事故，建筑企业却要承担全部的责任。

5. 信用担保融资

信用担保融资跟民间借贷、金融借款有点类似，是将商业信誉、企业负责人的个人信誉和资产担保等结合在一起，借助信用担保进行融资的行为。

（二）股权类融资

1. IPO 融资

建筑施工企业登录证券市场，成为上市公司的情况下，可以开展 IPO 融资，发行股票。这种方式的融资具有规模大、速度快、范围广的特点。但是，建筑施工企业上市需要经过严格的考核，监管政策和法律法规对企业 IPO 有严格的要求，包括公司治理结构清晰、经营模式条理清楚、财务会计制度规范、利润水平较高等，目前只有中国建筑、中国铁建、中铁等大型国有控股企业才有资格通过 IPO 进行融资。

2. 新三板融资

非上市公众公司，在全国中小型企业股份转让系统即新三板市场挂牌交易。相较于 IPO 来讲，新三板的挂牌门槛较低，融资效果也不如 IPO，目前在新三板挂牌的建筑类企业主要是涉及新能源、生态环保、建筑智能等高新领域的特色企业。企业在新三挂牌与 IPO 一样，也需要在中介机构的辅导下建立起规范、完整的公司治理体系、财务体系和经营模式等，也要符合监管政策和法律法规的严格要求。

3. 买壳与借壳上市

因为 IPO 的周期较长、申报和审批的程序复杂，企业可以通过买壳或借壳的方式实现上市。建筑工程企业可以通过收购、资产置换等方式先获得一家上市公司的控制权，然后将需要上市的资产进行注入，或直接将需要上市的资产注入已受本企业控制的上市公司，惯常称为买壳上市和借壳上市。

这两种方式，都是通过一定的方式取得壳公司的控制权，再对资产、债权债务、人员等进行重新配置，实现优质资产的上市。通常，壳公司具备规模小、债权债务清晰、与需要上市融资的公司主营业务相近的特点。

当然，针对买壳上市与借壳上市，证监会等监管部门出台和修订了《上市公司收购管理办法》《上市公司重大资产重组管理办法》及一系列配套规范性法律文件，严格规范和限制了买壳、借壳上市的行为，以维护上市公司的稳定性，保障广大投资者的利益。

4. 股权出让融资

股权出让融资，顾名思义就是转让股权，获取股权转让对价款，以筹集企业所需要的资金，其基础是股权转让，以对价的多少为依据，分为三类，分别为溢价股权转让、平价股权转让和折价转让。股权转让价款的多少还跟转让的股权比例有关，当然转让的股权比例越高，在同等单价的情况下，股权转让的对价则越高。

5. 增资扩股融资

公司为扩大生产经营的规模，对股权进行适当的优化和比例的调整，在优化的过程中，通过增加公司的注册资本，引入第三方股东投入资本的方式，获得对应的价款。根据对价的多少，可以分为溢价扩股、平价扩股两种类型。

6. 产权交易融资

产权交易融资，顾名思义就是用资产换得对应的价款，比如用企业的财产所有权以及其他可转让的财产性权益，通过有偿转让的方式获取对价款。这是一种市场经营的行为，基于等价交换的原则，跟融资是有一定的差异的，除了以产权交易获得对价款之外，实践中还有企业之间进行资产与资产的互换，股权的互换，以平衡自身的对外投资方式以及所需要的资产。

7. 杠杆收购融资

这是并购融资中的一种交易类型，以企业兼并为交易的背景，是指 A 企业有意向收购 B 企业进行股权结构、经营业务结构、资产债务组合等各方面的调整时，通过增加财务杠杆，以 B 企业的资产和预期收益能力做抵押等方式，从银行等金融机构获得部分的资金用于完成收购。

（三）内部融资和贸易类融资

1. 留存盈余融资

如前所述的融资方式，都是企业对外部的融资，其实企业的内部也是可以进行融资的。留存盈余，实际是对企业的经营成果，通过科学合理的分配方式，在合法合规的前提条件下获取盈余资金。对企业经营管理获益后的盈余资金，在利润分配之前，如果股东以往来款的形式提取使用的话，公司可使用的资金就会减少，如果股东经协商一致，股东自愿将本可以提取使用的盈余资金留存给公司，实际就是对公司的追加投资。在经营妥善的情况下，能够增加企业的积累能力，吸引投资者和潜在的投资者投资，增强自身的信用能力，也能增加投资者的投资信心。

2. 资产抵押质押融资

资产抵押和质押的方式获取融资资金，实际是以自身的资产为融资提供担保以获得融资资金。比如：应收账款融资，企业用自身对外的债权进行融资；存货融资，企业用自身的具备市场价值的存货进行融资。实际上，这是企业对自己的资产进行有效的管理，利用资产的价值获得融资。

3. 供应链融资

供应链融资是建立在供应链管理的基础上的融资业务，将供应链上各节点企业综合在一起进行审查，以核心企业商务履约作为基础，金融机构对核心企业进行捆绑，由金融机构定制产品以及产品的组合对核心企业上下游长期合作的供应商、经销商进行综合授信，从而提供融资服务。其中，与核心企业建立较为稳定合作关系的上下游中小企业一般为供应链融资中的融资方（即资金需求方）。资金提供方多为商业银行等金融机构。

在建筑施工企业，供应链融资就是金融机构以大型建筑施工企业为风险控制主体，以建筑施工企业的供应商、经销商为融资主体，通过综合捆绑，以供应商、经销商对建筑施工企业的应收账款为质押，以对建筑施工企业的总授信额度分解，来提供对供应商、经销商的贷款。建筑施工企业常用的供应链融资产品包括：保理、应收账款封回款、商贷通等。

4. 票据贴现融资

商票贴现是获取资金的一种方式，通过商票获取资金有两种方式，一种是继续进行转让，另一种是向银行贴现。持有商票的企业，在资金紧张的情况下，可以将持有的商票找银行兑现，银行按照票面的金额扣除贴现的利息后，将剩余的金额支付给商票持有人；贴现的银行在商票到期时，找到承兑银行收取票款。商票主要是银行承兑汇票和商业承兑汇票。

实践中，建设单位向施工企业以商票的形式支付工程款的情况比较多，在合理安排使用资金的情况下，通过票据的贴现，实现获取现金的目的，解决短期资金困难的问题。

5. 资产典当融资

资产典当融资实质就是以物融资，典当是一种古老的行业，更多的是为了解决短期急需资金的情况。传统的典当是只看物，是典型的以物换钱的交易方式。但是如今，典当中已经融入了金融的思维，既要看物，也要看典当的主体，还需关注资金的使用用途。

在古老的典当行业，传统的标的更多的是首饰、珠宝、字画等贵重的家庭物资，现在的交易标的多为机器设备、原材料、车辆、股票，甚至是不动产。如果将房地产作为交易的标的进行典当，实质就是房产抵押融资。实践中典当融资的方式比较少，只能作为融资方式的补充。

6. 商业信用融资

商业信用是企业长此以往积累起来的"无形资产"，在相互的交易过程中，存在适当借用商业信用，申请债务的展期或者货物的延期交付等情形，实际是变相的一种融资。在情况紧急之时，企业可以基于商业信用申请一定的时间，从而能够达到暂时缓解经济压力的目的。

7. 政府政策性支持融资

政府为帮扶特殊企业的发展，会适时制定相关的政策，以扶持和推动相关企业的发展。涉及建筑施工企业，给予政府扶持的部门是所在市的住房和城乡建设局、所在省的住房和城乡建设厅，所涉及的政策多为政策性的奖励。比如：支持建筑施工企业拓展经营范围，实现多方位经营，进而有利于申请专业承包高等级资质；由地方财政支持，对符合条件的建筑施工企业给予奖励；出台相关政策，支持符合条件的建筑施工企业，进行上市挂牌融资，并获得相关的补助。

（四）信托融资

信托融资，实际上是一种资管的模式，以产品为依托，募集资金。信托的基础跟银行不同，银行本身有资金，信托本身没有资金，是通过对资产进行管理，根据项目本身的资金需求量和周期，制定特定的产品，以产品为基础募集资金。信托是以提供资产管理、募集资金等服务，从中赚取手续费。

二、建筑施工企业融资风险

（一）融资渠道单一，融资通道过窄

建筑施工企业，特别是中小型的民营建筑施工企业，融资渠道单一，这导致建筑施工企业融资非常困难，且成本很高。因为资本市场整体建设滞后，上市融资、发债融资等渠道有限，建筑施工企业因为经营复杂上市受限，产权交易市场功能尚未发挥，直接融资渠道窄，资金总量少，使得建筑施工企业对银行贷款、民间借贷等其他门槛低一点的融资渠道依赖进一步加大，这在一定程度上加剧了银行贷款的难度。

（二）建筑企业自我积累意识薄弱，融资意识淡薄

特别是中小型的建筑施工企业，管理体系不健全，自我积累的意识薄弱，在资产的保值增值、资产评估、抵押担保等方面的能力较差，导致融资机构难以对其资产价值、企业价值等作出公正合理的评估，加大了融资的难度。

（三）建筑企业融资风险意识不足

融资都是有成本的，如果建筑施工人员未能合理安排建设、运营和资金的使用，做到和谐统一，可能出现资金的闲置、也可能出现资金的短缺。未能制定出全面的风险预防措施，在遭遇紧急情况之时，未能合理调配使用资金，将会给企业造成损失。

（四）企业信用体制建设落后，信用等级低

经济实力低、资金金额量小、经营业绩不稳定等缺陷问题，导致企业的信用等级低，再加上内部管理机制和财务管理制度不健全，企业更难通过树立良好的自身信用形象来获取融资。

（五）融资管控力度和韧性不足

企业融资需要成熟稳定的管理团队，融资不是一两天能够完成的工作，需要整个融资周期内，有专业的人员进行融后跟进。但是可惜的是，很多的中小型企业、甚至是大型企业，往往缺乏融资的管理型人才，导致对融资管理方面的整体性把控缺失。

融资方案需要结合公司的发展战略目标和发展规划，进行量身定做，在融资市场不

景气的情况下，企业很容易被融资机构牵着鼻子走，在被动的情况下，取得融资款项不能契合公司的发展目标很容易造成资金的浪费。建筑施工企业未能建立完整的融资管理制度，融资款和资金的使用未能完全匹配，会出现日常施工管理工作落实不到位的情况。

（六）风险控制体系不健全，评估指标不科学

建筑施工企业在开发建设过程中，越来越趋向于管理的层面，中标建设工程项目之后，建筑施工企业将材料供应、劳务管理、建筑安装等工作进行肢解分包，如果过程中不能进行完整系统的管控，很可能导致进货与施工管理的脱节，造成成本等管理控制结果不尽如人意。建筑施工企业内部管理的不健全，对外呈现的就是系统性不完善，会进一步增大对外融资的难度，而且融资款项也不一定能够得到有效和谐的使用。

（七）风险控制手段效果不佳，企业管理人员控制水平不高

如前所述，建筑施工企业的融资渠道单一，传统的融资手段难以适应市场环境，再加上资产负债率等各种考核指标，进一步加大了融资的难度。建筑施工企业的风控力度较弱，控制手段的效果不佳，再加上企业的管理人员管理水平一般，在一定程度上都会影响企业的融资。

第二节　建筑企业融资的风险防控

一、提高企业的融资风险意识

任何的交易都是伴随着风险的，融资也是一样的。风险不能完全地避免，但需要树立风险防控的意识。无论是企业的风控部门，还是融资业务部门，甚至是公司的负责人，都应当加强风险的识别和控制意识，将风控提升至公司重大决策关注的事项，及时识别风险并切实、有效地规避和降低融资风险给企业带来的影响，让融资更好更安全地落地。

二、不断优化企业内部管理结构

如前所述的股权融资需要遵循严格的上市管理制度，实践中多出现同业竞争和关联交易审查、出资多样化导致价值虚高、股权代持等导致股权权属不清晰的问题。建筑施工企业要在内部管理等方面进行改善。

拟上市的公司或者发行人需严格遵循 IPO 的管理办法，其中明确规定禁止同业竞争和关联交易。但是，为了 IPO 能够顺利进行，建筑施工企业难免会走捷径，比如通过关联公司实现利润虚增、进行业绩造假等。

在出资形式方面，要尽量做到简单明了。出资的形式有现金出资和实物出资，现金出资最少为30%，则实物出资比例可达70%。实物出资的水分可以做到特别得大，比如将建筑施工企业的房产、商业、知识产权等进行评估增值，评估价远远超过市场价，这就必然导致建筑施工企业价值虚高。

很多民营的建筑施工企业，在成立之初，出现找人代持股权的情况。证监会对代持审查比较严格，要求发行人股权权属清晰，不得存在股权纠纷或者潜在的股权纠纷。

健全财务管理制度，加强资金流管理。要充分发挥财务管理人员的能力，在项目经理进行决策时，让财务管理人员共同分享企业的财务控制权与项目经理制衡，制定公平、公正、高效的决策制度，减少项目经理决策失误，减少企业利益的损失，保障项目资金流正常。对资金流异常提前预测，保障融资成功时间与资金的缺口所出现的时间差异不大，保证项目不因为融资资金不到位而停止。

三、合理统筹安排资本结构，拓宽融资渠道

按照资金来源来分，企业经营过程中需要的资金概括为两大类别，即负债资金和权益资金，正因为权益资金不能完全满足企业的经营需要，企业规模的不断扩大，才更需要额外的负债融资。资本结构是指这两种资金的构成和比例关系。建筑施工企业在建设项目的过程中，每个项目的阶段不一样，资金的需求和资金的回笼是不一样的，比如项目刚开工时，启动资金的需求量比较大，甚至需要垫资；项目建设过程中，进度款基本能够满足项目的开发建设需要；项目接近尾声阶段，建设单位会将结算款全额支付给建筑施工企业。建筑施工企业在统筹安排多个项目的过程中，需要合理排布资金需求，优化资本结构，提高资金的利用效率。同时要拓宽融资渠道，完善资产负债结构，不断探索新的融资渠道，利用抵押融资、基金融资、银行贷款融资等多元化融资渠道，优化融资结构、做好项目前期的调查工作，合理配置融资方案，建立多元化融资模式，降低企业融资成本，提高有效资本的利用效率，发挥多种融资方案的优越性规避融资风险；增强建筑企业各部门之间的协调合作，促进建筑企业信息资源共享，提高企业处理和获取信息的能力，灵活运用融资风险控制策略，促进建筑企业融资的优质化发展。

四、建立健全融资信用体系

目前信用评级及政府法规信用监管未能形成统一有效的约束，融资机构对企业的信用无法有效进行综合评价，建筑施工企业如需增大融资贷款的可能性，需重视信用体系的建设。

首先，建筑施工企业需建立完善的财务管理体系，特别是梳理清楚账目，加强日常

工作管理。比如供应链融资的过程中，涉及工程量的确定、账目的核对、发票的开具、是否达到合同付款的节点和比例等问题，因此为了能够顺利放款，需要建筑施工企业提高日常工作的管理能力。

其次，需要提高自身担保的能力。如果金融机构评估认为应收账款的偿债能力不足，则建筑施工企业可以将自身担保、第三方担保作为增信措施，提高获得融资的可能性。

最后，对上下游的供应商、合作建设单位，需与其建立良好的合作关系，特别是加强入库管理的工作，避免因为合作单位的不良信用、资金问题等牵连自身。

五、加强法律风险的识别和防控能力

（一）担保的法律风险

建筑施工企业供应链融资的基础是应收账款，其合法性和债权的实现在很大程度上还得依赖于上下游企业的信用、良好的运作，同时需要建筑施工企业补充动产、权利质押等担保，动产质押和权利质押都存在评估价值确定程序繁琐复杂、实际变现难度大的风险。

（二）建设工程价款优先受偿权可否转让

《民法典》第八百零七条规定："发包人未按照约定支付价款的，承包人可以催告发包人在合理期限内支付价款。发包人逾期不支付的，除根据建设工程的性质不宜折价、拍卖外，承包人可以与发包人协议将该工程折价，也可以请求人民法院将该工程依法拍卖。建设工程的价款就该工程折价或者拍卖的价款优先受偿。"

上述条款规定的是"建设工程价款的优先受偿权"，但是工程价款债权对外转让的情况下，优先受偿权能否一并转让，这个问题在实践中，还没有统一明确的答案。

建设工程价款优先受偿权设立的初衷在于赋予建筑施工企业享有对所建工程的折价、拍卖款在欠付工程款范围内的优先受偿权，间接保证的是实际施工人、农民工的基本权益，并不具备人身依附性，所以保理人取得了建设工程债权，可以当然取得建设工程价款优先受偿权，这也让建设工程债权的市场流通性更强，在一定程度上更能促进建筑施工企业实现融资，增强工程价款债权转让变现的能力。

但是上述观点，尚未在司法实践中统一，因此，如果保理人将工程价款优先受偿权能否转让作为衡量的标准之一，那将会增加建筑施工企业保理融资的商务条件谈判难度；再者，如果保理人在受让应收账款后主张建设工程价款优先受偿权出现障碍，由此产生的损失，建筑企业可能需要承担相应的赔付责任。

（三）民间借贷涉刑的法律风险

民间借贷融资的过程中，需注意避免涉及非法集资。根据《最高人民法院关于审理非法集资刑事案件具体应用法律若干问题的解释》第一条的规定，同时满足以下四个条件的，可被认定为"非法吸收公众存款或者变相吸收公众存款"：①未经有关部门依法批准或者借用合法经营的形式吸收资金；②通过媒体、推介会、传单、手机短信等途径向社会公开宣传；③承诺在一定期限内以货币、实物、股权等方式还本付息或者给付回报；④向社会公众即社会不特定对象吸收资金。同时该司法解释又在第三条规定，非法吸收或者变相吸收公众存款数额超过 100 万元，或对象在 150 人以上，或造成直接经济损失 50 万元以上，或非法吸收或者变相吸收公众存款数额 50 万元以上，或造成直接经济损失 25 万以上有其他恶劣社会影响和严重后果的，要追究刑事责任。

建筑施工企业进行民间借贷，金额会比较高，如果面对社会公众等不特定对象，加上宣传方式及对外承诺不当，很可能会被认定为非法集资。

六、加强融资合同审查

融资合同是融资落定的法律文件，其中对融资的基本要素都进行了明确的约定，主要有：借款本金、借款期限、借款利率、还款方式、提款条件、陈述与保证、承诺事项、违约责任、争议解决以及通知条款等。审核过程中应结合借款合同的基本风险点和建筑施工企业的特殊要求进行把握，具体应关注如下问题。

（一）合同编号

一整套的融资合同可能会有十几份文件，而且融资常常会涉及担保的问题。合同的编号虽然是基础事项，但是需要我们仔细核对并审核，因为会涉及后续的引用，所以要关注合同的编号。

（二）借款利率

（1）利率形式：借款利率一般可以选择固定利率或浮动利率，建筑施工企业的信用贷款合同一般是浮动利率，无论是固定利率还是浮动利率，都需要对利率标准和形式约定表述清楚，涉及浮动利率的，应对利率调整期限等事项作出明确约定。

（2）利率转换：借款合同中的利率多为年利率。转化为日利率就是年利率 / 每年的天数，金融机构认定每年的天数按照 360 天计算，虽然 365 天计算对日利率的影响较小，但是因为建筑施工企业融资的金额动辄上亿元，极小的日利率差也会影响融资成本。

（3）罚息、复利利率：按照金融机构政策文件规定和操作惯例，逾期罚息多为正常利率的 150%，挪用借款用途的罚息利率为正常利率的 200%，复利按照罚息利率计算。建筑施工企业可以与金融机构协商降低罚息、复利的利率。

（三）借款期限

建筑施工企业在沟通借款期限时，需要争取还款的主动权，就是随时还款的权利。因为市场的利率随着经济环境和政策调整波动频繁，在市场利率下行时，建筑施工企业正好有充足资金的情况下，能够提前还款，节省利息。除了随时还款，还需关注提前还款不要触及支付利息和违约金。

（四）陈述、保证及承诺条款

对于借款合同中的陈述、保证及承诺条款，建筑施工企业合同审核时应关注如下问题：

1. 尽可能减少陈述、保证及承诺事项，并注意区分各类事项的范围。减少需要提供担保的事项和需要获得金融机构同意方可进行的事项，避免对建筑施工企业的后期经营行为形成限制。

2. 金融机构除需要监管资金的使用用途之外，还会适当介入公司的日常经营管理，比如定期提供日常融资需关注的资料。资料的提供及审核，都增加了公司的经营管理负担，应尽量沟通少提供经营管理资料。

（五）违约责任

多数融资合同除约定违约时需要支付罚息、复利外，一般还会约定一定比例的违约金。从《民法典》角度分析，虽然罚息和复利已经足以弥补违约行为对债权人造成的损失，我们可在诉讼或仲裁过程中依据法律法规规定以违约金过高为由进行抗辩（实践中多数案例亦支持该抗辩思路），但由于诉讼和仲裁程序存在不确定性，应尽可能争取删除该类违约金条款。

（六）争议解决条款

融资合同中除非金融机构特别要求以仲裁方式解决纠纷，一般应选择以法院诉讼方式解决。如果金融机构坚持通过仲裁方式解决的，应在仲裁条款中明确约定仲裁机构、仲裁地点、仲裁员的组成以及适用的仲裁规则等。

实践中，如果选择以法院诉讼方式解决，金融机构一般要求约定由其住所地有管辖权的人民法院管辖。考虑到诉讼便利性以及相关可利用资源的优势，应尽可能争取选择对建筑施工企业有利的管辖法院。

在当前的经济环境下，建筑施工企业融资的渠道是多样的。解决长期以来困扰传统建筑施工企业融资难问题，除了管理机构推陈出新、政府部门加大扶持外，更多地要靠企业自身融资理念和融资手段的进步，多渠道尝试新型融资模式。但是，鉴于国内建筑工程业水平参差不齐，不同规模的企业应认真考量自身情况，选择不同的融资方法。大型建筑工程企业资金充沛、信用良好，常通过证券资本市场融资，获得银行贷款的难度也较小；中小型建筑工程企业受限于其收益能力和管理水平，除传统融资手段外，还可以在实务中考虑以融资租赁方式取得建筑设备，尝试运用民间借贷，以自身发展潜力吸引投资，发展壮大。

第十章

建筑企业知识产权的合规与风险防控

第一节 建筑企业知识产权的合规风险

知识产权，是"基于创造成果和工商标记依法产生的权利的统称"。最主要的三种知识产权是著作权、专利权和商标权，其中专利权与商标权也被统称为工业产权。2021年1月1日施行的《民法典》第一百二十三条规定："民事主体依法享有知识产权。知识产权是权利人依法就下列客体享有的专有的权利：（一）作品；（二）发明、实用新型、外观设计；（三）商标；（四）地理标志；（五）商业秘密；（六）集成电路布图设计；（七）植物新品种；（八）法律规定的其他客体。"知识产权法律风险指企业经营过程中有意或无意对他人知识产权构成侵害的风险，以及内部职工、交易双方及竞争对手因各种原因给本企业造成的知识产权侵权风险。在工商管理机关核准企业名称时，行政区划、行业、组织形式一般都已经确定，只有字号需要选择确定，并经核准。企业名称如同人的名字，一般企业都希望通过好的名称引起相关公众的注意，在使用中形成自己的品牌，并且企业名称（字号部分）本身就是受法律保护的权利。但使用不当，则会给自己带来巨大的风险，特别是，有些企业在设立过程中出于"搭他人便车"的动机，有意无意地让自己的企业字号与他人的企业字号、商标等相似甚至相同，这往往会给自己的企业带来意想不到的侵权风险。

知识产权从本质上说是一种无形财产权，它与房屋、汽车等有形财产一样，都受到国家法律的保护，都具有价值和使用价值。建筑产业属于比较传统的行业，在开发过程中，建筑企业一般都比较注重有形资产的管理，却忽略了对著作权、专利权、商标权、商业秘密等无形资产的管理。随着建筑、房地产行业的高速发展，建筑行业中侵犯知识产权的实例也与日俱增，建筑企业经营面临着诸多知识产权侵权风险。一些建筑开发企业遇到不少涉及知识产权的纠纷，主要表现为其开发的项目名称被别人抢先注册商标，新楼盘抄袭严重等，工程设计、建筑风格等要素以及广告文案、构图等成为房地产行业知识产权纠纷的重点。当前建筑企业在知识产权方面一般存在以下几个问题：企业知识产权保护意识薄弱；知识产权风险预警制度环境不完善；知识产权风险把控专业能力不足；知识产权保护政策体系不健全。

一、著作权侵权风险

著作权（copyright）是有期限地保护著作人知识成果的权利。著作权分为著作人身权与著作财产权。著作权要保障的是思想的表达形式，而不是保护思想本身。作为《著作权法》客体的建筑设计至少应满足以下三个条件：①独创性，是指由作者（可以是自然人也可以是法人或其他组织）独立构思而成的，作品的内容或表现形式完全不同或基本不同于他人已经发表的作品；②可复制性，指著作权只保护作者思想的表现形式而不是保护思想本身；③具有审美意义。我国《著作权法实施条例》将"建筑作品"定义为以建筑物或者构筑物形式表现的有审美意义的作品。在一定期限经过后，著作财产权即归于失效，而属公有领域，任何人皆可自由利用。著作权的对象是作品，是指文学、艺术和科学领域内具有独创性并能以某种有形形式复制的智力成果。作为建筑企业既要防止自己的著作权被侵犯，也要防止侵犯他人的著作而遭到索赔。

（一）建筑设计"盗版"侵权

《著作权法》所称的作品，是文学、艺术和科学领域内具有独创性并能以一定形式表现的智力成果，包括：①文字作品；②口述作品；③音乐、戏剧、曲艺、舞蹈、杂技艺术作品；④美术、建筑作品；⑤摄影作品；⑥视听作品；⑦工程设计图、产品设计图、地图、示意图等图形作品和模型作品；⑧计算机软件；⑨符合作品特征的其他智力成果。"建筑作品"就属于著作权法保护的作品。《著作权法》第三条第（四）项明确地将建筑作品列入著作权保护范围，同时在该条第（七）项中规定一系列设计图形作品和模型作品也受《著作权法》保护。建筑物本身就是一个作品，建筑物作品设计图示可以申请版权保护，建筑物外形可以申请外观专利的保护，建筑作品的设计者或单位视为著作权人。在建筑、房地产行业，建筑作品著作财产权主要有复制权、发行权、改编权，以及展览权。设计的建筑作品，最易实现的行为是建筑设计图与建筑模型的发表权，但是受到建筑体积庞大、施工周期长的特点限制，设计作品会暴露于公共场所中，极易受到相关设计人员的关注，发生侵权行为。如设计单位擅自使用他人设计图纸，可能构成侵犯他人著作权，但由于我国知识产权制度滞后，使得侵权等现象普遍存在，损害企业的著作权的行为时有发生。下面以（2015）民申字第3574号著作权侵权案为例进行分析。

【案情简介】A公司称：其是"××国际商贸城（××义乌小商品批发市场）"项目A9、B3、B4、C16、F1、F5、F9、F13、G1、G2楼的设计者，对上述工程的设计图纸享有完全的著作权。某建筑设计研究院未经A公司授权同意，非法复制涉案工程施工图设计文件，存在伪造工程验收资料，降低工程强制标准，恶意隐瞒工程质量隐患等违法行为，侵犯了A公司对B公司负责开发的××国际商贸城项目A9、B3、B4、C16、F1、F5、F9、F13、G1、G2楼的合法权益。请求依法判令某建筑设计研究院：①立即停止使用A公司享有著作权的施工图设计文件，即"××国际商贸城项目"A9、B3、B4、C16、F1、F5、F9、F13、G1、G2楼施工图设计文件，销毁所复制的施工图设计文件和签盖的施工资料等文件；②在《报刊》上刊登声明向A公司公开赔礼道歉；③赔偿A公司经济损失211.50万元；④负担该案的诉讼费。

【法院判决】案涉图形作品系A公司接受B公司委托为案涉工程施工而完成的设计。

A 公司与 B 公司签订的《建设工程设计合同》中约定，发包人应保护设计人的投标书、设计方案、文件、资料图纸、数据、计算机软件、专利技术；未经设计人同意，发包人对设计人交付的设计资料及文件不得擅自修改、复制或向第三人转让或用于本合同外的项目。根据《著作权法》的规定，受委托创作的作品，著作权的归属由委托人和受托人通过合同约定。合同未作明确约定或者没有订立合同的，著作权属于受托人。因此，受托人 A 公司取得案涉作品的著作权，委托方 B 公司虽取得案涉作品的使用权，但不得擅自修改、复制或许可他人修改、复制该作品。B 公司与 A 公司的合同纠纷以及 A 公司设计资质被注销的事实，并不能导致 B 公司取得了许可他人修改、复制案涉图形作品的权利。因此，某建筑设计研究院未经著作权人许可，接受 B 公司委托，对 A 公司案涉图形作品进行复制、修改并署名的行为侵犯了 A 公司著作权，应承担相应的法律责任，判决赔偿 A 公司 35.2 万元。

（二）建筑软件侵权

根据《著作权法》和《计算机软件保护条例》的相关规定，只要是未经权利人许可，复制、发行他人的计算机软件的，都需承担相应的法律责任。

国内建筑业首例软件侵权案，深圳市斯维尔科技有限公司（以下简称斯维尔公司）诉北京天正工程软件有限公司（以下简称天正公司）、天正建筑设计等软件著作权侵权案件作为建筑业内的代表性案件，对建筑企业的软件侵权风险防控具有指导意义。

【案情简介】斯维尔公司与天正公司都是国内从事建筑应用计算机软件设计的同行企业。2006 年 6 月，因认为天正公司的有关计算机软件涉嫌侵犯其著作权，斯维尔公司将天正公司起诉到深圳市南山区人民法院，要求法院判令天正公司软件构成侵权并赔偿经济损失 60 万元。

【法院判决】进入法庭审理程序后，深圳市南山区人民法院委托一家有软件著作权鉴定资质的专业鉴定机构对原、被告双方案涉计算机软件进行司法鉴定。经过专业司法鉴定，结果显示：案涉双方的计算机软件开发语言相同、软件架构相似，双方源程序的基础类库中存在相当数量的完全相同和实质相似的代码；另外，有部分完全相同和实质相似的代码分散于其他的模块中。深圳市南山区人民法院对此鉴定结论予以采信，认定天正公司的案涉软件构成侵权，并作出"天正公司立即停止侵权行为，销毁侵权软件复制品以及相关的使用手册、宣传册，从其网站上删除与侵权软件相关的网页资料，并向斯维尔公司赔偿 60 万元"的判决。

【案例点评】随着我国知识产权保护工作不断深入开展，不管是软件开发商还是软件使用者，尊重知识产权和使用合法正版软件正在成为共识。

（三）建筑作品抄袭侵权

我国《著作权法》对于建筑作品所保护的内容，应当指该建筑作品在外观、造型、装饰设计上包含的独创成分。未经建筑作品著作权人许可复制其作品的，是侵犯著作权的行为，应当承担相应的民事责任。下面以（2008）京高民终字第 325 号案件为例进行分析。

【案情简介】2006 年 11 月 20 日，A 公司取得著作权登记证书。该证书载明 A 公司以被转让人身份对 B 公司于 2003 年 10 月创作完成、于 2003 年 10 月在中国北京首次发表的作品"×××建筑"享有著作权。该著作权登记所附作品照片显示该建筑物外部具有如下特征：①该建筑正面呈圆弧形，分为上下两个部分，上半部由长方形建筑材料对齐而成，下半部为玻璃外墙；②该建筑物入口部分及其上方由玻璃构成，位于建筑物正面中央位置，入口部分上方向建筑物内部缩进，延伸直至建筑物顶部，建筑物入口及其上方将建筑物正面分成左右两部分，左侧上方有"×××"字样，右侧上方有"×××"字样；③该建筑物的后面和右侧面为工作区部分，呈长方形，其外墙由深色材料构成，该材料呈横向带状；④建筑物展厅部分为银灰色，工作区部分为深灰色。A 公司认为 C 公司的"×××中心"与 A 公司"×××中心"建筑非常相似，系未经许可擅自复制建筑作品的行为，构成著作权侵权，遂向人民法院提起诉讼。

【法院判决】根据查明的事实，北京市第二中级人民法院认为，案涉 A 公司"×××中心"建筑整体采用圆弧形设计，上半部由长方形建筑材料对齐而成，下半部为玻璃外墙；该建筑的入口将建筑物分为左右两部分，入口部分及上方由玻璃构成；长方形工作区与展厅部分相连，使用横向带状深色材料；该建筑展厅部分为银灰色，工作区部分为深灰色。上述综合特征表明，案涉 A 公司"×××中心"建筑作品具有独特的外观和造型，富有美感，具有独创性，属于我国著作权法所保护的建筑作品。我国著作权法对于建筑作品所保护的内容，应当指该建筑作品在外观、造型、装饰设计上包含的独创成分。未经建筑作品著作权人许可复制其作品的，是侵犯著作权的行为，应当承担相应的民事责任。

经比对，C 公司的"×××中心"建筑与 A 公司主张权利的"×××中心"建筑的基本特征相同，虽然二者在高台、栏杆、展厅与工作间的位置、部分弧形外观、整体颜色深浅等部分存在细微的差异，但仍属于与案涉建筑作品相近似的建筑。因此，C 公司的"×××中心"建筑属于侵犯案涉建筑作品著作权的侵权作品。虽然建筑系由案外人 D 公司和 E 公司所设计和装修，但 C 公司作为该建筑的所有权人和实际使用人应当就此承担相应法律责任。

北京市第二中级人民法院依据《著作权法》（2001 年修正，现已被修改）第十条第一款第（五）项、第十条第二款、第四十七条第（一）项、第四十八条之规定，判决：①自判决生效之日起 6 个月内，C 公司对案涉"×××中心"建筑予以改建，改建后的建筑不应具有与案涉 A 公司"×××中心"建筑相同或相近似的组合建筑特征，相关改建效果须经法院审核；②C 公司于判决生效之日起 10 日内赔偿 A 公司经济损失人民币 15 万元及因该案诉讼支出的合理费用人民币 17079 元；③驳回 A 公司的其他诉讼请求。

后二审法院维持原判。

【案例点评】2009 年 4 月 21 日，最高人民法院公布了"2008 年中国知识产权十大案件"，该案位列"十大案件"之首。最高人民法院在案件的"典型意义"中评论道："司法实践中涉及建筑物作品著作权的纠纷案件不多，该案判决具有典型意义。在该案中，法院一方面综合分析了原告案涉建筑作品的特征，认定该建筑作品具有独特的外观和造型，富有美感，具有独创性，属于建筑作品；另一方面，又将该建筑的内部特征及必然存在的设计及因所用建筑材料产生的横向带状、颜色等，排除在著作权法保护之外，准确地把握了建筑作品的特点。另外，法院还根据该案双方建筑的具体情况，在判决中支持了原告请求判令被告对其案涉建筑予以改建，使之不再与原告建筑外观造型的主要特征组合相同或者近似的主张，这对于在涉及建筑作品的侵权案件中适用停止侵害的民事责任，有效制止侵权行为，具有积极的探索意义。"

二、专利侵权风险

专利是知识产权的关键要素，也是最受关注的重要组成部分。在法律上，专利包括发明专利、实用新型专利和外观设计专利。

建筑、房地产行业的专利有多种形式、多个种类，有许多的产品制造方法、建筑方法等可以申请发明专利，而建筑设备、建造材料等则可以申请实用新型专利。另外，对于建筑师设计创作的门、窗、楼梯、装饰等外观要素，则可以申请外观设计专利。根据我国《专利法》第二条的规定，产品外观设计是指"对产品的形状、图案、色彩或者其结合所作出的富有美感并适于工业上应用的新设计"。《审查指南》明确对不取决于地理条件、可重复再现的固定建筑物给予外观设计专利保护。例如，一些独栋房屋的设计，或是大的楼盘设计，在具有自己独特的、标志性的外观特性的前提下，都申请了外观设计专利权。而特色造型、图案甚至新风系统、门窗等都在设计之初申请了外观设计专利。

《专利法》第十一条规定："发明和实用新型专利权被授予后，除本法另有规定的以外，任何单位或者个人未经专利权人许可，都不得实施其专利，即不得为生产经营目的制造、使用、许诺销售、销售、进口其专利产品，或者使用其专利方法以及使用、许诺销售、销售、进口依照该专利方法直接获得的产品。"

根据上述规定，专利权被授予后，依法受到法律的保护。然而，国内建筑行业的技术创新和创造水平仍然偏低，行业准入门槛不高，大部分企业仍采用的是以人力作为核心竞争点，而设备多是通过买卖或租赁而来，企业本身施工技术水平不高。大多数企业规模较小，实力较弱，故许多企业实际经营中存在抄袭、仿冒他人的产品特别是专利产品的现象，故而引发知识产权侵权纠纷。下面以两个专利侵权案为例进行分析。

案例 1:（2017）云民终 1129 号

【案情简介】A 公司向国家知识产权局提出"某排水装置"发明专利的申请，于 2010 年 5 月 26 日经国家知识产权局公告授权。后来，A 公司发现 B 公司、C 公司在 ×× 铁路 ×× 段路基工地施工场所中使用了与 A 公司发明相同的某排水产品。B 公司、C 公司未经 A 公司许可使用 A 公司享有发明专利权的产品，其行为涉嫌构成发明专利侵权，A 公司请求法院判令两公司停止侵权并赔偿损失 1169996.4 元。

【法院判决】经审理，法院认定，B 公司、C 公司在工程施工过程中使用了侵犯"某排水装置"发明专利权的产品，并且无法提供该产品的合法来源，判决停止侵权并连带赔偿损失 30 万元以及合理费用 6 万元。

案例 2:（2003）南市民三初字第 21 号

【案情简介】A 公司诉称:2002 年下半年，被告某局与 B 公司在不征得其同意的情况下，擅自制造安装与其专利产品"建筑装饰栏杆（七）"相同的铸铁栏杆 1032 件，并用于某局办公楼和宿舍区围墙，两被告的行为侵犯了其专利权，损害了其利益。请求判令两被告停止侵权并赔礼道歉，经济损失 22188 元。

【法院判决】原告 A 公司的"建筑装饰栏杆（七）"的外观设计专利权合法有效，依法应受法律保护。该案被控侵权产品与原告的专利产品属同类产品，经将被控侵权产品与表示在专利公告图案中原告的外观设计专利产品进行比较，虽然两者在细微处存在差异（主要是原告专利产品中的菱形为实心，被控侵权产品的菱形为空心），但从被控侵权产品的整体布局及图案样式来看，其与专利产品的外观设计基本相同，给人的视觉效果是相同的，其细微的差异不足以引起普通消费者的视觉注意而将两者区分开来。被控侵权产品与原告的外观设计专利产品构成相近似。

构成侵犯外观设计专利权的法定条件是:①未经专利权人许可;②实施了专利权人的专利，即为生产经营目的制造、销售、进口其外观设计专利产品。就该案而言，两被告的行为均未经原告即外观设计专利权人的许可，判断两被告的行为是否侵犯原告的外观设计专利权，关键是看两被告是否为生产经营目的制造了原告外观设计专利产品，即第一，是否以生产经营为目的;第二，是否实施了制造行为。被告某局将其 ×× 小区围墙工程发包给被告 B 公司承建，其法律关系性质属于承揽。判断谁是承揽定作物的制造者，关键是看定作物是谁设计的，即体现的是谁的创造意志，而不是看定作物是以谁的技术和劳动所完成的，因为它是服从和服务于创作意志的。该案被告某局与被告 B 公司在《某局 ×× 小区围墙工程施工合同书》中明确约定，施工图纸由被告某局提供，并在合同附件 1 第 18 项注明:铸铁构件制作安装（花样由某局定）。同时，被告某局还向被告 B 公司提供了图纸,其中图 2 为围墙立面图、平面图,并注明由某局工程管理部设计。在围墙平面图上明确绘出了围墙铸铁栏杆的样式即外观设计。因此,被告某局是该承揽定作物铸铁栏杆(外观部分)即该案被控侵权产品的设计者,因而是制造者。被告 B 公司作为承包人即承揽人,其只是将被告某局的设计图纸和选定的图案(即被控侵权产品的外观设计)交与他人制作,其不是该承揽定作物铸铁栏杆(外观部分)即该案被控侵权产品的设计者,因而不是制造者。综上,被告某局是被控侵权产品的制造者,其未经原告的许可实施了原告的外观设计专利,即其为生产经营目的制造的被控侵权产品与原告的专利产品相近似,因而侵犯了原告的外观设计专利权,依法应承担侵权责任。被告 B 公司既不是被控侵权产品的制造者,也不是销售者,其行为不构成侵权。判决被告某局停止侵权,赔偿损失 18450 元。

【案件点评】该案判决时间在 2003 年,判决赔偿数额较低,随着我国对知识产权保护力度的加强,赔偿数额也是逐年提高。该案中对施工企业的最大启示即界定谁是侵权产品的制造者,该案中 B 公司是按照某局提供的图纸施工的,法院认定的实际制造者是某局。

签订采购合同时也要注意不要侵犯他人知识产权。这也是建筑企业平时在签订材料采购合同时容易忽视的一个内容,但对于一些新型的建筑材料,则应特别对此加以约定。建筑企业应要求材料供应商保证其在使用该材料或其他任何一部分时不受第三方提出侵犯其知识产权(专利权、商标权和工业设计权)的起诉,一旦出现侵权,一律由材料供应商承担全部责任,如造成建筑企业损失的,建筑企业有权向材料供应商追偿。

【参考案例】(2021)最高法知民终 1845 号;(2021)最高法知民终 1029 号。

三、商标侵权风险

商标,是指生产者或经营者为了区别自己的商品或服务和他人的商品或服务,在商品以及其包装上或服务标记上所使用的标识,该标识是由文字、数字、字母、图形、三维标志以及颜色或其组合构成。建筑企业将他人注册商标作为企业名称并突出使用的,构成侵权。下面以(2015)浙衢知初字第 210 号商标侵权案为例进行分析。

【案例简介】原告 A 公司成立于 1999 年 3 月 20 日,经营范围为室内外装饰装潢、环境景观艺术、房屋建筑、建筑玻璃幕墙、壁画及雕塑设计、施工等。原告商标由 B 公司在 2003 年 10 月 28 日申请注册,核定使用服务项目为第 42 类:室内装饰设计、建筑咨询、建筑制图、建筑学、工程等。C 公司成立于 2011 年 12 月 6 日,经营范围为住宅室内装饰装修工程。原告认为被告行为侵犯了原告的商标权以及违反了《反不正当竞争法》，要求被告立即停止侵权行为并赔偿损失。

【法院判决】浙江省衢州市中级人民法院经审理后认为原告 A 公司关于被告 C 公司构成商标侵权的主张依法成立，判决 C 公司立即停止侵犯原告 A 公司注册商标专用权的行为，赔偿原告经济损失及因制止侵权而支出的合理费用 2 万元。

侵害商业秘密的风险：根据《反不正当竞争法》第九条的规定，商业秘密是指不为公众所知悉、具有商业价值并经权利人采取相应保密措施的技术信息、经营信息等商业信息。从业人员掌握商业秘密后，跳槽频繁，进入新企业后，这些商业秘密就为新雇主服务，但新雇主使用这些商业秘密，可能构成侵权。下面以（2013）天一中民五终字第0055 号侵犯商业秘密案为例。

【案情简介】A 公司成立于 2003 年 9 月 17 日，经营范围包括建筑设计、咨询（不含中介），主要业务为制作建筑效果图及动画、多媒体。自 2010 年以来，A 公司与案外人 B 设计研究院、C 公司、D 公司发生大量业务往来，为上述公司制作建筑效果图及动画并收取制图费，由此形成了涉及上述公司的客户名单信息。杨某某 2009 年 11 月入职A 公司，任市场部主管，负责市场部和客服部。杨某某在 A 公司工作期间与 A 公司签订有《保密协议》，2011 年 7 月 2 日辞职。后杨某某与他人共同出资设立 E 公司，并于2011 年 7 月 28 日取得工商核准登记注册。杨某某任 E 公司法定代表人、总经理。E 公司经营范围包括计算机图文设计、制作等。2012 年至 2013 年 4 月间，E 公司分别与 B设计研究院、C 公司、D 公司发生业务往来，为上述公司制作建筑效果图。A 公司遂诉请 E 公司、杨某某停止侵害 A 公司商业秘密的行为并要求 E 公司、杨某某赔偿 A 公司经济损失 20 万元。

【法院判决】案外人 B 设计研究院、C 公司、D 公司系 A 公司长期客户。A 公司在长期的经营过程中，积累形成了有关上述三个公司的客户名单信息，包括负责人及设计师的手机号码、电子邮箱、不同类型效果图的报价、结款方式、优惠幅度、交易习惯等信息。上述信息系 A 公司在长期的经营过程中积累形成具有特殊性且无法从公开渠道获取，该信息可以让 A 公司在市场竞争中获得优势和经济利益。同时，A 公司通过限定客户名录知悉人员的范围以及与员工签订保密协议等方式进行保密，可以认定 A 公司对上述经营信息采取了合理的保密措施，属于商业秘密，应受法律保护。杨某某作为 A 公司销售部主管，应当知悉 A 公司上述商业秘密。杨某某作为 E 公司的总经理及法定代表人，在经营 E 公司开展与 A 公司同类业务，并与案涉的天砚公司三个客户交易过程中，必然会利用天砚公司的案涉商业秘密，从而使 E 公司在与 A 公司的竞争中获得不正当的优势和经济利益，已构成对 A 公司案涉商业秘密的侵害。E 公司明知杨某某有侵害他人商业秘密的行为而使用他人的商业秘密，亦构成对原告商业秘密的侵害。判决 E 公司、杨某某立即停止案涉的侵害 A 公司商业秘密的行为并连带赔偿 A 公司包括诉讼合理开支在内的经济损失共计 10 万元。

【案例点评】根据《反不正当竞争法》第九条的规定，违反保密义务或者违反权利人有关保守商业秘密的要求，披露、使用或者允许他人使用自己掌握的商业秘密，构成侵犯商业秘密。杨某某在获知 A 公司的商业秘密后，违反保守商业秘密的要求，向第三方披露其所掌握的商业秘密，而 E 公司明知是商业秘密仍获取并使用该商业秘密以获取利益，因此，均构成商业秘密侵权。

第二节　建筑企业知识产权的风险防控

知识产权是保护企业资源的一种有效的法律机制，企业在一定的期限内对受到保护的法律对象拥有垄断权，这种垄断权可以转化成企业竞争优势的源泉。建筑业企业通过专利权的获得不仅通过取得某技术的独占权而取得经济上的垄断地位，同时可以通过专利权的实施许可融通资金，扩大市场占有率，从而实现企业的扩张。虽然我国正不断地建立与完善相关的知识产权保护制度，加大对侵犯知识产权行为的惩处力度，并在一定程度上取得了不错的成绩与效果，但建筑行业本身具有的性质与特点造成该领域中涉及的知识产权层面的管理及保护力度与其他行业领域相比较为单薄。在建筑行业中，企业普遍没有保护相关的知识产权的强烈意识，也没有构建成熟的知识产权管理体系，使得知识产权的发展达不到与产业结构发展的协调一致。因此，建筑企业需要为了自身的健康合理地发展，深入思考与研究管理质量与经济效益的提升，加快相关科学技术的创新与进步，注重管理与保护自身拥有的知识产权，尊重他人的知识产权，防止无意中造成的侵权纠纷。

一、提高建筑企业知识产权保护意识

建筑企业普遍存在知识产权保护意识不足，缺乏知识产权战略管理的基本思想。一项技术创造，只有依据法律程序进行申请并得到确认后才能取得专利权，才能够受到法律的保护，如果非经法律程序申请专利，则可以通过商业秘密的形式由企业自主保护，而法律对商业秘密的认定也有严格的认定规则。根据现行法律的规定，著作权的保护对象不仅限于文字作品、美术作品、工程设计图、示意图，还涉及建筑作品（建筑物）。房地产开发企业应当重视著作权的保护工作，对委托设计的设计图、模型等著作权要约定归属，及时备案，以明确知识产权归属，合理进行保护。

此外对开发项目或者楼盘设计等符合商标注册条件的，要及时申请注册商标。许多建筑业企业由于技术保护意识不足，对技术成果不实施商业秘密保护，致使具有经

济价值的技术成果以各种形式公之于众，商业优势白白流失，企业要学会保护自己的商业秘密。

工法是建筑企业标准的重要组成部分，是企业开发应用新技术工作的一项重要内容，是企业技术水平和施工能力的重要标志。2014 年 7 月 16 日住房和城乡建设部修改后发布的《工程建设工法管理办法》第三条规定："本办法所称的工法，是指以工程为对象，以工艺为核心，运用系统工程原理，把先进技术和科学管理结合起来，经过一定工程实践形成的综合配套的施工方法。工法分为房屋建筑工程、土木工程、工业安装工程三个类别"。它必须具有先进、适用和保证工程质量与安全、环保、提高施工效率、降低工程成本等特点。建筑企业工法的编写过程不要随意模仿、抄袭，不能侵害其他企业的工法著作权，工法的关键技术可以申报专利的要及时进行申报，更好地保护自己的创新成果。同时也要防止自己的成果泄露，如果无法申请专利，一定要与知道创新技术秘密的企业员工、开发人员签订保密协议，采取物理保护措施。工法作为商业秘密如被侵权，要及时采取司法保护措施。

要重视企业的专利申报工作，围绕工程技术问题，改进技术方案，攻克技术难题，挖掘高价值专利，让专利技术服务于工程项目，服务于施工人员。

二、建立知识产权管理制度

根据国务院发布的《国家知识产权战略纲要》，建筑企业对知识产权应进行制度化、体系化管理，方针为：激励创造、有效运用、依法保护、科学管理。具体而言，企业应制定专门的知识产权管理制度，将知识产权管理作为企业资产管理的重要组成部分，对知识产权的创造、评估、申请、保护、运用等通过制度进行明确规定。在企业研发活动中，在项目立项阶段，应认真进行专利检索和分析评判；研发活动完成后，通过健全的评审程序确定有效的保护形式，及时采取申请专利等不同的形式对研发成果进行保护；在采购阶段评价供应商知识产权状况，通过合同的方式约束供应商，以避免由于供应商对他人知识产权的侵权给企业带来知识产权侵权风险；新产品销售前，加强专利、商标、营销方案、广告语等相关知识产权查询，规避侵权风险，同时还应当加强对竞争对手的定期监控，防止他人侵犯本企业的知识产权。此外，若企业采用委托研发或委托制造的方式与他人合作，在合同中需对知识产权相关权利的归属、使用和收益进行明确的规定，签订保密协议等具有法律效力的条约，以防止他人侵占本企业的知识产权。

建筑企业根据企业自身特点和发展目标，建立健全企业知识产权管理机构，设立知识产权部门，建立知识产权管理岗位，明确各岗位功能权责，制定企业知识产权管理规范，建立领导重视、全员参与的知识产权管理体系。明确管理流程，规范研发成果的知识产权申报、保护流程，制定知识产权运用、风险管控等程序，形成科学、合理、有效的知识产权风险防范体系，维护自己的知识产权，避免侵犯别人的知识产权。

三、完善知识产权保护措施

在未来的市场竞争中，建筑企业应通过强化知识产权保护，特别是申请检索审核、优化专利技术结构和推动专利技术运用，培育适用于工程项目的高价值知识产权，增强企业核心技术实力，逐步实现知识产权技术成果转化，收获经济效益，扩大品牌影响力，开拓更广阔的市场。同时防止侵犯他人知识产权。有条件的建筑公司可以建立知识产权申请控制程序，知识产权权利维护控制程序，知识产权实施、许可、转让控制程序，知识产权风险管理控制程序，知识产权纠纷控制程序等知识产权核心管理程序。设专人负责，从专利的筛选、查新、申请、授权、维护及后期转化应用等方面，严格按照相关程序报批，层层把关过程跟踪，特别在重点监控项目的研发过程中，深入基层协助发现和挖掘提炼有价值、高质量的专利技术。

（1）购买、使用正版软件，加强对企业电脑的管理，规范使用，避免员工将个人电脑带入企业使用。

（2）招聘、公司宣传等对外活动中，避免使用他人享有知识产权的图片、字体、视频等资料，确需使用的，应通过正规渠道获得授权。

（3）在引进新技术、购买新产品时明确知识产权归属与法律状态，提高建筑企业品牌意识。

（4）注重对企业的商标、字号的保护，充分发挥品牌优势。

（5）签订施工合同时，加强对有关知识产权内容的审查，明确知识产权相关风险责任的承担。

（6）在工程材料的采购阶段，要注意工程所需的材料设备是否有第三方的专利权或商标权，而且要注意材料设备购买渠道是否合法，避免侵害知识产权行为的发生。

（7）在施工环节，不能擅自修改设计图纸，应将相关需求反馈给项目设计单位，经设计方确认后再进行施工。

（8）施工过程中产生的各种新工艺、新创造、新创意，符合知识产权申报条件的，需及时申报授权，避免因延误申报时机而无法获得授权保护的情况发生。

（9）建立适合企业发展状况的保密措施。与掌握企业商业秘密的员工签订保密协议，重要文件有专人负责保管，涉密场所要设置物理保密措施，限制无关人员进入，重要秘密资料由不同的人保管等。

（10）发生纠纷后及时停止侵害，在营业过程中发现有侵权风险的，要及时主动纠正。

（11）要健全完整的知识产权书面档案保管措施，与研发成果相关的所有资料和文件要及时进行整理归纳，保证各类资料文件的完整完备，以更好地防范和应对知识产权风险。

四、建立企业知识产权风险监测机制

有条件的企业，应当建立知识产权管理和风险监测人才队伍。而对很多中小型企业而言，大多无专人负责知识产权方面的监测，因此商标是否被人抢注，他人申请注册的商标是否与自己的商标属于在类似商品上的相同或近似商标，是否有人侵犯了自己的商标权，专利权或者著作权是否有人侵犯，通常无法及时被发现。所以，企业在涉及以上的知识产权问题时，一定要向专业人员咨询解决办法。

综上所述，企业在主观上，需要不断地学习与提高自身的知识产权保护意识。客观上，法律法规制度是建筑行业知识产权保护的基础，要主动学习法律知识，尊重知识产权，善于借助法律保护自身的合法权益，建立全社会有章可循的知识产权保护环境。行动上，企业还要做好信息管理与风险控制，能够在第一时间有效地保护自身知识产权，避免侵害他人知识产权。

第十一章

建筑企业税务的合规与风险防控

第一节　建筑企业税务的合规风险

"金税四期"时代，税务机关对企业的管控越来越严格。建筑企业与生产型企业、商贸型企业在收入确认、成本核算上有其自身独有的特点，一直是税务机关检查的重点，无论是单个税种还是单个业务环节，皆易被税务机关列为重点检查对象。建筑企业涉税处理具有一定的特殊性，企业在经营过程中必须高度重视税务问题，谨防涉税风险。本节针对建筑企业特点，简要分析了建筑企业应重点关注的部分涉税风险以及应对措施，供建筑企业参考。

一、建筑企业增值税涉税风险分析

（一）增值税纳税风险种类

建筑企业具有项目施工时间长、跨区域施工较多、建筑材料需求量大、人力成本高等特点。为节约成本，建筑企业选择供应商时，往往首先考虑"价格"因素，建筑材料尽量"就地""就近"采购，部分属于小规模纳税人的供应商尽管价格低，但不能出具增值税专用发票；建筑行业又属于劳动密集行业，人力成本较高，现实中建筑行业工人大多都是临时工，流动性极大，导致建筑企业支付劳务费用后无法取得发票，造成了企业实际支付了相关采购费用和劳务费用却无法取得可抵扣增值税专用发票，增加了增值税税负。除上述问题外，建筑企业在整个施工过程各个环节都会涉及缴纳增值税，增值税纳税风险大致可以分为以下几种情况。

1.发生纳税义务时未及时申报缴纳增值税风险

按照税收法律法规的规定，增值税纳税义务发生时间是按照开具发票时间、合同约定收款时间和实际收款时间孰先的原则确定。对于建筑企业来讲，由于施工周期长，收入的确认具有特殊性。对于已经确认的施工量，如果已到施工合同约定的付款期，尽管发包方未实际付款，但对建筑企业来讲纳税义务已经发生，即应该申报缴纳增值税。部分建筑企业在会计与税务处理上，按照实际收到款项时间确认收入、进行纳税申报，这样就违反了税收法律法规的规定，产生了相应的风险。例如，2021年12月，某建筑企业同发包方确认的工程量为5000万元，按照合同约定应付工程量的70%即3500万元，但甲方实际支付了2000万元。按照税收法律法规的规定，应税行为和收款同时成立则纳税义务发生，对于收款则按照合同约定应收款与实际收款日期孰先原则确定纳税义务发生时间。即本例中应税行为为5000万元，合同约定应收3500万，实际收款2000万。

合同约定的付款 3500 万元日期已到，因此企业应按照合同约定的 3500 万进行纳税申报缴纳增值税。企业如果按照实际收款日期或者按照实际收到的 2000 万元确认增值税纳税义务并缴纳税款，则存在很大的涉税风险。

2. 违法虚开劳务费发票的涉税风险

判断企业收到或开具的发票是否为虚开，其核心标准在于是否发生了与发票对应的真实的业务关系。建筑行业施工人员临时工、农民工较多，部分企业为将相关劳务费用抵扣增值税与列支成本，通过劳务派遣公司开具增值税专用发票入账。按照税收法律法规的规定，劳务费用增值税专用发票进项税额的抵扣必须满足合同、资金、发票和劳务一致的条件，劳务合同和劳务必须真实存在。如果以支付相关费用的方式通过劳务派遣公司开具增值税专用发票，可能存在被认定为虚开增值税专用发票规避纳税义务的风险。

3. 预收账款、开工保证金和预缴税款涉税风险

建筑企业工程项目，通常采用"公司总部＋施工项目部"的分级管理模式进行管理，在工程所在地设立项目部负责工程项目的具体施工。预缴税款的业务大多由遍布全国各地的项目部负责，相关涉税环节的总体管理和控制难度大，涉税风险较高。特别是直接负责施工生产的项目部，对预缴税款等税收政策不熟悉甚至曲解了相关政策或适用政策不到位，可能造成企业当期多预缴税款，占用了大量的流动资金，给建筑企业生产经营带来较大压力。部分项目部业务人员涉税风险意识淡薄，相关涉税业务处理不规范，业务随便做、合同随便签，不考虑税务问题或围绕着税法"打擦边球"，存在过分压低预缴税金现象，涉税风险极高。加强对预缴税款业务的涉税风险管理，对部分涉税业务管理薄弱的建筑企业来说，刻不容缓。部分建筑企业对纳税义务发生时间的判断有误也是目前常见的问题，部分发包方将预付款支付给建筑企业时，会强行要求施工企业提前开具增值税专用发票，这样会导致建筑企业需要提前缴纳增值税，占用企业流动资金。

4. 水电费涉税风险

在施工环节，甲方一般从施工企业的施工款中代扣水电费，电力公司和自来水公司将增值税专用发票开给甲方，甲方列支施工成本，并抵扣增值税销项税额。施工方作为水电使用人实际上支付了相关款项，却无法取得相关增值税专用发票，无法列支成本与抵扣增值税，造成了税负的增加。

5. 增值税兼营与混合销售的税务风险

增值税兼营行为与混合销售行为的区分一直是实务中的难点，特别是建安企业业务复杂，时常会遇到相关问题。兼营是指纳税人经营的业务中包括两项或多项销售行为，但是这两项或多项销售行为没有直接的关联和从属关系，业务的发生互相独立。混合销售主要是指一项销售行为既涉及服务又涉及货物销售。对建筑企业来讲，在日常经营活动中常见情形包括：一是提供自产的活动板房、建筑材料、机器设备、钢结构件等设备、货物，同时提供建筑、安装服务；二是从其他供应商处购买建筑材料、机器设备的同时

自己提供安装服务；三是提供建筑服务，同时提供设计服务、安装服务、销售服务等。

根据《营业税改征增值税试点有关事项的规定》（财税〔2016〕36号附件2）的规定，试点纳税人销售货物、加工修理修配劳务、服务、无形资产或者不动产适用不同税率或者征收率的，应当分别核算适用不同税率或者征收率的销售额，未分别核算销售额的，按照以下方法适用税率或者征收率：①兼有不同税率的销售货物、加工修理修配劳务、服务、无形资产或者不动产，从高适用税率；②兼有不同征收率的销售货物、加工修理修配劳务、服务、无形资产或者不动产，从高适用征收率；③兼有不同税率和征收率的销售货物、加工修理修配劳务、服务、无形资产或者不动产，从高适用税率。建筑企业在日常业务活动中如果不能严格区分或者处理不当，可能被税务机关认定从高使用税率或征收率，从而加重企业的整体税负。

（二）增值税涉税风险管控措施

由于经营的特殊性，建筑企业难免存在一定的涉税风险，企业要加强对财务人员的业务培训，提高其职业判断能力，规范税收风险管控制度，防范涉税风险。

1. 预收账款、开工保证金税收风险的管控

（1）规范合同约定内容，建筑企业在收到预收账款时，为了规避甲方强行要求开具发票，造成增值税销项税额与进项税额"倒挂"现象，提高资金使用效益，与发包方签订施工合同时，一定要约定"发票开具条款"。明确根据《财政部、国家税务总局关于建筑服务等营改增试点政策的通知》规定，收到发包方的预收账款或开工保证金，建筑企业没有发生增值税纳税义务，建筑企业向发包方开具收据。

（2）签订合同时统筹考虑税务问题，要规避提前缴纳增值税的风险。无论是与发包方还是与供应商签订合同，统筹考虑涉税问题，筹划好纳税义务发生时间，尽量提前取得可抵扣的进项税额发票，推迟增值税销项税额纳税义务发生时间。例如，如果建筑企业只有一个施工项目并且未动工，可以提前作采购计划，签订采购合同。在采购合同中以预付货款的形式采购工程物资，这样供应商必须在建筑企业动工前提供相应物资，并开具增值税专用发票。

2. 兼营行为、混合销售行为税收风险管控

混合销售行为还是兼营行为，在税务处理上对建筑业一般纳税人影响很大。混合销售行为仅指对销售货物与销售服务的认定，而兼营行为范围要广泛，对建筑企业来讲，兼营行为可能包括服务与服务的兼营，如建筑服务与设计服务的兼营；服务与销售货物的兼营，如销售货物与建筑服务的兼营。

按照税收法律法规的规定，财务处理上如果对于兼营业务未分开核算销售额，可能存在按高税率计算缴纳税款的情况，势必会增加企业的整体税负。比如，设计服务与建筑服务被认定为兼营行为，企业在合同约定与账务处理未分开核算销售额，则需要适用建筑服务高税率计算缴纳税款，销售额中的设计服务销售额会被按照建筑服务税率多征

税款。还有部分企业对于兼营业务人为进行调节与筹划，故意抬高低税率服务的销售额，压低高税率的服务的销售额来降低税负，但如果被税务机关认为某项应税行为价格明显偏低或偏高且不具有合理商业目的的，主管税务机关有权调整销售额，甚至对企业进行处罚。

建筑企业要对兼营行为和混合销售业务有足够的重视，对相关财务人员进行定期的业务培训，提高其职业判断能力。在提供建筑材料、机器设备、钢结构件等设备、货物的同时提供建筑、安装服务的，要建立完整台账，分开核算相应销售额；对于兼营行为的处理应分开核算，分别适用各自税率计算销售额，不任意提高低税率业务销售额，压低高税率业务销售额。销售自产机器设备同时提供安装服务的行为时，应当分别核算机器设备和安装服务的销售额，并且对提供的安装服务，可以根据企业的具体情况特别是税负情况选择简易计税方法按3%征收率申报缴纳税。销售外购机器设备的同时提供安装服务，不可故意压低设备销售额提高服务销售额进行人为"筹划"。

3. 水电费涉税风险的管控

在与发包方签订合同时，应明确约定好施工过程中水电费的处理。为规避涉税风险，降低整体税负，合同中可以以两种形式进行约定：一是发包方提供水电，由建筑施工企业向发包方购买水电，缴纳相关水电费，由发包方开具增值税专用发票；二是合同中明确约定水电费由发包方代收代付，发包方收取建筑施工企业水电费后，据实支付给电力公司和自来水公司，电力公司和自来水公司直接将增值税专用发票开具给建筑施工企业作为成本入账。以上约定可以避免建筑施工企业支付了相关款项无法取得发票，无法抵扣进项税额与列支成本的风险。

4. 劳务费用增值税专用发票涉嫌虚开风险管控

（1）实行用工实名制管理，杜绝使用现金发放工资，工程项目的施工人员均签订正规劳动合同，参加社会保险，办理银行个人工资账户用以发放工资。项目部完整留存施工人员劳动合同复印件和身份证复印件等资料，接受税务检察机关的检查。对于劳务分包，聘请专业的人员对劳务派遣公司资质进行风险评估和审核，规避不正规劳务派遣公司给企业带来的涉税风险。

（2）"金税三期"系统就是运用"互联网+"思维方式通过比对"进项"与"销项"、"开票"与"抵扣"分析企业开票金额是否异常，有条件的企业可以运用"互联网+"和大数据思维进行发票管控，从根本上杜绝发票问题引起的涉税风险。

（3）加强劳务派遣的用工合同、人员数量、派遣期限、用工岗位、参保情况内部统计和检查管控工作。将劳务派遣业务的内部管控工作作为常规工作，重点关注包括工资、福利以及设置的会计科目，银行回执单和明细，杜绝"资金流"与发票不符的情况发生。

5. 预缴税款管控

根据税收法律法规的规定，建筑企业跨区域提供建筑服务，或以预收款的方式提供建筑服务，均需按照规定预缴税款。如果处理不当，不仅可能增加税收成本、占用企业宝贵的现金，而且很可能导致税务处罚，若被税务机关定义为"偷税"，可能还会降低其纳税信用等级，严重影响企业形象。

根据《财政部、国家税务总局关于全面推开营业税改征增值税试点的通知》（财税〔2016〕36号）的规定，建筑企业的增值税纳税义务时间按照开票时间、收款时间和书面合同约定的付款时间孰先原则确认。建筑企业要正确判断纳税义务发生时间，及时缴纳税款，按合同约定的付款时间及时开具发票，若经双方约定推迟付款时间的，应及时签订补充协议，按新的付款时间确定的纳税义务发生时间申报纳税，避免产生税款未按时缴纳的风险。

根据《财政部、国家税务总局关于建筑服务等营改增试点政策的通知》（财税〔2017〕58号）和《国家税务总局关于进一步明确营改增有关征管问题的公告》（国家税务总局2017年公告第11号文件）和《营业税改征增值税试点实施办法》（财税〔2016〕36号附件1）的规定，企业收到预收款时，一般需要预缴税款。建筑企业预收账款时预缴增值税的处理需要注意以下几点：一是收到预收账款时，无论本地项目还是异地项目都要预缴增值税；二是异地项目在建筑服务发生地预缴增值税，本地项目在机构所在地预缴增值税；三是区分是否有分包业务，适用不同的税款计算方法；四是自2017年7月1日起，建筑企业预收账款时可以开具不征税发票，不产生增值税纳税义务。如果在预收账款时开具了征税发票（增值税专用发票或普通发票），则产生了纳税义务，需要缴纳增值税。

对跨市跨省异地项目，应准确把握税务机关政策，按照规定及时在建筑服务发生地或机构所在地预缴税款。有多个工程项目的，必须按照工程项目分别计算应预缴税款，分别预缴，且不能用一个项目预缴的增值税抵减另外一个项目应预缴的增值税。异地提供的建筑服务，应自行建立预缴税款台账，区分不同县（市、区）和项目逐笔登记全部收入、支出、发票情况、已预缴税款情况以及完税凭证等相关资料，留存备查。

二、成本费用核算风险与管控

建筑企业在经营过程中，常会发生有真实业务发生却难以取得增值税专用发票进行抵扣，造成增值税税负过高；真实发生的业务成本无法取得成本发票，造成企业所得税税负过高。比如建筑企业招聘员工的广告费、临时小额劳务费用支出，以及一些个人、个体工商户等提供零星建材、服务等无法提供发票等，在所得税汇算清缴时，这些实际发生的成本支出因无法取得税前抵扣凭证，可能存在需要调增应纳税所得额，导致企业多缴纳企业所得税的风险。

（一）虚开增值税发票的风险

建筑企业的供应商数量众多，成分比较复杂，部分建筑材料是从个体户或者小规模纳税人处购买，供应商不按规定开具或者找人代开发票，一旦被查处，则面临进项税额转出、补缴企业所得税甚至受到税务机关行政处罚的风险。若取得虚开的增值税专用发票，该部分发票进项税额将无法抵扣，另外，被税务机关认定为虚开增值税专用发票，轻则受到行政处罚，重则需要承担刑事责任。

风险管控。建筑企业在购进货物或者服务时，要全程提高风险防范意识。从采购谈判到签订采购合同，严格约定涉税与发票条款；对供货商或者服务商提供的发票严格审核，财务部门既要审核发票，又要比对合同与库存，审核与业务、资金流向的一致性，确保取得的发票真实合法有效。同时要杜绝采购时仅考虑价格因素，采购后再通过其他方式"找票"的情况发生。采购谈判或选择供应商时除商业上的统筹考虑外，还要综合考虑供应商的价格、身份（一般纳税人还是小规模纳税人）、提供发票情况，测算对利润及税负的综合影响，选择合适的供应商。

（二）缺失合法有效的税前扣除凭证风险

《企业所得税税前扣除凭证管理办法》（国家税务总局公告 2018 年第 28 号）规定，企业发生支出应取得税前扣除凭证，作为计算企业所得税应纳税所得额时扣除相关支出的依据，企业应在当年度《企业所得税法》规定的汇算清缴期结束前取得税前扣除凭证。建筑企业工程周期长，对一些零散的人工费用、分包费用，未能及时取得合法有效的税前扣除凭证，同时对于部分支出供货方或服务提供商可能未及时提供发票，造成建筑企业可能在未取得发票的情况下违规进行税前扣除，容易产生涉税风险。

现实中，存在建筑巨头承接大工程后，再分包到具有资质的公司，大公司再将部分工程向下转包，甚至是层层转包。此时实际承接业务的建筑企业在材料采购或服务采购时，只有压低价格控制成本才能盈利，而供应商出于自身利益考虑，出售材料都不太愿意开发票，部分建筑公司也主动要求"不含税价"来获取短暂利润。实际施工方,在工程、财务、技术方面都没有话语权，甲方或者总包企业为了规避自身的财务风险要求分包商提供发票，于是很多实际施工方为了降低自己的成本，只有到处找票甚至购买虚假发票提供给甲方。

部分甲方或者总包企业还会以不同名义收取费用，实质多为居间费，且无合同约定，支付收取混乱。从财务管理的角度建筑企业支付上述费用路径有两条：一是由甲方提供相关的发票，建筑公司通过对公账户打款，这种方式合法合规；二是建筑公司通过虚列成本费用等方式或者虚开材料款等方式套取资金再通过个人账号或者现金方式支付上述款项。基于甲方开具相关发票存在税务风险和税务成本，往往第二种方式成为常态，相关的税务风险则转嫁到支付款项方，由建筑公司承担。

风险管控。对企业而言，是否能够取得合法有效的税前扣除凭证，直接决定了成本费用支出是否可以税前扣除及应纳税所得额的多少。特别对于建筑企业来说，所需建筑材料多，成本支出大，能否取得税前扣除凭证尤为重要。一是在采购建筑材料时，建筑企业不但要比对价格的高低、运输的成本以及规模效益，更要综合考虑供应商"小规模纳税人、一般纳税人"身份对企业的税负影响，了解供货商或服务提供商能否及时开具发票，选择合适的供应商，并在合同中予以明确；在交易环节，取得发票时需注意检查发票是否符合规定、票面信息与经济业务是否一致等。二是谨慎选择内部凭证作为税前扣除凭证，对于真实的部分支出符合使用内部凭证入账的条件时，应详细、如实载明收款单位名称、个人姓名及身份证号、支出项目、收款金额等相关信息。

（三）机械设备租赁发票失真风险

为节约成本，建筑企业租赁施工机械现象较多。在实务中机械租赁合同存在几种常见的涉税风险，必须重视：一是租赁自然人机械设备，对方要求收取"净租金"，于是在合同中约定了"税金由承租方承担"，则会加重企业税负；二是租赁自然人的机械设备，以自然人名义挂账，直接向其个人银行账户付款，但是自然人提供的却是某机械租赁公司的租赁发票，这些操作流程明显与经济业务实质不一致，可能涉嫌虚开增值税专用发票；三是与租赁公司签订机械租赁合同，由租赁公司向承租方开具发票，但租赁公司账面上的固定资产并无这些机械设备，机械设备全是其他个人挂靠再出租，如果这些租赁公司是个皮包公司，或者其他相关案件被税务机关稽查，这些取得的租赁发票可能存在涉嫌"走逃失联"和"虚开"的风险。

风险管控。企业要综合考虑购买、融资租赁、租赁机械设备对企业的影响，包括对企业资产、流动资金及综合税负的综合影响，选择适当的方式。如果租赁更有利，在签订租赁合同时，应谨慎选择出租方，签订正规租赁合同。并在租赁合同中明确约定租赁价格、租金支付条件及方式，要特别约定好出租方提供的发票等涉税条款。比如对于部分自然人出租方在租赁合同中的税费承担条款中可以载明：租赁期间有关税费由出租方承担，由承租方代扣代缴，扣缴的税金从租赁合同中约定的租金价格中扣除等条款。

（四）劳务费发票虚开风险

建筑企业在施工过程中，需要大量的劳务人员，部分建筑公司通过与劳务公司签订劳务分包合同，由劳务公司向建筑公司开具增值税专用发票解决成本问题。建筑公司将款项通过对公账户转入劳务公司账户，完成所谓的合同、发票、资金的"三流一致"。劳务公司扣除"税点"或管理费用等相关费用后，将剩余款项从公司账户转给建筑公司的老板、项目管理人员或者建筑企业指定人员个人银行卡账户，这实际上是一种典型的"资金回流"；劳务公司仅负责走账与开票，并不对项目施工人员进行劳务管理。建筑企业通过老板、项目管理人员或者指定人员银行卡将民工工资汇入民工工资卡；或者汇入包工头个人银行卡，发给农民工本人。实务中还存在"居间服务费"等无法正常列支的费用通过劳务费方式走账冲抵的情况。

上述劳务费发票开票模式中资金从劳务公司账户转入建筑企业控制的个人账户，实际上就是常说的"资金回流"。如果"回流"资金对应真实的劳务业务，并实际支付了农民工工资的，可能会被认定"挂靠开票"；但是部分企业为了多抵扣增值税进项税额，虚构成本降低利润从而达到少缴税款的目的，资金"回流"到建筑公司控制的个人账户并不是为了支付民工工资（例如支付居间服务费等），或者"回流"资金远大于实际支付的农民工工资，这是典型的虚开行为，一旦被税务机关查处，将会受到相应行政处罚，数额较大的则可能构成刑事犯罪。

风险管控措施如下：

（1）根据实际业务情况与正规劳务公司签订合同，劳务公司开具劳务发票时在备注栏中注明"建筑服务发生地县（市、区）名称及项目名称"。如果建筑企业作为劳务发包方取得劳务公司开具的劳务发票上的备注栏没有注明建筑服务发生地县（市、区）名称及项目名称，则劳务费不可以在企业所得税前进行扣除，不可以抵扣增值税进项税额。

根据《增值税发票开具指南》第三章第四节第一条、《国家税务总局关于全面推开营业税改征增值税试点有关税收征收管理事项的公告》（国家税务总局 2016 年公告第 23 号）第四条第（三）项、《企业所得税税前扣除凭证管理办法》第十二条和《国家税务总局关于增值税发票开具有关问题的公告》（国家税务总局公告 2017 年第 16 号）第一条的相关规定，企业取得填写不规范等不符合规定的发票不得作为企业所得税税前扣除凭证，不符合规定的发票，不得作为增值税进项税额抵扣的税收凭证。

（2）设立农民工工资专户，通过专户代发劳务公司、分包企业农民工工资。建筑企业总包方应在合同中明确约定，通过其设立的农民工工资专用账户代发分包方或劳务公司农民工工资时，劳务公司、分包方应出具委托建筑企业总承包方代付农民工工资委托书，以及农民工工资明细表、身份信息、银行卡信息等资料，劳务公司、分包企业向建筑企业总包方开具劳务费发票的备注栏应注明"含建筑企业总承包方通过农民工工资专用账户代发农民工工资 ××× 元"，确保付款凭证、发票金额与支付金额一致。在支付农民工工资时严格审核相关材料，按照付款流程支付款项，收取发票。

（五）计提未取得发票的成本所得税前不得扣除的风险

按照《关于企业所得税若干问题的公告》（国家税务总局公告 2011 年第 34 号）规定，在次年 5 月 31 日汇算清缴前不能取得发票的要纳税调增。同时根据国家税务总局《关于企业所得税应纳税所得额若干税务处理问题的公告》的规定，对于调增的未在企业所得税税前扣除的暂估成本，在取得发票后，应按照规定作专项申报及说明后，将其追补至项目发生年度计算扣除，追补确认期限不得超过 5 年。

因此，未按规定取得合法有效凭据的成本不得在税前扣除，对于税前扣除的暂估成本调增后后期取得暂估成本发票，需要追补至项目发生年度进行确认，且不能超过 5 年，这将会给企业的管理造成很大影响。

风险管控措施如下：

（1）加强对供货商或服务提供商管理。对企业而言，是否能够取得合法有效的税前扣除凭证，直接决定了成本费用支出与企业的税负。企业在经济业务活动全过程中加强对上游供货商或服务提供商管理，及时跟踪督促上游企业开具合规发票，或者在合同中约定先开具发票并经审核发票合格后付款，同时在取得发票时审核比对发票是否符合规定、票面信息是否与经济业务一致、是否为作废发票等。

（2）熟练掌握部分业务无需发票即可扣除成本相关政策。

1）建筑企业作为总承包方向业主方支付的罚款等可在企业所得税税前扣除。

2）建筑企业支付的工伤事故赔偿费、道路损坏赔偿费等不需要发票即可在企业所得税税前扣除（以上支出以赔偿协议书、收款收据、身份证复印件作为附件计入成本）。

3）合同签订后未履行之前，建筑企业实际发生的定金、违约金和赔偿等支出不需要发票即可在企业所得税税前扣除。

4）建筑企业对发包方提前支付工程款所给予的现金折扣等，财务上作为财务费用列支，不需要发票即可在企业所得税税前扣除。

5）已经发生的采购等支出，但是销售方倒闭或注销的情况下，不需要发票凭以下凭证作为税前扣除的合法依据：①采购合同；②非现金形式的付款凭证；③材料、设备入库单或验收单。

6）增值税起征点以下的零星支出，如建筑工地上发生的零星的搬运费、装卸费、垃圾清运费等，500元以下只需要提供符合要求的内部凭证即可作为成本税前扣除。

三、个人所得税风险与管控

随着税务系统的监管越来越严格，建筑企业作为扣缴义务人，对于个人所得税的风险管控也必须重视起来。建筑企业在计算扣缴员工个人所得税时，不仅需要就各类工资、补贴等工资总额扣缴个人所得税，对于在其他科目列支的员工福利性质的支出也应并入工资总额计算个人所得税。部分企业存在劳务支出与工资支出划分不清，一些临时提供劳务应凭发票入账的劳务支出，错误地在工资总额账户进行了列支，未代扣代缴劳务费用个人所得税。还存在跨省项目管理人员在项目所在地核定缴纳的个人所得税，企业忽视应向机构所在地主管税务机关提供证明资料，未在机构所在地申报个税时扣除的问题。

（一）未代扣代缴个人所得税风险

建筑企业如果将工程分包给个人，分包工程将会变相成为内部承包，不能按照差额纳税。由于建筑企业仅向承包人收取管理费，容易忽视内部承包人的个人所得税扣缴问题。部分企业为抵扣成本，会要求承包人或者班组提供发票，凭票领取相应款项，班组或者个人可能会到税务局代开劳务费发票，按照规定，税务机关在代开劳务费发票时不再征收个人所得税，根据《个人所得税法》（主席令第 48 号）第九条的规定，个人所得税以所得人为纳税义务人，以支付所得的单位或者个人为扣缴义务人。根据《税收征收管理法》第四条的规定，扣缴义务人必须依照法律、行政法规的规定代扣代缴税款。支付劳务费用的单位即建筑企业代扣代缴劳务费用个人所得税是法定义务。因此，向班组支付劳务报酬，尽管个人或班组提供了发票，企业仍需要代扣代缴个人所得税，如果未进行代扣代缴，则可能会被认定为企业为个人代付税款，并可能面临被税务机关处罚的风险。

《国家税务总局关于建筑安装企业扣缴个人所得税有关问题的批复》（国税函〔2001〕505 号）在建筑安装企业扣缴个人所得税有关问题上明确，建筑安装企业在本地和外地都有工程作业，两地的主管税务机关可根据企业和工程作业的实际情况，各自确定征收方式并按规定征收个人所得税。按工程价款的一定比例计算扣缴个人所得税，税款在纳税人之间如何分摊由企业决定，在支付个人收入时扣缴；如未扣缴，则认定为企业为个人代付税款，应按个人所得税的有关规定计算缴纳企业代付的税款。

（二）异地工程项目的管理人员、技术人员和其他工作人员个人所得税申报缴纳风险

异地开展业务的企业，除了日常需特别关注的增值税和企业所得税风险，还需高度关注个人所得税风险，比如总承包企业、分包企业派驻异地工程项目的管理人员、技术人员和其他工作人员在异地工作期间的工资、薪金所得个人所得税的纳税地点确定风险。

一是未选择工程作业所在地为纳税地点，存在驻跨省异地工程项目人员的个人所得税纳税地点确定风险。根据《国家税务总局关于建筑安装业跨省异地工程作业人员个人所得税征收管理问题的公告》（国家税务总局公告 2015 年第 52 号）的规定，总承包企业、分承包企业派驻跨省异地工程项目的管理人员、技术人员和其他工作人员在异地工作期间的工资、薪金所得个人所得税，由总承包企业、分承包企业依法代扣代缴并向工程作业所在地税务机关申报缴纳。总承包企业和分承包企业通过劳务派遣公司聘用劳务人员跨省异地工作期间的工资、薪金所得个人所得税，由劳务派遣公司依法代扣代缴并向工程作业所在地税务机关申报缴纳。根据以上规定，建筑企业异地工程作业人员的个人所得税以工程作业所在地为纳税申报与缴纳地。

二是实行全员全额扣缴明细申报的，存在核定征收个人所得税的风险。根据《国家税务总局关于建筑安装业跨省异地工程作业人员个人所得税征收管理问题的公告》（国家税务总局公告 2015 年第 52 号）的规定，跨省异地施工单位应就其所支付的工程作业人员工资、薪金所得，向工程作业所在地税务机关办理全员全额扣缴明细申报。凡实行全员全额扣缴明细申报的，工程作业所在地税务机关不得核定征收个人所得税。

风险防控建议：建筑企业需要明晰自身代扣代缴义务，向项目人员支付工资及劳务报酬，或者支付劳务费用时，要根据规定进行个人所得税的代扣代缴与申报缴纳工作；

企业的跨省异地施工项目所支付的工程作业人员工资、薪金所得，依法代扣代缴并向工程作业所在地税务机关申报缴纳，办理全员全额扣缴明细申报。

四、其他风险

（一）未按规定缴纳印花税的风险

随着互联网的不断普及，电子合同由于方便快捷等特点被广泛应用于各个经济领域与经济活动中。建筑企业规模较大，业务链复杂，签订建筑施工、材料采购、劳务分包等合同较多，异地项目签订书面合同手续较为繁琐，时间长，加上纸质版合同管理难、效率低，越来越多建筑企业也开始在具体业务中特别是异地业务中采用电子方式签订合同，既方便快捷又易于管理，但往往容易忽略电子合同的印花税申报。

根据《印花税暂行条例》❶的规定，在中华人民共和国境内书面订立、领受该条例所列举凭证的单位和个人，都是印花税的纳税义务人，应当按照规定缴纳印花税。根据《财政部、国家税务总局关于印花税若干政策的通知》（财税〔2006〕162号）的规定，对纳税人以电子形式签订的各类应税凭证按规定征收印花税。

风险防控建议：由于印花税征税范围较广、税目较多，建筑企业纳税人需要事前准确掌握相关法规，企业内部各部门特别是销售、采购等业务部门与财务部门应加强沟通，避免出现漏缴、少缴印花税的风险；在经营过程中，应有专人负责合同的管理，业务部门签订电子合同后及时归档并与财务部门沟通备案，内部形成闭环管理；财税部门根据电子合同签订情况及时申报缴纳应税凭证对应的印花税。

（二）简易计税项目取得增值税专用发票申报抵扣风险

根据《财政部、国家税务总局关于全面推开营业税改征增值税试点的通知》（财税〔2016〕36号）的规定，企业选择简易计税方法的项目进项税额不得抵扣。

根据税收相关法律法规的规定，增值税一般纳税人的建筑企业部分项目可以分别选择适用一般计税方法或简易计税方法。建筑企业经营过程中，购进的货物、劳务和服务一般用于多个项目，既可用于一般计税项目，也可用于简易计税项目。按照规定选择简易计税方法的项目增值税进项税额不得抵扣，稍有不慎或者对政策掌握不到位，就可能出现购进用于简易计税项目的货物、劳务和服务取得的增值税专用发票抵扣了增值税进项税额的问题，或者购进用于简易计税项目的货物、劳务和服务取得的发票在一般计税项目进行抵扣的现象，存在较大的税收风险。

风险防控建议：建筑企业同时存在的多个项目，既有简易计税项目又有一般计税项目时，对于不同的项目，应单独建立台账进行核算，对于购进的货物、劳务和服务取得

---

❶ 该条例已废止，暂无新条例推出。

的增值税专用发票应区分用于简易计税项目或一般计税项目，分别进行核算。用于简易计税项目取得的增值税专用发票进项税额不得抵扣，也不得用于一般计税项目进行抵扣，已抵扣的应将对应的增值税进项税额进行转出，及时纠正税收违规行为。

（三）错误选择计税方法，适用简易计税方法的项目未按规定留存备查资料的风险

部分建筑企业对税收政策把握不准，容易错误选择计税方法，应适用简易计税的未适用简易计税；部分纳税人选择适用简易计税方法的建筑服务或项目，容易忽略留存相关证明材料。

根据《财政部、国家税务总局关于全面推开营业税改征增值税试点的通知》（财税〔2016〕36号）和《财政部、国家税务总局关于建筑服务等营改增试点政策的通知》（财税〔2017〕58号）的规定，建筑业一般纳税人以清包工方式提供的建筑服务，以及为甲供工程或建筑工程老项目提供的建筑服务，可选择简易计税方法计税。建筑工程总承包单位为房屋建筑的地基与基础、主体结构提供工程服务，建设单位自行采购全部或部分钢材、混凝土、砌体材料、预制构件的，适用简易计税方法计税。此外，根据《国家税务总局关于国内旅客运输服务进项税抵扣等增值税征管问题的公告》（国家税务总局公告2019年第31号）的规定，自2019年10月1日起，提供建筑服务的一般纳税人按规定适用或选择适用简易计税方法计税的，不再实行备案制，相关证明材料无需向税务机关报送，改为自行留存备查。

风险防控建议："可以"，即企业可以选择简易计税方法计税也可以选择一般计税方法计税，给企业自主选择权；企业在税务处理上，应把握必须适用简易计税情形与企业可以选择适用的相关政策规定；在政策允许的范围内，纳税人可根据项目的具体情况，综合考虑并测算不同计税方法对企业整体税负的影响，针对不同项目根据相关规定有选择地适用一般计税方法或者简易计税方法；同时，根据《国家税务总局关于国内旅客运输服务进项税抵扣等增值税征管问题的公告》的要求，对选择适用简易计税的项目，需将为建筑工程老项目提供的建筑服务的建筑工程施工许可证或建筑工程承包合同，以及为甲供工程提供的建筑服务、以清包工方式提供的建筑服务的建筑工程承包合同留存备查。

（四）缺乏税务筹划，导致综合税负率高，账簿凭证管理混乱，会计核算不规范导致税务稽查风险高

建筑企业的业务涉及多个税种，且产业链长，业务复杂，易发生涉税风险，加重企业的税负压力。伴随全面依法治国的推进，各项税收立法和执法越来越完善与规范，企业特别是中小建筑企业，税务风险意识还不够强，对税务风险认识不足，缺乏税务统筹能力；财务人员缺乏全局统筹意识，管理人员又不懂税，企业涉税法律风险管控几乎处于空白地带；甚至部分企业在受到税务机关稽查或者处理时才恍然大悟，给企业的经营与发展带来了不利的影响。

风险管控：一是企业管理者应加强对企业税务风险管控与税务合规的重视，优化

公司治理结构，建立涉税合规与涉税法律风险管控长效机制，为税务风险管控创造良好环境；二是会计、税务人员应加强职业技能学习，熟练掌握国家税收政策；三是企业管理层、综合管理部门、业务部门要加强与财税人员的沟通，形成合力，统筹识别、预防企业涉税风险，必要时可寻求专业涉税法律服务，增强企业涉税风险管控能力。

第二节　建筑企业税务的风险防控

一、税务风险的防范与控制的重要意义

近年来建筑企业涉税违法占比较大，值得企业反省和行业反思。被处罚的建筑企业主要存在无实际生产经营虚开发票、与受票企业间不存在真实业务虚开增值税发票、虚开普通发票；偷税漏税或者虚开发票用于骗取出口退税、抵扣税款等问题，被税务机关进行了不同程度的经济罚款和行政处罚。

近年来财税制度、政策变化频繁，企业涉税管理必须从业务源头抓起。"营改增"政策实施后，国家为降低企业税负，连续出台了一系列的税收政策，这既给企业带来了机遇，为企业税务筹划带来了空间，但也带来了挑战，严监管的形势下稍有不慎可能会给企业带来更大的风险。税务筹划不仅仅是财务部门的工作，更是一项重大的系统工程，涉及方方面面，需要企业各部门的配合。企业要建立一套科学合理的税务风险识别与评价体系，对风险进行预测和管理，主动采取措施应对风险，降低税收风险，在遵守税收法律法规的前提下，合理做好税务筹划，使企业价值最大化。

（一）建筑企业税务合规的重要意义

"营改增"加大了建筑企业财税管理难度。不少建筑企业对税务风险控制缺乏科学的评估和规划，疏于税务风险管理，造成虚开发票等涉税违法行为成为常态，在金税三期、四期时代，大数据和信息化的税务征管模式下，税务风险管控与税务合规管控对建筑企业来讲尤为重要。

1.开源节流降成本，实现企业利润最大化

税务合规是以税务风险管理为导向的税务筹划，而税务风险管理核心价值是安全，税务筹划的核心价值是效益，税务合规的目的是在安全价值外获得合规利益，即企业在合规的基础上，全面了解国家税收的优惠政策，对日常经济活动进行合理地安排与筹划，合理降低企业经营成本包括税务成本，或获得额外的"税收优惠"等方式减轻企业税负增加企业利润，实现企业利益最大化。合理、合法、科学的税务筹划方案有助于企业节省支出，或者增加企业流动资金，国家的部分优惠政策，实际上是为了鼓励企业发展的，

比如研发费用加计扣除政策。充分掌握国家及地方税收优惠政策，即明晰了政策引导方向，有助于推进企业产业结构的优化以及企业升级，不断增强企业的竞争力。

2. 降低法律风险，促进企业稳定发展

降低各种风险（尤其是财税风险）是企业税务合规不可或缺的内容。税务合规建设，是在合法安全基础上节省支出；是企业在符合国家立法意图的情况下的一种合法的经济理财行为。企业的税务合规建设，既可以合法降低企业成本，又可以不断降低企业的法律风险特别是涉税法律风险，促进企业稳定发展。

（二）建筑企业税务合规与筹划探讨

培养税务合规理念，提高企业税务管控的执行力度和实施效果。

很多建筑企业的管理权、经营权、监督权权责不清，制约着建筑企业税务管理和税务风险防范的实施效果。要从根本上提高税务管控能力，企业管理层需要培养税务合规思维，关注涉税风险，避免侥幸心理，提升安全价值的比例，保障提高企业税务管控的执行力度和实施效果。

企业应从公司治理结构入手，一是在企业内部设立相对独立的合规部门，设置相关岗位配备专职合规工作人员，进一步为税务管控的实施创造良好环境。必要时可聘请外部第三方专业机构开展税务合规调查、税务合规评价以及对税务筹划的可行性进行甄别和分析。二是根据涉税风险种类与重点，组织专人分类别、分重点地做风险监控与防范工作；在研究相关税收政策、法规、通知的精神基础上，重点分析企业具体税种的主要风险来源和风险控制点，提高企业的涉税风险预警和防范能力。

有条件的建筑企业还应根据自身的涉税风险建立"税务风险评估预警系统"，通过对各类财务、税务信息数据的分析，及时发现潜在的税务问题，及时作出预警，提高企业对涉税风险的预知预判能力。

二、税务合规与税务筹划安排

纳税义务在经济活动开始时即已经产生，而非在纳税申报时才产生。因此企业的税务筹划工作，需要在经济业务产生时即考虑税务问题。从根本上对经济事项进行事前的规划、安排、设计，在遵守税收法律法规与税务合规的前提下，通过销售、采购、财务等各个部门的分工协作，从交易谈判到合同签订、款项收付、涉税及发票条款等方面对经济事项以及具体业务活动全流程、全方位进行事前筹划与监控，确保合法地做好税务筹划工作，达到减轻税负的效果。

（一）充分利用国家企业税收优惠政策，享受政策福利

1. 充分享受小微企业所得税优惠政策

建筑企业可以根据企业规模与具体业务实际情况，对企业的部分业务进行拆分，在

条件允许的情况下成立一个或多个新的经济实体，通过该新的经济实体享受小微企业所得税优惠政策。比如，将采购部门资产、负债、人员独立成立采购公司，将设计部门资产、负债、人员等独立成立设计公司，享受优惠政策。

政策依据：2022 年 3 月 14 日，财政部 税务总局《关于进一步实施小微企业所得税优惠政策的公告》，为进一步支持小微企业发展，对小型微利企业年应纳税所得额超过100 万元但不超过 300 万元的部分，减按 25% 计入应纳税所得额，按 20% 的税率缴纳企业所得税；2021 年 4 月 7 日，国家税务总局发布《关于落实支持小型微利企业和个体工商户发展所得税优惠政策有关事项的公告》，对小型微利企业年应纳税所得额小于 100万元的部分，减按 12.5% 计入应纳税所得额，按 20% 的税率缴纳企业所得税。

2. 享受小微企业设备器具所得税的税前扣除优惠政策

企业可以根据企业规模与年度盈利情况，以及固定资产购置、租赁或融资租赁计划进行综合考虑与筹划，如果选择购置，适当调整设备器具等购置时间，比如，如果年度应纳税所得额较高，可选择将第二年度 1 月份的固定资产购置计划提前至 12 月份，结合企业所得税税前扣除政策选择适用，降低企业税负。

政策依据：2022 年 3 月 2 日，财政部 税务总局发布公告 2022 年第 12 号《关于中小微企业设备器具所得税税前扣除有关政策的公告》，明确中小微企业在 2022 年 1 月 1日至 2022 年 12 月 31 日期间新购置的设备、器具，单位价值在 500 万元以上的，按照单位价值的一定比例自愿选择在企业所得税税前扣除，其中，最低折旧年限为 3 年的设备器具，单位价值的 100% 可在当年一次性税前扣除，最低折旧年限为 4 年、5 年、10年的，单位价值的 50% 可在当年一次性税前扣除，其余 50% 按规定在剩余年度计算折旧进行税前扣除；企业选择适用上述政策当年不足扣除形成的亏损，可在以后 5 个纳税年度结转弥补，享受其他延长亏损结转年限政策的企业可按现行规定执行。

3. 享受增值税小规模纳税人免征增值税政策

建筑企业选择劳务提供方和实际施工人员时，可以将劳务关系变成双方的合作关系。由包工头或实际施工人设立相关劳务公司，以劳务公司的名义承接建筑劳务事项，这样建筑企业与包工头个人的劳务关系变成建筑公司与劳务公司的合作关系，通过劳务公司与建筑公司之间进行了风险隔离，确保劳务活动真实发生，规避虚开增值税发票的风险。

建筑企业也可以成立劳务公司，由劳务公司承包具体施工任务，对具体施工人员和班组进行专业管理，降低风险，并享受小规模纳税人的税收优惠政策。特别是 2022 年对小规模纳税人的优惠力度进一步加大，自 2022 年 4 月 1 日至 12 月 31 日，小规模纳税人取得适用 3% 征收率的应税销售收入，由原减按 1% 征收率征收，改为直接免征增值税。

政策依据：2022 年 3 月 24 日，财政部、国家税务总局发布《关于对增值税小规模纳税人免征增值税的公告》（财政部 税务总局公告 2022 年第 15 号）。

4. 充分享受特殊地区税收优惠政策

建筑企业要掌握相关特定区域的税收优惠政策，结合企业生产经营需要与业务发展情况，选择特定区域设立子公司或者分公司，完成企业的部分投资和生产经营活动，通过子公司或者分公司享受更多的税收优惠政策。

目前，经济特区、沿海经济开发区、经济技术开发区以及国家认定的高新技术产业区、保税区按照国家以及部分区域的相关政策，均有较大程度的税收优惠政策。建筑企业可以针对跨区域项目涉及多个地区的特点，根据业务战略发展需要，在确保业务真实的前提下，在不同的地区注册不同的公司享受各地的税收优惠政策。比如可在某园区或特区设立采购公司，根据项目需要，统一由采购公司从上游企业负责采购，再将材料销售给建筑企业，并开具足额正规的发票，大量的集中采购不仅可以提高采购谈判时的主动性，降低采购成本，实现规模效应，还可以既使该子公司享受特殊地区税收优惠政策，又解决建筑企业进项票不足、利润虚高的问题。

（二）合理利用可以选择简易计税或者一般计税方法的优势

根据税收法律法规的规定，建筑企业对甲供材、清包工等建筑施工项目可以采用简易计税的方法。建筑企业应充分利用该政策优势，对具体项目进行具体测算，进行相应的税收筹划，选择税负较低的计税方法。比如发包方是政府、事业单位等不需要增值税专用发票的单位，建筑企业应提前对项目整体税负进行测算，税负低于 3%，应优先选择一般计税方法，如税负高于 3%，应优先采用简易计税方法。比如该项目有大额固定资产购入，可以取得足够的进项税额，如果采取"简易计税"反而无法抵扣进项税额，不利于降低企业的税负，采用一般计税方式更能降低企业税负，对企业而言更有优势。如果经测算，简易计税更节税，应提前进行筹划，选择甲供材的方式与发包方签订合同，合同中或补充合同中明确甲供材的相关条款，同时明确采用简易计税方法，防止发包方要求开具 9% 增值税专用发票的风险。如果采用一般计税方法的，应做好销项发票开具与进项发票相关管理工作，防止被强制适用简易计税情形的出现。

（三）合理选择分包模式，防范涉税风险管理

一是加强分包管理，重点抓好分包商及分包模式选择、合同签订、分包内容等管控，实现分包合同文本规范化、合同签订流程化、合同管理精细化。建立分包商准入机制，优先选用纳入合格名录内"有资质、有信誉、有技术"的分包商。选择分包商时，除了解对方经营范围、资质等情况，还要重点了解对方的纳税信用情况。结合实际情况进行综合比较权衡，合理选择工程分包模式、专业类型、队伍数量、组织管理方式，在政策允许的范围内，除了传统的劳务分包、专业分包模式，还可以采取"自产货物＋安装服务""机械设备＋操作人员"等方式，签订工程施工合同，完善合同签订工作机制，执行并规范分包合同签订、评审和报批制度，增加税务审核流程。所有纳入分包管理的业

务均应签订合法有效的书面合同，合同文本应分类具体描述合同标的，明晰合同价款，约定发票的类型、税率、提供时间和违约责任等涉税关键性条款。

二是严格控制扩大分包规模的风险。企业税收筹划的根本依据是税收法律法规与政策规定，基础是企业实际发生的业务。不得为进行税收筹划而人为地把单纯的材料设备采购、机械租赁、劳务派遣等业务纳入分包合同管理。比如建筑企业租挖掘机、装载机等建筑施工机械但不配备机械作业人员的服务，属于"有形动产经营租赁服务"，但出租建筑施工机械的同时配备机械作业人员的服务，属于"建筑服务"，两者适用不同的税率。建筑企业可以在权衡设备购买与租赁使用的经济合理性基础上，确需租赁的采用"机械设备＋操作人员"的租赁方式，签订工程施工合同，纳入分包管理，从而降低企业税负。

（四）订立合同时进行纳税义务时间筹划

一是订立合同时明确约定支付合同价款的条件与收取发票时间，根据实际情况合理筹划纳税义务发生时间。建筑企业可以根据实际情况，在与供应商谈判、签订合同时，在不违反税法规定的情况下，通过协议的方式，约定好开具发票的时间与支付款项时间，通过合同约定好取得发票的类型与时间，以实现提前抵扣进项税额、推迟付款的目的，为企业留存充足的流动资金。二是合同谈判前要预估发包方滞后付款的可能性，以及发包方要求按照结算金额开具发票所支付税费的情况。积极主动与发包方沟通，对于滞后付款、代垫费用等造成的税费损失，要求发包方先行支付代垫工程款税金，或采取其他形式进行补偿，例如以代垫款利息的方式补偿税金等。

（五）区分业务模块签订项目合同，降低税负

建筑施工过程涉及工程的设计、采购、施工、运行维护等多种业务活动。根据税收法律法规的相关规定，设计、施工、采购等项目分别适用不同的增值税税率。建筑企业在与发包方签订总承包合同时，如果项目未实施拆分，则可能根据合同总值按照最高税率进行计税；如果项目根据不同业务性质进行拆分，分别签订合同，则建筑企业可以按照不同业务适用不同税率分别核算计税，以降低整体的税负。在签订合同、协议时根据工程项目的具体情况，区分工程的设计、采购和施工模块分别签订合同，分别适用不同的税率进行计税，以降低增值税税负。适用税率高的项目与环节，增值额高必然带来税负的增加，相同的增值额，适用税率低的项目或业务税负必然较低。因此，企业在不违背独立交易原则的情况下，应对各项目与环节进行测算，合理筹划高税率项目与低税率项目或者业务的增值额，降低整体税负，以实现税后收益最大化。

（六）合理提高职工福利

企业的发展，人力资源是关键。中小建筑企业可综合考虑企业利润与税负的综合情况，在符合税收法律法规要求的工资范畴内适当提高员工工资，为员工办理医疗保险，建立职工养老基金、失业保险基金以及单独提取职工教育基金等，这些费用可以在成本

中列支，减少税负，降低经营风险和福利负担，也能够帮助企业调动员工积极性。

根据税收法律法规的规定，企业的职工食堂属于福利性设施，相关设备、器具折旧费用在规定范围内计入职工福利费项目，可以税前扣除，企业可以考虑食堂费用支出将其调整纳入福利费项目中。同时对员工的一些福利性支出准确进行归集，包括各种货币性或非货币性的福利，如伙食补贴、给员工报销的汽油费补贴等费用，按税收限额进行计算并计入企业福利费。对职工食堂的设施、设备等单独入账，将每年发生的折旧费用计入职工福利费税前扣除，按照不超过工资总额的 14% 的范围在职工福利费中归集进行税前扣除，既降低了企业与员工税负，又提高了员工积极性与向心力，促进企业的发展。

第十二章

建筑企业刑事的合规与风险防控

任何合法规范的经营，都可以有效避免企业刑事风险的发生，从而避免刑事责任的承担，进而保证企业更好地正常发展，建筑企业也是如此。但企业的刑事合规与此不同，那么，什么是企业的刑事合规呢？就我国当前司法实践而言，它是指赋予检察官依法对涉嫌犯罪的企业刑事风险进行管理的积极义务，使单位行为与个人行为有所分离并根据企业遵守刑事规范情况，对企业行为作出肯定性或者否定性的刑事评价，并对相应涉案人员进行区别处理，使陷入刑事风险的企业获得拯救，重新依法合规经营的机制。

从逻辑上讲，企业的合规经营发生在经营管理的全过程中，而企业的刑事合规是发生在企业涉嫌犯罪后，前者是事前预防，后者是事后处理（企业危机），那么，企业的关键是建立、完善、执行好经营管理上的规章制度，杜绝刑事犯罪的发生，尽量不要走到刑事合规这一步。

建筑企业也不例外，在做好经营管理方面的合规后，杜绝走到刑事合规这一阶段，即使到了这一阶段，也要做好刑事合规，目的是降低企业的刑事风险，使企业在遭受犯罪影响后能够重新回到正常的运营轨道，从而正常经营。

第一节　建筑企业及管理层涉及的刑事风险

据《2015 年中国企业家刑事风险报告》和《2019—2020 企业家刑事风险分析报告》分析，"2014 年 12 月 1 日至 2015 年 11 月 30 日，在'中国裁判文书网'共搜集到企业家犯罪案件 793 例，涉及犯罪企业家 921 人，其中，国有企业家 170 人，占 18%，民营企业家 751 人，占 82%。""报告以中国裁判文书网上传的刑事案件判决书、裁定书为检索对象，对 2019 年 12 月 1 日至 2020 年 11 月 30 日上传的所有刑事案件判决书、裁定书，按照设定的统计变量进行系统检索，从中筛选出符合企业家犯罪定义的案例 2635 件作为分析样本而成。"报告显示"在 2019 年 12 月 1 日至 2020 年 11 月 30 日上传的刑事判决案例中，共检索出企业家犯罪案例 2635 件，企业家犯罪 3278 次。在 3278 次企业家犯罪中，性质明确的 3265 次。"建筑企业及工作人员可能涉及的犯罪有串通投标罪，受贿罪，行贿罪，伪造、变造、买卖国家机关公文、证件、印章罪，诈骗罪，合同诈骗罪，非法经营同类营业罪，为亲友非法牟利罪，签订、履行合同失职被骗罪，国有公司、企业、事业单位人员失职罪，滥用职权罪，背信损害上市公司利益罪，贪污罪，非法购买增值税专用发票、购买伪造的增值税专用发票罪，持有伪造的发票罪，虚开发票罪，虚开增值税专用发票罪，虚开增值税专用发票、用于骗取出口退税、抵扣税款发票罪，伪造公司、企业、事业单位、人民团体印章罪，假冒注册商标罪，职务侵占罪，强迫交易罪，倒卖文物罪，重大劳动安全事故罪，重大责任事故罪，污染环境罪，消防责任事故罪，不报、谎报安全事故罪，高利转贷罪，拒不支付劳动报酬罪，强令违章冒险作业罪，过失损坏易燃易爆设备罪，非国家工作人员受贿罪，寻衅滋事罪，故意伤害罪，聚众扰乱社会秩序罪，敲诈勒索罪，虚假诉讼罪，工程重大安全事故，串通投标罪，单位行贿罪等。其中高频罪名分别是：非法吸收公众存款罪，职务侵占罪，拒不支付劳动报酬罪，虚开增值税专用发票罪，非法购买增值税专用发票、购买伪造的增值税专用发票罪，逃税罪，合同诈骗罪，挪用资金罪，集资诈骗罪，非法经营罪，侵犯商业秘密罪，污染环境罪和重大责任事故罪，危险驾驶罪，非国家工作人员受贿罪，对非国家工作人员行贿罪，行贿罪，串通投标罪，非法获取，提供公民个人信息罪，工程重大安全事故罪，重大责任事故罪，重大劳动安全事故罪，破坏电力设备罪、聚众斗殴罪。有很多高频罪名与建筑企业有关。

第二节　建筑企业刑事合规风险现状

建筑企业涉及的刑事犯罪，主要类型是危害公共安全，破坏社会主义市场经济秩序，贪污贿赂犯罪等。

一、企业设立时的刑事法律风险

任何企业只要以公司名义设立时，都可能存在触犯虚报注册资本罪和虚假出资、抽逃出资罪的刑事法律风险，当然也包括建筑企业。

（一）虚报注册资本罪

（1）概念。虚报注册资本罪，是指使用虚假证明文件或者采取其他欺诈手段虚报注册资本，欺骗公司登记主管部门，取得公司登记，虚报注册资本数额巨大、后果严重或者有其他严重情节的行为。

（2）构成要件。①在客观方面，本罪表现为使用虚假证明文件或者采取其他欺诈手段虚报注册资本，欺骗公司登记主管部门，取得公司登记，虚报注册资本数额巨大、后果严重或者有其他严重情节的行为。上述违法、登记、数额巨大且后果严重等必须同时具备才能成立犯罪。②本罪的主体既可以是达到 16 周岁、具有刑事责任能力的自然人，也可以是具有合法组织性的（法人）单位。③本罪主观方面表现为故意，即行为人是明知而故犯。

（3）处罚。根据《刑法》第一百五十八条的规定，犯虚报注册资本罪的，处 3 年以下有期徒刑或者拘役，并处或者单处虚报注册资本金额 1% 以上 5% 以下罚金。单位犯本罪的，对单位判处罚金，并对其直接负责的主管人员和其他直接责任人员，处 3 年以下有期徒刑或者拘役。

（二）虚假出资、抽逃出资罪

（1）概念。虚假出资、抽逃出资罪，是指公司发起人、股东违反《公司法》的规定，未交付货币、实物或者未转移财产权，虚假出资，或者在公司成立后又抽逃其出资，数额巨大、后果严重或者有其他严重情节的行为。

（2）构成要件。①在客观方面，本罪表现为违反《公司法》的规定，未交付货币、实物或者未转移财产权，虚假出资，或者在公司成立后又抽逃其出资，数额巨大、后果严重或者有其他严重情节的行为。上述违法未付货币或者实物的虚假出资或者抽逃出资、数额巨大且后果严重等情节必须同时具备才能成立犯罪。②本罪的主体既可以是达到 16 周岁、具有刑事责任能力的自然人，也可以是具有合法组织性的（法人）单位。③本罪主观方面表现为故意，即行为人是明知而故犯。

（3）处罚。根据《刑法》第一百五十九条的规定，犯虚假出资、抽逃出资罪的，处 5 年以下有期徒刑或者拘役，并处或者单处虚假出资金额或者抽逃出资金额 2% 以上 10% 以下罚金。单位犯本罪的，对单位判处罚金，并对其直接负责的主管人员和其他直接责任人员，处 5 年以下有期徒刑或者拘役。

二、企业终止时的刑事法律风险

任何企业只要以公司名义设立时，都可能存在虚报注册资本罪和虚假出资、抽逃出资罪的刑事法律风险，当然也包括建筑企业。

（一）妨害清算罪

（1）概念。 妨害清算罪，是指公司、企业违反清算管理法规，在进行清算时，隐匿财产，对资产负债表或者财产清单作虚伪记载或者在未清偿债务前分配公司、企业财产，严重损害债权人或者其他人利益的行为。

（2）构成要件。①在客观方面，本罪表现为公司、企业违反清算管理法规，在进行清算时，隐匿财产，对资产负债表或者财产清单作虚伪记载或者在未清偿债务前分配公司、企业财产，严重损害债权人或者其他人利益，情节严重的行为。上述违法虚伪记载并隐匿分配财产、情节严重三个条件必须同时具备才能构成本罪。②本罪的主体是特殊主体，必须是进行清算的公司、企业。③本罪主观方面表现为故意，即行为人是明知而故犯。

（3）处罚。根据《刑法》第一百六十二条的规定，犯妨害清算罪的，对其直接负责的主管人员和其他直接责任人员，处 5 年以下有期徒刑或者拘役，并处或者单处 2 万元以上 20 万元以下罚金。

（二）隐匿、故意销毁会计凭证、会计账簿、财务会计报告罪

（1）概念。隐匿、故意销毁会计凭证、会计账簿、财务会计报告罪，是指隐匿或者故意销毁依法应当保存的会计凭证、会计账簿、财务会计报告，情节严重的行为。

（2）构成要件。①在客观方面，本罪表现为隐匿或者故意销毁依法应当保存的会计凭证、会计账簿、财务会计报告，情节严重的行为。根据有关规定，隐匿或者故意销毁依法应当保存的会计凭证、会计账簿、财务会计报告，涉嫌下列情形之一的，应予追诉：第一，隐匿、销毁的会计资料涉及金额在 50 万元以上的；第二，为逃避依法查处而隐匿、销毁或者拒不交出会计资料的。②本罪的主体是一般主体。③本罪主观方面表现为故意，即行为人是明知而故犯。

（3）处罚。根据《刑法》第一百六十二条之一的规定，犯隐匿、故意销毁会计凭证、会计账簿、财务会计报告罪的，处 5 年以下有期徒刑或者拘役，并处或者单处 2 万元以上 20 万元以下罚金。单位犯本罪的，对单位判处罚金，并对其直接负责的主管人员和其他直接责任人员，依照前述的规定处罚。

（三）虚假破产罪

（1）概念。虚假破产罪，是指公司、企业通过隐匿财产、承担虚构的债务或者以其他方法转移、处分财产，实施虚假破产，严重损害债权人或者其他人利益的行为。

（2）构成要件。①在客观方面，本罪表现为公司、企业通过隐匿财产、承担虚构的债务或者以其他方法转移、处分财产，实施虚假破产，严重损害债权人或者其他人利益的行为。②本罪的主体是具有实施虚假破产以达破产避债目的的公司、企业。③本罪主观方面表现为故意，即行为人是明知而故犯。

（3）处罚。根据《刑法》第一百六十二条之二的规定，犯虚假破产罪的，对其直接负责的主管人员和其他直接责任人员，处 5 年以下有期徒刑或者拘役，并处或者单处 2 万元以上 20 万元以下罚金。本罪是一个只有单位才能构成的犯罪，但在处罚上采取"单罚制"的原则。

三、建筑企业忽视公共安全而面临的刑事法律风险

所谓公共安全，是指社会和公民个人进行正常的生活、工作、学习、娱乐和交往所需要的稳定的外部环境和秩序。

公共安全，不仅是国家安全的重要组成部分，其自身也是独立自成体系的，包括公共信息安全、食品安全、卫生安全、交通安全、建筑安全、避震防灾安全、反恐应急安全等诸多方面。

公共安全，就法律层面而言，一般是指包括不特定的多数人的生命、健康和重大公

私财产安全及公共生产、生活安全。

我国历来注重保护公共安全，法律保护自成一体，虽然公共安全的法律体系尚在完善过程中，但也正在逐步加强。我国《刑法》分则的第二章就规定了危害公共安全罪，说明其重要性仅次于第一章的危害国家安全罪。我国《刑法》规定的危害公共安全罪共有47个罪名，但与建筑企业有关的主要有以下几个。

（一）重大责任事故罪

（1）概念。重大责任事故罪，是指在生产、作业中违反有关安全管理的规定，因而发生重大伤亡事故或者造成其他严重后果的行为。

（2）构成要件。①本罪侵犯的客体是生产、作业中的公共安全，即不特定多数劳动者的生命、健康和重大公私财产的安全。②在客观方面，本罪表现为在生产、作业中违反有关安全管理的规定，因而发生重大伤亡事故，造成严重后果的行为。违规生产作业中、重大伤亡的严重后果三个条件同时具备才构成本罪。③本罪的主体为特殊主体。从《刑法修正案（六）》开始，将本罪的主体从原来的企业、事业单位职工扩大到从事生产、作业的一切人员，把目前难以处理的对安全事故负有责任的个体、包工头和其他从事生产、作业的人员包括在内。④本罪主观方面表现为过失，即行为人对自己行为造成的严重后果具有过失，而不是指对行为违规性的认识过失。

（3）处罚。根据《刑法》第一百三十四条的规定，犯重大责任事故罪的，处3年以下有期徒刑或者拘役；情节特别恶劣的，处3年以上7年以下有期徒刑。

（二）强令、组织他人违章冒险作业罪

（1）概念。强令、组织他人违章冒险作业罪，是指强令他人违章冒险作业，或者明知存在重大事故隐患而不排除，仍冒险组织作业，因而发生重大伤亡事故或者造成其他严重后果的行为。本罪是《刑法修正案（十一）》作了重大修改的罪名。

（2）构成要件。①本罪侵犯的客体是生产、作业中的公共安全，即不特定多数劳动者的生命、健康和重大公私财产的安全。②在客观方面，本罪表现为强令他人违章冒险作业，或者明知存在重大事故隐患而不排除，仍冒险组织作业，因而发生重大伤亡事故或者造成其他严重后果的行为。正确理解"强令"，不能机械地理解为必须有说话态度强硬或者大声命令等外在表现，强令者也不一定必须在生产、作业现场，而应当理解为"强令"者发出信息内容所产生的影响，达到了使工人不得不违心继续生产、作业的心理强制程度。③本罪的主体为特殊主体。主要指生产、施工、作业等工作的管理人员。④本罪主观方面表现为过失，即行为人对自己行为造成的严重后果具有过失，而不是指对行为违章性的认识过失。

（3）处罚。根据《刑法》第一百三十四条的规定，犯强令、组织他人违章冒险作业罪的，处5年以下有期徒刑或者拘役；情节特别恶劣的，处5年以上有期徒刑。

（三）重大劳动安全事故罪

（1）概念。重大劳动安全事故罪，是指安全生产设施或者安全生产条件不符合国家规定，因而发生重大伤亡事故或者造成其他严重后果的行为。

（2）构成要件。①本罪侵犯的客体是生产、作业中的安全，即不特定多数劳动者的生命、健康和重大公私财产的安全。②在客观方面，本罪表现为从事生产经营的企业、事业单位的安全生产设施或者安全生产条件不符合国家规定，因而发生重大伤亡事故或者造成其他严重后果的行为。③本罪的主体为特殊主体，从《刑法修正案（六）》开始，将本罪的主体从原来的企业、事业单位扩大到所有从事生产、经营的自然人、法人及非法人实体。④本罪主观方面表现为过失。

（3）认定。认定本罪应注意与重大责任事故罪，强令、组织他人违章冒险作业罪的区别。三者都发生在生产、作业过程中，且都违反了生产、作业过程中的安全规定，因而非常相似。三罪的主要区别在于犯罪客观表现不同：本罪表现为劳动场所的硬件设施或者对劳动者提供的安全生产防护用品和防护措施不符合国家规定；后两罪表现为自然人在生产、作业过程中具体操作层面上违章操作或者强令、组织他人违章作业，而引起的安全生产事故的行为。

（4）处罚。根据《刑法》第一百三十五条的规定，犯重大劳动安全事故罪的，对其直接负责的主管人员和其他直接责任人员，处3年以下有期徒刑或者拘役，情节特别恶劣的，处3年以上7年以下有期徒刑。

四、建筑企业忽视市场经济秩序而面临的刑事法律风险

破坏社会主义市场经济秩序罪在《刑法》分则中排在第三章，我国社会主义市场经济秩序是改革开放后向西方先进的资本主义国家学习的结果，它在优化资源结构和配置方面的作用明显，激发了经济的活力。但凡事都有两面性，不可否认的是，市场经济的高度自主性、自由性也是导致犯罪的诱因，因此，我国《刑法》设立专门的章节对此类犯罪予以打击。

建筑企业在设立和终止时涉及破坏社会主义市场经济秩序犯罪，即前面讲到的虚报注册资本罪，虚假出资、抽逃出资罪，妨害清算罪和隐匿、故意销毁会计凭证、会计账簿、财务会计报告罪以及虚假破产罪。除此之外，主要涉及的就是串通投标罪。所以本节重点介绍串通投标罪的概念、构成要件、处罚。

（1）概念。串通投标罪，是指投标人相互串通投标报价，损害招标人或者其他投标人利益，情节严重的行为。

（2）构成要件。在客观方面，本罪表现为投标人相互串通投标报价，损害招标人或者其他投标人利益，情节严重的行为。招标投标是一种在工程发包等活动中经常采用的市场竞争行为，它有利于公平竞争、加强管理、确保质量、降低成本、缩短工期并提高

效益。而串通投标的行为则严重扰乱了市场竞争秩序，损害了招标人或者其他投标人的合法权益，因此，必须予以严厉打击。

根据最高人民检察院、公安部发布的《关于经济犯罪案件追诉标准的规定》的规定，投标人相互串通投标报价，或者投标人与招标人串通投标，涉嫌下列情形之一的，应予追诉：第一，损害招标人、投标人或者国家、集体、公民的合法利益，造成的直接经济损失数额在 50 万元以上的；第二，对其他投标人、招标人等投标活动的参加人采取威胁、欺骗等非法手段的；第三，虽未达到上述数额标准，但因串通投标，受过行政处罚 2 次以上，又串通投标的。

根据《刑法》的规定，对于投标人与招标人串通投标，损害国家、集体、公民的合法利益的行为，也以本罪论处。本罪主观方面表现为故意，即行为人是明知而故犯。

（3）处罚。根据《刑法》第二百二十三条的规定，犯串通投标罪的，处 3 年以下有期徒刑或者拘役，并处或者单处罚金。根据《刑法》第二百三十一条的规定，单位犯本罪的，对单位判处罚金，并对其直接负责的主管人员和其他直接负责人员，依照前述规定处罚。

五、建筑企业忽视廉洁性而面临的刑事法律风险

廉洁自律不仅是对国家工作人员在社会管理过程中的要求，也是对各类企业的管理人员在生产经营过程中的要求。同样，建筑企业对于廉洁自律也一样不可忽视，否则，极易产生刑事方面的法律风险。

（一）非国家工作人员受贿罪

（1）概念。非国家工作人员受贿罪，是指公司、企业或者其他单位的工作人员利用职务上的便利，索取他人财物或者非法收受他人财物，为他人谋取利益，数额较大的行为。从《刑法修正案（六）》开始，主体从"公司、企业工作人员"扩大到"其他单位的工作人员"，在主体范围上扩大了对商业贿赂犯罪的打击面。

（2）构成要件。①在客观方面，本罪表现为公司、企业或者其他单位的工作人员利用职务上的便利，索取他人财物或者非法收受他人财物，为他人谋取利益，数额较大的行为。上述利用职务便利、索取或非法收受财物、数额较大这三个条件必须同时具备，才能构成此罪。首先，所谓利用职务上的便利，是指行为人利用其主管的公司、企业或者其他单位的生产经营管理的有关职权，或者利用其基于职务从事生产经营活动所形成的便利条件；其次，表现为索取他人财物或者非法收受他人财物，为他人谋取利益；其三，索取或非法收受他人财物，必须达到数额较大的程度。②本罪的主体是特殊主体，仅限于公司、企业或者其他单位的工作人员。这里的"其他单位"，既包括事业单位、社会团体、村民委员会、居民委员会、村民小组等常设性的组织，也包括为组织体育竞赛、文艺演

出或者其他正当活动而成立的组委会、筹委会、工程承包队等常设性的组织。③本罪主观方面表现为故意，即行为人是明知而故犯。

（3）处罚。根据《刑法》第一百六十三条的规定，犯非国家工作人员受贿罪的，处3年以下有期徒刑或者拘役，并处罚金；数额巨大或者有其他严重情节的，处3年以上10年以下有期徒刑，并处罚金；数额特别巨大或者有其他特别严重情节的，处10年以上有期徒刑或者无期徒刑，并处罚金。

（二）对非国家工作人员行贿罪

（1）概念。对非国家工作人员行贿罪，是指为谋取不正当利益，给予公司、企业或者其他单位的工作人员以财物，数额较大的行为。从《刑法修正案（六）》开始，将行贿对象扩大到"其他单位的工作人员"。

（2）构成要件。①在客观方面，本罪表现为行为人为谋取不正当利益，给予公司、企业或者其他单位的工作人员以财物，数额较大的行为。按照司法解释的规定，所谓"谋取不正当利益"是指谋取违反法律、法规、国家政策和国务院各部门规章规定的利益，以及要求国家工作人员或者有关单位提供违反法律、法规、国家政策和国务院各部门规章规定的帮助或者方便条件。"根据最高人民法院、最高人民检察院《关于办理贪污贿赂刑事案件适用法律若干问题的解释》第七条规定：为谋取不正当利益，向国家工作人员行贿，数额在三万元以上的，应当依照刑法第三百九十条的规定以行贿罪追究刑事责任。第十一条规定：刑法第一百六十四条第一款规定的对非国家工作人员行贿罪中的"数额较大""数额巨大"的数额起点，按照本解释第七条、第八条第一款关于行贿罪的数额标准规定的二倍执行"。②本罪主观方面表现为故意，即行为人是明知而故犯，具有谋取不正当利益的目的。

（3）处罚。根据《刑法》第一百六十四条的规定，犯对非国家工作人员行贿罪的，处3年以下有期徒刑或者拘役，并处罚金；数额巨大的，处3年以上10年以下有期徒刑，并处罚金。单位犯本罪的，对单位判处罚金，并对其直接负责的主管人员和其他直接责任人员，依照前述规定处罚。行贿人在被追诉前主动交代行贿行为的，可以减轻处罚或者免除处罚。

（三）对单位行贿罪

（1）概念。对单位行贿罪，是指为谋取不正当利益，给予国家机关、国有公司、企业、事业单位、人民团体以财物，或者在经济往来中，违反国家规定，给予各种名义的回款、手续费的行为。

（2）构成要件。①本罪侵犯的客体是国家机关、国有公司、企业、事业单位、人民团体的正常管理活动。本罪行贿的对象是单位，法律明确限定为国家机关、国有公司、企业、事业单位、人民团体。如果行贿的对象是个人，或者虽然是单位，但不是前述所列的国家机关和其他国有单位，均不能构成本罪。②在客观方面，本罪表现为给予国家机关、国有公司、企业、事业单位、人民团体以财物，或者在经济往来中，违反国家规定，给予各种名义的回款、手续费的行为。它有两种表现形式：一是给予国家机关、国有公司、企事业单位、人民团体以财物的行为；二是在经济往来中，违反国家规定，给予国家机关、国有公司、企事业单位、人民团体以各种名义的回款、手续费的行为。在适用后者时，应当重视法律规定的"在经济往来中"和"违反国家规定"的要求。③本罪的主体可以是自然人，也可以是单位，既可以是国有性质的单位，也可以是非国有性质的单位。当本罪的主体是单位时，也就是单位向单位行贿时，应当把本罪同《刑法》第三百九十三条规定的单位行贿罪区别开来。④本罪在主观方面表现为故意。

（3）认定。①行贿的数额标准。由于本罪既可由个人构成，也可由单位构成，因此，根据最高人民检察院的司法解释的规定，个人行贿数额在 10 万元以上，单位行贿在 20 万元以上的，才可以追究刑事责任。②对单位行贿罪与行贿罪的界限。两罪的客观方面和主观方面都相同，关键的差别在于行贿的对象不同，一个是国有性质的单位，一个则是国家工作人员。另外，两者的主体也不同，前者既可以是单位也可以是个人，后者则只能是个人。③对单位行贿罪与对非国家工作人员行贿罪的界限。两罪的关键差别在于行贿的对象不同，前者是国有性质的单位，后者是公司、企业或者其他单位的工作人员。当然，侵犯的客体也有所不同。

（4）处罚。根据《刑法》第三百九十一条的规定，犯对单位行贿罪的，处 3 年以下有期徒刑或者拘役，并处罚金。单位犯本罪的，对单位判处罚金，并对其直接负责的主管人员和其他直接责任人员，依照前述规定处罚。

（四）单位行贿罪

（1）概念。单位行贿罪，是指单位为谋取不正当利益而行贿，或者违反国家规定，给予国家工作人员以回扣、手续费，情节严重的行为。

（2）构成要件。①本罪侵犯的客体是国家工作人员职务行为的廉洁性和职务行为的正常管理活动。由于现行《刑法》同时设有对单位行贿罪的罪名，由此本罪行贿的对象只能是国家工作人员，所以本罪所侵犯的客体也必然是与国家工作人员有关的职务行为的廉洁性和正常管理活动。②在客观方面，本罪表现为向国家工作人员给予财物进行行贿或者违反国家规定，给予国家工作人员以回扣、手续费的行为，表现为两种方式：一是给予国家工作人员以财物；二是违反国家规定，给予国家工作人员以回扣、手续费。而且本罪还有"情节严重"的特征，主要是指数额在 20 万元以上的才追究。如果数额在 10 万元以上不满 20 万元，有下列情形之一的，才追究：为谋取非法利益而行贿的；向 3 人以上行贿的；向党政领导、司法工作人员、行政执法人员行贿的；致使国家或者社会利益遭受重大损失的。以上行为应属于情节严重的表现。③本罪的主体只能是单位，也就是向国家工作人员行贿或者给予国家工作人员以回扣、手续费的主体，必须是单位，而且可以是各种类型的单位，包括国有性质的单位，也可以是非国有性质的单位。个人不能成为本罪的主体。④本罪主观方面表现为故意，即行为人是明知而故犯。单位行贿或者单位违反国家规定给予回扣、手续费给国家工作人员，应当具有谋取不正当利益的主观恶意，这是单位行贿行为能否构成犯罪的一个重要要件。如果是为谋取正当利益而行贿，则不构成本罪。

（3）认定。①单位行贿罪与行贿罪的界限。两者的其他方面都相同，区别的关键在于主体：单位行贿罪的主体是各种类型的单位，而行贿罪的主体只能是个人。②单位行贿罪与对单位行贿罪的界限。两罪虽一字之差，但法律意义不同。单位行贿罪是单位向关键工作人员行贿，而对单位行贿罪则是个人或者单位向单位行贿，不仅犯罪的主体不同，而且犯罪的对象也不同，从犯罪对象角度也好区分：单位行贿罪的行贿对象只能是国家工作人员，而对单位行贿罪的行贿对象却只能是单位。③单位行贿罪与单位对非国家工作人员行贿犯罪的界限。两者的其他方面都相同，区别的关键在于行贿的对象不同，单位行贿罪的对象是国家工作人员，而单位对非国家工作人员行贿犯罪的对象是公司、企业或者其他单位人员。

（4）处罚。根据《刑法》第三百九十三条的规定，犯单位行贿罪的，对单位判处罚金，并对其直接负责的主管人员和其他直接责任人员，处 5 年以下有期徒刑或者拘役，并处罚金。因行贿取得的违法所得归个人所有的，依照《刑法》第三百八十九条、第三百九十条的规定定罪处罚。

六、建筑企业忽视税务管理合法性而面临的刑事法律风险

（一）逃税罪

（1）概念。逃税罪，是指纳税人或者扣缴义务人违反税收法律法规，逃税数额较大且达到应纳税一定比例的行为。

（2）构成要件。①在客观方面，本罪表现为采取伪造、变造、隐匿、擅自销毁账簿、记账凭证，在账簿上多列支出或者不列、少列收入，经税务机关通知而拒不申报或者进行虚假的纳税申报手段，不缴或者少缴应纳税款，逃税数额较大或者有其他严重情节的行为。所谓数额较大，是指逃税数额占应纳税款的 10% 以上并且在 1 万元以上；多次逃税未经处理的，按照累计数额计算。其他严重情节，是指因逃税被税务机关给予 2 次行政处罚又逃税的。②本罪的主体为特殊主体，即只有纳税人或者扣缴义务人才能构成。其中，纳税人是指法律、法规规定负有纳税义务的单位和个人；扣缴义务人是指法律、法规规定负有代扣代缴、代收代缴义务的单位和个人。③本罪主观方面表现为故意，即行为人是明知而故犯，并且具有非法占有应缴税款的目的。

（3）认定。①逃税罪与走私罪中偷逃关税行为的关系。两罪虽然在某些方面具有相似之处，存在着一定的关联。但毕竟存在着严格的区别。法律性质不同，前者

违反《税收征收管理法》，后者违反《海关法》；行为过程不同，前者表现为逃避税务机关监管，且在国内，后者表现为逃避海关监管，且与国家边境、关口密切相连；行为表现不同，前者表现为利用账簿、记账凭证或虚假的财务收入、支出，逃避或者不接受税收征管的行为，或者表现为运输、携带、邮寄一般应缴关税的货物、物品进出境的行为。②关于逃税罪的罪与非罪之区别。本罪与漏税、欠税等一般违规行为的区别主要在于前者在主观上属于明知而故犯，并且具有非法占有应缴税款的目的。后者在主观上往往属于过失或因经济状况欠佳暂时拖欠不缴，并不具有非法占有税款的目的。前者在客观方面以数额较大或者情节严重为构成要件，后者则表现为数额不大或者情节一般。

（4）处罚。根据《刑法》第二百零一条的规定，犯逃税罪的，处3年以下有期徒刑或者拘役，并处罚金；数额巨大并且占应纳税额30%以上的，处3年以上7年以下有期徒刑，并处罚金。

《刑法》第二百一十一条规定，单位犯第二百零一条规定之罪的，对单位判处罚金，并对其直接负责的主管人员和其他直接责任人员，依照该条的规定处罚。

《刑法》第二百一十二条规定，犯第二百零一条规定之罪，被判处罚金、没收财产的，在执行前，应当先由税务机关追缴税款。

（二）逃避追缴欠税罪

（1）概念。逃避追缴欠税罪，是指纳税人欠缴应缴税款，采取转移或者隐匿财产的手段，致使税务机关无法追缴欠缴的税款，数额在1万元以上的行为。

（2）构成要件。①在客观方面，本罪表现为欠缴应缴税款，采取转移或者隐匿财产的手段，致使税务机关无法追缴欠缴的税款，数额在1万元以上的行为。②本罪在主观方面表现为故意，即行为人是明知而故犯，并且具有非法占有应缴税款的目的。

（3）认定。①正确区分本罪与漏税、欠税等一般违规行为。主观方面，本罪属于明知而故犯，并且具有非法占有应缴税款的目的，而后者往往属于过失或因具体的客观原因一时拖欠不缴，行为人并不具有非法占有税款的目的。客观方面，本罪的行为人往往采取转移或者隐匿财产的手段，致使税务机关无法追缴欠缴的税款，而后者则无转移或者隐匿财产的行为。②正确区分本罪与偷税罪。行为的前提不同，本罪是以已具有欠税事实为前提，而偷税罪则无需有欠税的事实；行为表现不同，本罪的行为主要表现为转移或者隐匿财产，而偷税罪的行为主要表现为利用虚假的会计账簿、凭证或作虚假的记载。

（4）处罚。根据《刑法》第二百零三条的规定，犯逃避追缴欠税罪的，处3年以下有期徒刑或者拘役，并处或者单处欠缴税款1倍以上5倍以下罚金；数额在10万元以上的，处3年以上7年以下有期徒刑，并处欠缴税款1倍以上5倍以下罚金。

《刑法》第二百一十一条规定，单位犯第二百零三条规定之罪的，对单位判处罚金，并对其直接负责的主管人员和其他直接责任人员，依照该条的规定处罚。

《刑法》第二百一十二条规定，犯第二百零三条规定之罪，被判处罚金、没收财产的，在执行前，应当先由税务机关追缴税款。

（三）伪造、出售伪造的增值税专用发票罪

（1）概念。伪造、出售伪造的增值税专用发票罪，是指伪造、出售伪造的增值税专用发票的行为。

（2）构成要件。①在客观方面，本罪表现为伪造、出售伪造的增值税专用发票的行为。②本罪在主观方面表现为故意，即行为人是明知而故犯，并且具有谋取非法经济利益的行为。

（3）处罚。根据《刑法》第二百零六条的规定，犯伪造、出售伪造的增值税专用发票罪的，处3年以下有期徒刑、拘役或者管制，并处2万元以上20万元以下罚金；数额较大或者有其他严重情节的，处3年以上10年以下有期徒刑，并处5万元以上50万元以下罚金；数额巨大或者有其他特别严重情节的，处10年以上有期徒刑或者无期徒刑，并处5万元以上50万元以下罚金或者没收财产。单位犯本罪的，对单位判处罚金，并对其直接负责的主管人员和其他直接责任人员，处3年以下有期徒刑、拘役或者管制；数额较大或者有其他严重情节的，处3年以上10年以下有期徒刑；数额巨大或者有其他特别严重情节的，处10年以上有期徒刑或者无期徒刑。

第三节 建筑企业及管理层刑事风险防控

一、犯罪的原因

分析犯罪的原因，对于有效地防止犯罪的发生，具有积极的意义。

（一）概述

总的来说，犯罪的原因就是反社会意识及畸形需求（含狡黠动机）的总称，就是以损害公众利益满足一己私利的价值取向为核心的多种错误观念的总称。

（二）犯罪的主客观原因

（1）主观原因是犯罪人自身的、自己能够意识到的原因，有如下因素：年龄、性别、性格、世界观、价值观等。

（2）客观原因是犯罪人身外的不以自己意志为转移的原因，有如下因素：经济关系、职业地位关系、贫富悬殊、失业、人口的密度、人种的不同、政治、教育、宗教、气候、天灾、地域环境等。

（三）单位犯罪的原因

单位犯罪的原因无外乎获取更大的利益，不仅包括故意犯罪、也包括过失犯罪，如重大责任事故方面的犯罪。建筑企业也不例外。

二、增强法律意识，尤其是刑事法律风险意识

我们国家从 1986 年开始，实施第一个五年普法规划，意在全体国民中普及法律知识，目的就是增强全体国人的法律意识，至今已有 35 年，而且这项工作还在继续。随着人们生活水平和文化程度的不断提高，法律意识也得到大大的增强，遵纪守法已蔚然成风，不仅个人这样，而且众多的企业亦然。但在刑事法律意识方面，无论是个人，还是企业，还存在着这样那样的问题，就个人而言，除了传统的刑事犯罪，如盗窃伤害、行贿受贿等，目前存在较多的是以金融、信用诈骗为主的各种形式的诈骗和传销、网络赌博、醉驾等犯罪；就单位而言，存在较多的是责任事故、串通投标、虚假注册、行贿、偷逃抗税等犯罪，对此应引起重视。

三、学习必要的法律知识

全民普法学习，重要是学习与日常工作生活相关的基本法律，主要是民法、经济法等法律法规、条例规定，很少有对刑事法律方面的学习。作为单位，特别是建筑企业，除了要学习普及的法律外，还要学习有关刑事法律方面的基本知识，特别是本章第一节中列出的刑事犯罪方面的法律知识，学习的目的是从根本上防范这方面的刑事风险，更好地保护企业健康发展，也使自己的法律意识得到进一步增强。

刑事法律的处罚，简称刑罚，是刑事法律内容的重要组成部分，它不同于其他形式的处罚，比如行政处罚有罚款、拘留、禁止营业等，而刑事处罚在我国主要有拘役、有期徒刑、无期徒刑、死刑等。威慑力、震慑力是其他法律无可比拟的，其作用也是不可替代的，目的无外乎两点：一是通过对犯罪者本人的处罚，使其感到痛苦、难受，避免以后再触犯刑事法律；二是对外界的警示，通过对罪犯的惩罚，使其他人不敢效仿，不敢再触犯刑事法律。

单位犯罪，包括建筑企业的犯罪，对单位只能判处罚金，对单位直接负责的主管人员和其他直接责任人员一般判处罚金、有期徒刑或拘役。

实践中，单位犯罪虽然相对不多，但也应引起重视，因为一旦涉及犯罪，无论是单位被判罚金，还是直接的主管人员被判刑，对这个单位的打击都是毁灭性的，因此切不可掉以轻心。

四、树立诚信、稳健的经营理念

诚信，是无论在个人方面还是为人处世方面，以及在企业的生产经营方面，都必须遵守的一个基本准则。

"诚实守信"是中华民族的传统美德，大而言之，是国家（政府）方面的"国格"体现；小而言之，是企业、团体、个人的一种"形象"、品牌和信誉、信念。

"诚信公平"是法律的最基本要求和准则，也是法律在实践中追求的终极目标，同时，它也是民商事法律中的帝王条款。

作为企业，包括建筑企业，在日常经营管理活动过程中，讲究诚信，是起码的准则。无信则不立，不仅个人，企业也是如此。

建筑企业，承担着各类大大小小的工程建设，工程质量的好坏，直接关系着国家和人民的安危、冷暖，因此在日常经营管理过程中，应该更加注重讲究诚信，把诚信当作方方面面的底线。

五、发挥法律顾问的应有作用

专业的事，交给专业的人做，作为建筑企业，特别是具有一定规模的建筑企业，不仅要有自己的法务部门，还应该聘请社会上的专业律师作为企业的法律顾问，要求法律顾问不仅要在民商事上专业、精业，在刑事法律方面也应当专业、精业。在范围上，不仅能够为建筑企业提供法律咨询，参与合同的起草与审查，进行重大事项的参与、谈判等，而且要在刑事法律风险的防范上提供帮助，在建筑企业规章制度的建立，多个管理环节的把控上，顾问律师应该发挥应有的作用，并且在企业刑事合规方面，顾问律师更应该有所建树。

六、养成专业律师、法务人员参与企业决策的习惯

外聘的法律顾问，一般都是具有执业证的专业律师，应该充分发挥他们的专业作用，同时也应本企业的法务部门的人员的作用。除了日常管理中在制度方面规定应由法律顾问和法务人员参与的事项外，在企业其他的重大事项、决策中，也应邀请专业律师和法务人员参与，特别是企业的所有合同，应由他们负责起草并审查把关，把关的形式最好是对所有合同发表意见，并签名存档，这样可以使专业律师和法务人员确实担起责任，防止、杜绝敷衍了事，不负责任。

第四节　建筑企业刑事风险防控建议

如前所述，建筑企业及其相关人员，在很多方面都可能涉及刑事法律风险，但一般而言，无外乎下面几个方面的风险。

一、建筑企业在设立时的刑事法律风险

主要涉及虚报注册资本罪和虚假出资、抽逃出资罪，在这方面的风险防范建议如下。

（一）如实申报、出资，实事求是登记注册

企业，包括建筑企业，都想做大做强，出发点、愿望都无可厚非，但切不可急功近利，要根据企业自身的条件、情况以诚为本，在法律规定的范围内申报并注册、登记，千万不要瞒报注册资本，也不要虚假出资。

（二）克服投机取巧和侥幸的心理

随着我国经济的不断增长，建筑市场的需求越来越旺，大的工程项目越来越多，大项目的利润非常可观，但不同的建筑企业只能承接相应的工程项目。因为建筑企业是要求有资质等级的，等级低的不能承接等级高的工程项目。这就使得许多建筑企业在设立时就注意本企业的资质等级，特别在开始申报注册登记时，将注册资本的出资数额不顾客观实际，故意拔高，以为可以钻《公司法》的空子和漏洞，抱着侥幸心理，用少量的资金注册一个与自己出资严重不相符的建筑企业，从而使得企业容易取得较高的资质，目的是承接较大的工程项目，这一做法，极易带来刑事法律风险，一旦企业触犯虚报注册资本罪或虚假出资、抽逃出资罪，将面临灭顶之灾，因此在思想上一开始就要重视，克服这种投机的侥幸心理，切莫以身试法。

二、建筑企业在终止时的刑事法律风险

主要涉及妨害清算罪，隐匿、故意销毁会计凭证、会计账簿、财务会计报告罪，虚假破产罪，在这方面的风险防范建议如下。

（1）增强安全底线观念，提高安全风险防范意识；

（2）建立健全各项规章制度并贯彻落实到位；

（3）制定并落实所有员工岗前培训制度；

（4）加强施工现场的安全管理和质量监督；

（5）明确方方面面的责任，监督所有人各司其职；

（6）在洽谈签订合同时要注意结合安全施工的要求科学决策；

（7）在监管过程中发现安全隐患及时上报并妥善处置。

建筑企业与其他企业一样也有类似人的"生老病死"，无非存在的时间长短不相同而已，但企业的终止又不同于人，必须进行清算，以使自己的对外债务得到合法消除，目的还是维护社会经济秩序。那么，企业在涉及本身利益的情况下终止时，也就应当依法合规，依法清算，保护财务档案在内的所有档案或依法进入破产程序，千万不要投机取巧，为了一己利益违规违法操作，从而有可能陷入刑事法律风险中，切切牢记。

（1）依法清算：建筑企业在终止前的清算一定要合法合规，不得隐匿财产，也不得对资产负债表或财产清单作虚假记载，更不得在债务清算前对企业的财产进行分配。

（2）规范做好并保管好会计凭证、会计账簿、财务会计报告，不得故意隐匿、销毁。

（3）不得虚假破产：建筑企业在终止时，不得虚构债务，不得隐匿、转移、处分财产，从而进行虚假破产，否则严重侵害债权人或其他利益人的要承担相应的刑事责任。

三、建筑企业忽视公共安全而面临的刑事法律风险

主要涉及重大责任事故罪，强令、组织他人违章冒险作业罪，重大劳动安全事故罪，工程重大安全事故罪，在这方面的风险防范建议如下。

建筑行业是安全生产事故多发的行业，近几年有上升的趋势。我国《建筑法》规定了建设单位、勘察单位、设计单位、施工单位对于建设项目的安全生产管理均负有相应责任。《建筑法》和《建筑业企业资质管理规定》对建筑施工方面的安全生产都作了一系列的规定。

（1）树立安全生产红线底线意识，建立健全各项安全管理制度，并贯彻执行落实到位。这方面犯罪的主体基本上包括各类生产经营活动中从事生产、作业及指挥管理的人员，而且既包括管理人员，也包括普通员工，因此任何人都有安全生产的责任。那么，就应当在整个企业内部增强安全生产的红线底线意识，并根据有关规定，结合自身实际和不同特点，制定与自己情况相适应的安全生产规章制度。同时，将这些安全生产管理的规章制度贯彻执行落实到位。

（2）落实安全施工岗前培训，提升施工人员安全意识，加强对施工现场的安全管理和质量监督。做好施工前的岗位培训，教育施工人员按照使用规则落实安全防护措施，对安全准则及施工作业操作规程牢记于心、落实于行。作为施工企业，应对施工现场加强监管，如符合资质的人员才能进场，落实安全防护措施，提供安全防护、保障的用品、设施，配备专门人员现场监督，发现施工安全隐患及时上报并妥善处置。无论如何，现

场监管人员不可因任何外界因素而罔顾生产安全，更不可在存在安全隐患的情况下强令冒险作业。

（3）明确项目各方参与主体的责任，落实各自的安全管理制度，各负其责。一旦发生重大事故，无论是发包人、承包人、实际施工人、监理人、勘察人、设计人，还是投资人、组织人、指挥人、管理人、负责人、一线直接工作人，都有可能成为这方面犯罪的主体。因此，项目工程的各个参与方及其各部门人员，都要主动提高安全意识，认真落实安全管理制度，各负其责，分工协作，互相配合，这样才能有力保障项目工程安全、平稳实施。

四、建筑企业忽视市场经济秩序而面临的刑事法律风险

主要涉及串通投标罪，在这方面的风险防范建议如下。

（一）认真学习并掌握相关法律法规，依法规范参与的招标投标活动

（1）为了规范招标投标行为，国家制定了相应的法律法规，即《招标投标法》《招标投标法实施条例》，对招标投标的行为作了较细的规定，多地及有关地方政府、住房和城乡建设部门也出台了实施细则，目的是依法规范竞争、公平竞争，建筑企业特别是相关管理人员，要学习领会、掌握。

（2）建筑企业人员在投标过程中，要不存私利，严格规范自己的投标行为，不与其他投标人协商，更不要串通，最好连有关信息也不要向其他投标人透露，按规定投标，同时，也要注意与招标人的关系，不许诺给付好处，不打探有关招标不宜透露的信息。

（二）加强企业的内部控制管理

市场经济就是竞争经济，建筑市场也不例外。对于建筑企业来说，获取项目才是生存之道，进而才能维护企业的正常生产经营。但获取项目是所有建筑企业竞争的重要环节，它主要有两种方式：一是招标投标形式；二是竞争性谈判或磋商方式。随着建筑市场竞争的日益激烈和管理规范的加强，对建筑项目的招标投标越来越多，特别是国家和财政投资的项目。既然是招标投标项目，也就必然存在不规范行为甚至铤而走险触动串通投标罪这样的刑事犯罪。因此企业必须严格管理，采取切实措施从内部管控上把握投标行为，从投标的资料申报到相关资金的使用等严格审核、把关、防微杜渐，规范投标行为。

五、建筑企业忽视廉洁性而面临的刑事法律风险

主要涉及行贿受贿（含非国家工作人员行贿受贿）、单位受贿及对单位行贿，在这方面的风险防范建议如下。

（一）树立正确的预防理念，完善预防体系

（1）建筑企业在生产建设过程中的多个环节部分可能面临违背廉洁性的刑事法律风险，因此首先在预防上就要增强防范意识、理念，因为事发后的补救不如事中控制，事中控制不如事先预防，从指导思想到思维方式，再到工作方法，方方面面各个环节都要增强预防意识。

（2）纪检、监督部门和法律事务部门各自都要建立健全风险防范责任制，监督体现在所有的环节当中，重大决策和合同审查都要听取法律顾问意见。

（二）建立健全规章制度

建筑企业在生产经营过程中，在各方面及各个环节要建立健全各种廉洁防范风险的规章制度，如领导班子廉政承诺制度、员工违纪处罚责任制度、民主决策制度、领导干部议事规则、管理人员廉洁从业谈话制度、党风廉政建设考核制度、民主生活会及党务公开制度、经济责任审计制度、薪酬管理及业绩考核办法等，必要时要出具法律风险年度评估报告。

（三）加强各个环节的监督

建筑企业应对整个生产经营的方方面面及各个环节，特别是关键人物、重点部位、加强过程监督，确保相关权利的行使规范、有序，最大限度地减少以权谋私，堵住体系、机制和制度上的漏洞。

六、建筑企业忽视税务管理合法性而面临的刑事法律风险

主要涉及逃税罪，逃避追缴欠税罪，伪造、出售伪造的增值税专用发票罪，在这方面的风险防范建议如下。

依法纳税，是公民的基本义务，因为税收是一个国家得以发展的基本保障，之所以要纳税，是因为社会上的人要享受诸如文化、教育、卫生、医疗、安全、国防等方面的公共服务和社会保障。因此，依法纳税，必须予以保障。

现实社会中，总有这样那样的逃税、避税现象发生，那么，作为建筑企业，如何防止发生纳税方面的刑事法律风险呢？

（1）增强依法照章纳税的意识。要明确认识到，依法照章纳税是企业的法定义务，在日常的生产经营管理过程中，无论是建筑企业作为纳税的主体，还是建筑企业下属的分支机构及所属人员作为纳税的主体，都要增强依法照章纳税的意识，要了解依法纳税的作用、意义以及不纳税可能造成的不利后果特别是刑事法律风险方面的后果。

（2）建立健全财务方面的规章制度。依法完善财务制度可以有效地防范建筑企业在刑事法律方面的风险。要严格按照《会计法》的规定，建账立册，使财务账簿经得起检查验收，不存在因偷逃税而故意做不符合法律法规规定的虚假之账。

（3）严格规范财务行为，不虚开假发票而偷逃税款。不仅建筑企业自身要做到这一点，在与其上下游往来的单位、个人如建设公司、分包单位、挂靠企业、个人等也要做到这一点，不开虚假的、前后不一致的、表里不一致的发票，从而从根本上避免涉及税务管理合法性方面的刑事法律风险。

第十三章

建筑企业工程保险的合规与风险防控

保险，英文是 insurance 或 insurgence，本义是稳妥可靠的保险，但后来扩展为一种保障机制。即由被保险人按照合同，向保险人缴纳保险费，由保险人对约定的可能出现的重大事故或由其所产生而引起的重大经济损失负有偿付保险金责任，又或者在被保险人去世、受伤、患病或超过所约定的年龄、期限等条件时，负有支付保险费责任的商业保险行为。在商业保险公司中，除人们在平时接触较多的人身保险以外，还有另外一种保险，在建筑工程领域中被广泛应用，就是建筑工程保险。建筑工程行业是危险性较高的行业之一，工程项目的进行常伴随着意外的发生，无论是员工，还是安装设备，抑或是管理人员，都有诸多不确定的风险因素。为了降低这些意外带来的经济损失，各种工程类保险应运而生，给建筑工程中面临的各种风险提供经济保障。

第一节　建筑企业的工程保险

一、工程保险的概述

工程保险是承保建筑安装工程期间的所有意外物质损失和对第三人经济赔偿责任的保险。工程保险在性质上属于综合性保险，既有对财产风险的保障，又有对责任风险的保障。根据不同险种的保障范围及特点，工程保险可以分为 4 大类，分别为责任保险、人身保险、财产保险及保证保险。主要险种包括：建筑工程险、工程质量保险、安装工程险、职业责任保险、第三者责任险、承包商机械设备保险、雇主责任险、人身意外伤害保险等。其中，建筑工程险和安装工程险在实践中使用频率较高。

二、工程保险的特点

与一般的财产保险相比，工程保险的特点主要有以下几方面：第一，承保风险广；第二，涉及的利益相关人多；第三，不同工程保险险种的内容存在交叉；第四，工程保险承担的风险主要是技术风险。

三、工程保险的责任范围

工程保险的责任范围一般分为两部分，第一部分为针对工程项下的物质损失部分，主要包含工程标的有形财产的损失和相关费用的损失；第二部分为针对被保险人在施工过程中因承担可能产生的第三者责任的经济赔偿所导致的损失。

下文为保险公司的格式文本措辞，通过下文，将进一步分析工程保险责任范围中的要点问题。

保险公司的格式文本为：

"在本保险期限内，若本保险单明细表中分项列明的被保险财产在列明的工地范围内，因本保险单除外责任以外的任何自然灾害或意外事故造成的物质损坏或灭失，本公司按本保险单的规定负责赔偿。

对经本保险列明的因发生上述损失所产生的有关费用，本公司亦可负担赔偿责任。

本公司对每一保险项目的赔偿责任均不得超过本保险单明细表中对应列明的分项保险金额以及本保险单特别条款或批单中规定的其他适用赔偿限额。但在任何情况下，本公司在本保险单项下承担的对物质损失的最高赔偿责任不得超过本保险单明细表中列明的总保险金额。"

（一）关于保险责任的范围限定

（1）工程保险的物质损失部分是财产保险的一种，它主要指被保险财产的直接物质损失。保险人一般对因此而产生的各种费用和其他损失不承担赔偿责任。

（2）关于造成损失的成因，是除外责任以外的任何自然灾害和意外事故。这里的表述虽然是"任何"自然灾害和意外事故，但对自然灾害和意外事故却有一定范围的限定。

（3）关于保险期限的确定，到底什么是"在本保险期限内"？工程保险的保险期限的确定与一般财产保险有所不同，一般财产保险的保险期限明确为保单上写明的起止日期，这是一个确定的时间段。工程保险虽然在保单上也有一个明确的保险期限，但实践中，保险人实际承担保险责任的起止时间却要根据保险工程的具体情况确定，这是一个无法事先确定的时间点。

（4）什么是"在列明的工地范围内"？工程保险对于保险标的的地理位置作了一定限制，明确限定在工地范围内，即被保险财产如产生损失，只有对在工地范围内发生的属于保险责任范围内的损失部分，保险人才可能进行赔偿。如果是在工地范围之外发生的属于保险责任范围内的损失，保险人将不予赔偿。所以，被保险人在投保时需要考虑这一点，若因施工需要，被保险的财产必须存放在施工工地之外的地方时，那么在制定保险方案时就必须要充分考虑到这个问题。通常情况下，若在工地外存放的地点相对固定、集中，那么可以在保单明细表中的"工程地址"栏进行说明和明确。若在工地外存放的地点较为分散，并且投保时难以确定，那么可以采用扩展"工地外储存"的条款，使保险人对这类风险进行扩展承保。

（5）责任范围中除了对承保的风险进行了明确限制外，对保险人承担的赔偿责任的额度也进行了限制。保险单明细表中，每一分项都进行赔偿额限制，并且对整个保单的赔偿总额的上限进行限制，即在任何情况下保险人承担的赔偿责任不超过最高限额。

（二）关于"风险事故"的定义

风险事故是指造成财产和生命损失的偶发事件，是造成损失的直接原因或者外在原因。即风险只有通过风险事故的发生，才可能导致损失产生。工程保险中的"风险事故"主要是指意外事故和自然灾害。

为了限制风险事故的责任范围，工程保险的保单中对"自然灾害""意外事故"的定义进行了明确的界定。

1. 对于"自然灾害"的定义

自然灾害：地震、海啸、雷电、飓风、台风、龙卷风、风暴、暴雨、洪水、水灾、冻灾、冰雹、地陷下沉、山崩、雪崩、火山爆发以及其他破坏力强大的人力不可抗拒的自然现象。

从以上定义可以看出工程保险中对于"自然灾害"的定义是框架性的，称为"人力不可抗拒的破坏力强大的自然现象"，也就是说，凡符合这一条件的均构成"自然灾害"。另外，为了明确起见，保单中列明了常见的自然灾害现象。由于这些自然灾害现象一般分为不同等级，并列不同等级造成的损失后果也存在很大的差异，所以在实践中，通常需要对这些自然灾害现象再作进一步的明确和规定，防止发生争议。一般由保险监管机构，如中国保险监督管理委员会对此作出相关解释。

（1）地震。地震是指地下岩石的构造活动或者火山爆发产生的地面震动。根据强度不同，地震的破坏力也存在很大的差别，一般保险所针对的是"破坏性地震"，根据国家地震局的相关规定，只有震级在 4.75 级以上并且烈度在 6 度以上的地震才是破坏性地震。

（2）海啸。海啸是由于风暴或地震而造成的海面巨大涨落现象，按照形成原因分为地震海啸和风暴海啸两种。地震海啸是伴随着地震而形成，即海底地壳发生断裂，引起剧烈的震动，进而产生巨大的波浪侵袭陆地，高度可达十余米。风暴海啸是在强大低气压通过时，海面异常升起的现象。

（3）雷电。雷电为积雨云中、云间或云地之间产生的放电现象。雷电造成的损失主要通过雷击实现，雷击的破坏形式一般分为直接雷击与感应雷击两种。

直接雷击：由于雷电直接击中保险标的而造成损失，属于直接雷击责任。

感应雷击：由于雷击产生的电磁感应或者静电感应使房屋内对地绝缘金属物体产生高电位放出火花引起火灾，导致电器的损毁，或者因雷电的高电压感应，导致电器零部件的损毁，属于感应雷击责任。

（4）飓风。飓风是台风的别称，指中心附近最大平均风力 12 级及以上的热带气旋。对于这种热带气旋，东亚地区称之为"台风"，而西印度群岛和大西洋地区叫作"飓风"。

（5）台风。台风是指中心附近最大平均风力 12 级及以上，即风速在 32.6m/s 以上的热带气旋。是否能构成台风以当地气象站认定为准。

（6）龙卷风。龙卷风是一种范围小且时间短的猛烈旋风。陆地上平均最大风速一般在 79～103m/s，极端最大风速一般在 100m/s 以上，是否能构成龙卷风以当地气象站认定为准。

（7）暴风。暴风是指风速在 28.3m/s，即风力等级表中的 11 级风。保险条款中的暴风责任扩大到 8 级风，即风速在 17.2m/s 以上构成暴风责任。

（8）暴雨。暴雨是指每小时降雨量在 16mm 以上，或者连续 12 小时降雨量在 30mm 以上，或者连续 24 小时降雨量在 50mm 以上。

（9）洪水。江河泛滥、山洪暴发、潮水上岸以及倒灌导致保险标的遭受冲散、冲毁、浸泡等损失都属于洪水责任。规律性的涨潮、自动灭火设施漏水及常年在水位以下或地下渗水、水管爆裂等造成保险标的损失不属洪水责任。

（10）水灾。水灾指因山洪暴发、江河泛滥、潮水上岸、暴雨及倒灌等造成的灾害。水灾这个定义较洪水范围更广，但同时也更难界定。

（11）冻灾。冻灾是指冰冻造成的灾害。

（12）冰雹。冰雹是指在强冷空气的作用下，空气水滴凝结成各种不规则形态的冰块，从升降气流特别强烈的积雨云中坠落的现象。

（13）地崩。指土崖、石崖受到自然风化、崩崖下榻、雨蚀或山上岩石滚下，或大雨使山上砂土透湿而发生崩塌、突发性滑坡（斜坡上不稳的岩体、土体或堆积物在重力作用下突然整体向下滑动）。

（14）山崩。山崩是指由于多裂隙的山岩体经强烈的物理风化、雨水渗入或地震而造成的规模巨大的陡坡上大块的岩体在重力的作用下突然崩落的物理地质现象。

（15）雪崩。雪崩是指山地大量积雪，因为自身重量、大风、积雪面摩擦力减小、积雪底部溶解、气温等原因引起的大块塌落、顺坡下滑以及巨团滚下等突然崩落现象。

（16）火山爆发。火山爆发是指一种极强烈的火山活动现象。地球内部深处呈熔融状态的岩浆在高温高压的作用下，从地表喷溢出火山角砾岩、火山弹岩等碎屑状物质以及熔岩岩浆、气体等，具有极强的破坏力。

（17）地面下陷下沉。地壳因为自然变异，地层收缩而发生突然的塌陷。另外，因河流、海潮、大雨侵蚀或者在建设房屋前没有掌握地层情况，地下有空穴、矿穴，导致地面突然塌陷以致保险标的的损失，也在保险责任范围内。因地基不稳固或未按建筑施工要求而导致的建筑地基下沉、裂缝、倒塌等损失，不在保险责任范围以内。需要注意的是，这里的"地面下陷下沉"是指地面的突发性的下陷下沉，而不是一些逐渐发生的下陷下沉。

2. 对于"意外事故"的定义

意外事故是指不可预料的以及被保险人无法控制并造成物质损失或人身伤亡的突发性事件，包括火灾和爆炸。

从上述定义可以看出工程保险对于"意外事故"的定义是"不可预料的以及被保险

人无法控制并造成物质损失或人身伤亡的突发性事件"，只要是符合这一条件的均为"意外事故"。这里的关键词为"不可预料""无法控制"和"突发性"。

工程保险将火灾和爆炸归入"意外事故"，是为了进一步地明确概念，对火灾和爆炸的定义解释如下。

（1）火灾

在时间或空间上失去控制的燃烧所导致的灾害。构成保险的火灾责任必须同时具备下面三个条件：一是要有燃烧现象；二是因为意外而发生的燃烧；三是失去控制的燃烧并有蔓延扩大的趋势。因此，如果仅是符合上述一个条件并不能构成保险中的火灾责任。若在日常生产生活中有目的用火，则属于正常燃烧，不属于火灾责任。因烘、烤、烫、烙造成焦糊变质等损失，既没有燃烧现象，又没有蔓延扩大的趋势，也不属于火灾责任。电机、电器、电气设备等因为使用过度、超电压、碰线、弧化、漏电等造成的本身损毁，不属于火灾责任。但如果发生了燃烧现象并且失去控制蔓延扩大，则构成火灾责任，并且保险人对电机、电器、电气设备本身的损失负赔偿责任。

（2）爆炸

爆炸分为物理性爆炸和化学性爆炸。

物理性爆炸：指由于液体变为蒸气或气体膨胀，压力急剧增加并极大超过容器所能承受的压力极限，进而发生的爆炸。如空气压缩机、压缩气体钢瓶、锅炉、液化气罐爆炸等。关于锅炉、压力容器的爆炸定义是"锅炉或压力容器在使用中或试压时发生破裂，使压力瞬时降到等于外界大气压力的事故，称为爆炸事故"。锅炉爆管不属于爆炸事故。鉴别锅炉、压力容器的爆炸是否构成爆炸事故，需以劳动部门出具的鉴定为准。

化学性爆炸：物体在瞬间分解或燃烧时放出大量的热和气体，并以很大的压力向四周蔓延的现象，如可燃性粉尘纤维爆炸、可燃气体爆炸、火药爆炸，及各种化学物品的爆炸等。

需要注意的是，因物体本身的瑕疵，如产品自身质量问题以及容器内部承受负压而造成的损失，不属于爆炸责任。

四、工程保险的作用

由于工程建设过程中风险因素较多，容易发生风险事故，且投资规模相对较大，一旦发生风险事故必然给工程建设的相关人带来巨额经济损失，甚至可能直接导致企业破产。工程保险所能起到的作用，在于保护建筑业主或项目所有人的利益，可以使业主或项目承包人通过购买工程保险将风险集中地转嫁给保险公司，且在工程发生风险损失的情况下可以从保险公司得到补偿，帮助被保险人抵御风险损失所带来的经济冲击。工程保险也是完善工程承包责任制，有效协调各方面利益关系的必备手段。

五、工程保险的发展历程

工程保险起源于 19 世纪的英国，是随着工业革命而诞生的。世界上第一张工程保险保单是 1929 年在英国签发的承保泰晤士河上的拉姆贝司大桥建筑工程的。工程保险的快速发展是在第二次世界大战结束后，当时的欧洲各国因为重建国家而大兴土木，工程保险得以发展起来。工程保险体系的建立与完善，减少了工程风险的不确定因素，保障工程项目的财务稳定，并通过保险公司的介入提供专业风险管理服务，极大减轻了一直困扰工程建筑的工期保证、工程质量、工程款支付等诸多问题。对规范建筑市场主体行为，自觉维护建筑市场秩序，按市场经济规则办事起到了重要的作用。20 世纪 80 年代初，在利用世界银行贷款和中外合资经营企业、中外合作经营企业、外资企业的建设项目中，工程保险作为工程建设项目管理的国际惯例之一被引入中国，这时工程保险才在中国得到认同和发展。

工程保险的历史相较于财产保险中的其他险种来说要短得多，是财产保险家族中的新成员。但是，因为工程保险承保的是具有规模较大、技术复杂、造价较高和风险期限较长特点的建筑工程，其风险从根本上有别于普通财产保险标的的风险。所以，工程保险是在普通财产保险的基础上，针对工程保险的特征来制定保险保障方案，并逐步发展最终形成独立的体系。

在我国，虽然保险行业的历史可以追溯至 20 世纪初，但是，工程保险是伴随着改革开放而发展起来的。探究其原因：一是因为我国的对外开放，大量的国外投资者到中国投资，建设大量的工程项目，这些国外的投资者从规避风险的角度出发需要工程保险提供保障；二是因为在对外开放的大形势下，我国的一些建筑企业开始逐渐涉足海外市场，在海外的工程投标过程中可能会将办理工程保险作为合同履约的条件之一；三是因为国内的一些建设项目业主单位的企业化和承包单位项目经理制的推行，客观上需要对于风险进行有效的防控和管理，这也为工程保险的发展提供了机会。从 1979 年中国人民保险公司开办工程保险至今，在我国工程保险已经发展成为财产保险领域中的一个不可或缺的险种，给被保险人提供了巨大的风险保障。

六、工程类主要险种介绍

关于工程类的保险，除了上文中介绍到的工程保险外，还有工程保证保险，本节将着重介绍工程保险的主要险种，并了解常用的工程保证保险。

（一）建筑工程保险

建筑工程保险是以土木建筑为主体的民用、工业用和公共事业用的工程在整个建筑期间因自然灾害和意外事故造成的物质损失，以及被保险人对第三者依法应承担的赔偿责任为保险标的的险种。

1. 建筑工程保险的特征

建筑工程保险，是随着现代工业和科学技术的发展在意外伤害保险、火灾保险及责任保险的基础上逐步演化而成的一种综合性保险，有以下几个特征。

（1）承保风险的特殊性。建筑工程保险的保险标的大部分都处于暴露在外的情况下，而建筑工程在施工过程中始终处于动态，各种风险因素错综复杂，风险程度大大增加。

（2）风险保障的综合性。传统的财产保险只承保财产损失的风险，而建筑工程保险除了财产损失的风险外，还承保责任风险，并对保险事故发生后的清理费用均予以承保，属于综合类保险。

（3）被保险人的广泛性。建筑工程保险的被保险人大致可分为以下几类：一是业主或工程所有人；二是工程承包人，即负责建筑工程项目施工的单位，具体可分为承包人和分包人；三是技术顾问，即由工程所有人聘请的设计师、建筑师、工程师和其他专业技术顾问等。凡对保险标的具有利益的关联人均可能作为被保险人列明在一张保险单上。

（4）保险期限不确定性。传统保险的保险期限通常为1年，在期满时可以进行续保，而建筑工程保险的保险期限则按工期计算，自工程开工至工程竣工为止。如果是大型工程，建设项目是分期施工并交付使用的，因此各个项目的期限有先有后，时间长短不定。

2. 建筑工程保险的适用范围

建筑工程保险主要承保各类建筑工程，在财产保险中，建筑保险适用于各种民用、工业用和公共事业用的建筑工程，如房屋、道路、桥梁、港口、机场、水坝、道路、娱乐场所、管道以及各种市政工程项目等，均可以投保建筑工程保险。

3. 建筑工程保险的保险责任范围

（1）保险责任。

1）自然事件：建筑工程保险所承保的自然事件包括地震、海啸、雷电、台风、龙卷风、飓风、风暴、地陷下沉、山崩、雪崩、暴雨、洪水、水灾、冻灾、冰雹、火山爆发及其他人力不可抗拒的破坏力强大的自然现象。

2）意外事故：建筑工程保险所承保的意外事故是指意料之外的以及被保险人无法控制并造成物质损失或人身伤亡的突发性事件，包括火灾、爆炸、飞机坠毁或物体坠落等。

3）人为风险：建筑工程保险承保的人为风险有盗窃，工人或技术人员缺乏经验、疏忽、过失、恶意行为。

4）第三者责任部分：第三者责任部分的保险责任是指在保险期间因建筑工地发生意外事故造成工地及邻近区域第三者财产损失和人身伤亡依法应由被保险人承担的赔偿责任，以及事先经保险人书面同意的被保险人因此而支付的诉讼费用和其他费用。

（2）除外责任。

保险人对下列原因造成的损失不承担赔偿责任：

①因设计错误引起的损失和费用；

②因自然磨损、内在或潜在的缺陷、物质本身的变化、自燃、自热、氧化、锈蚀、渗漏、鼠咬、虫蛀、大气（气候或气温）变化、正常水位变化或其他渐变原因造成的保险财产自身的损失和费用；

③因原材料缺陷或工艺不善引起的保险财产本身的损失以及为置换、修理或矫正这些缺点错误所支付的费用；

④非外力引起的机械或电气装置的本身损失，或施工用机具、设备、机械装置失灵造成的本身损失；

⑤维修保养或正常检修的费用；

⑥档案、文件、账簿、票据、现金、各种有价证券、图表资料及包装物料的损失；

⑦盘点时发现的短缺；

⑧领有公共运输行驶执照的，或已由其他保险予以保障的车辆、船舶和飞机的损失；

⑨除非另有约定，在保险工程开始以前已经存在或形成的位于工地范围内或其周围的属于被保险人的财产损失；

⑩除非另有约定，在保险单保险期限终止以前，保险财产中已由工程所有人签发完验收证书或验收合格或实际占有或使用或接收的部分。

4. 建筑工程保险的保险期限与保证期

建筑工程的保险期限包括从开工到完工全过程，由投保人根据需要确定。

（1）保险责任的开始时间。建筑工程保险的保险开始期限分两种情况：一是保险工程在工地动工之时，二是用于保险工程的材料、设备运抵工地之时。两者中以先发生者为准。

（2）保险责任的终止时间。建筑工程保险的保险期限终止有三种情况：一是建筑工程完成移交给所有人时，二是保单规定的终止日期，三是所有人开始使用时，三者中以先发生者为准。

（3）保证期。工程完工后，一般会有工程质量保证期。在保证期间如工程质量有缺陷甚至造成损失，根据建设工程施工合同承包人须承担赔偿责任，这是保证期责任。保证期责任是否加保，由投保人视情况自行决定。

（二）安装工程保险

安装工程保险，简称安工险，是建筑工程保险的姐妹险种。它是专门承保新建、扩建和改建的工矿企业的机器设备或钢结构建筑物在整个安装、调试期间，由于责任免除以外的一切危险造成保险财产的物质损失，以及上述损失所产生的有关经济损失及安装期造成的第三者财产损失或人身伤亡而依法应由被保险人承担的经济损失。安装工程保险由建筑安装工程保险、地铁安装工程保险等险种组成。安装工程保险承保责任分为物质损失保险、第三者责任保险。

1. 安装工程保险的除外责任

（1）对物质损失部分和第三者责任险均适用的除外责任。

①战争、敌对行为、武装冲突、恐怖活动、谋反、政变引起的损失、费用或责任；

②政府命令或任何公共当局的没收、征用、销毁或毁坏；

③罢工、暴动、民众骚乱引起的任何损失、费用或责任；

④核裂变、核聚变、核武器、核材料、核辐射及放射性污染引起的任何损失费用和责任；

⑤大气、土地、水污染引起的任何损失费用和责任；

⑥被保险人及其代表的故意行为或重大过失引起的损失、费用或责任；

⑦工程部分停工或全部停工引起的损失、费用或责任；

⑧罚金、延误或丧失合同及其他后果损失；

⑨保险单中规定的应由被保险人自行负担的免赔额。

（2）适用于安装工程保险物质损失部分的特殊除外责任。

①因设计错误、铸造或原材料缺陷或工艺不善引起的本身损失以及纠正这些缺陷错误所支出的费用。

②由于超负荷、超电压、碰线、电弧、超电、短路、大气放电及其他电气原因造成电气设备或电气用具本身的损失；

③自然磨损、内在或潜在缺陷、物质本身变化、自燃、自热、氧化、锈蚀、渗漏、鼠咬、虫蛀、大气（气候或气温）变化、正常水位变化或其他渐变原因造成的被保险财产自身的损失与费用；

④非外力引起的施工用具、设备、机械装置失灵造成的本身损失；

⑤维修保养或正常检修的费用；

⑥档案、文件、账簿、票据、现金、各种有价证券、图表资料及包装物料的损失；

⑦货物盘点时的盘亏损失；

⑧领有公共运输用执照的车辆、船舶、飞机的损失；

⑨除非另有约定，在被保险工程开始以前已经存在或形成的位于工地范围内或其周围的属于被保险人的财产的损失；

⑩除非另有约定，在保险单保险期限终止以前，被保险人财产中已由业主签发完工验收证书或验收合格或实际占有或使用或接收的部分。

（3）适用于第三者责任险部分的特殊除外责任

①保险单物质损失项下或本应在该项下予以负责的损失及各种费用；

②业主、承包商或其他关系方或他们雇用的在工地现场从事与工程有关工作的职员、工人以及他们的家庭成员的人身死亡或疾病；

③业主、承包商或其他关系方或他们所雇用的职员、工人所有的或由其照管、控制

的财产的损失；

④领有公共运输执照的车辆、船舶、飞机造成的事故；

⑤被保险人根据与他人的协议应支付的赔偿或其他款项，但即使没有这种协议，被保险人应承担的不在此限。

2. 安装工程保险的特点

（1）以安装项目为主要承保对象。其中包括附属建筑项目。虽然大型机器设备的安装必然需要进行一定范围及一定程度的土木建筑，但安装工程保险承保的安装项目始终在投保工程建设中占主体地位，安装项目价值不仅大大超过与之相配的土木建筑工程，且土木建筑工程的本身是为安装工程服务的。

（2）安装工程的风险分布具有明显的阶段性。安装工程在试车、考核和保证阶段风险最大。在建筑工程保险中，保险风险责任一般贯穿于施工过程中的每一环节，而在安装工程保险中，机械设备只要尚未正式运转，许多风险就不会发生。虽然风险事故的发生与整个安装过程有关，但只有到安装完毕后的试车、考核和保证阶段，各种问题及施工中的缺陷才会充分暴露出来。

（3）承保风险主要是技术方面的人为风险。各种机器设备本身是技术产物，承包人对其进行安装和试车更是专业技术性很强的工作，在安装工程施工过程中，机器设备本身的质量，安装者的技术情况、责任心，安装中的电、水、气供应以及施工设备，施工方式方法等均是可能导致风险发生的主要因素。因此，安装工程保险虽然也承保着多项自然风险，但人为因素却是该险种中的主要因素。

3. 安装工程保险的适用范围

安装工程保险的承保项目，主要是指安装的机器设备机器安装费，凡属安装工程合同内要安装的机器、设备、装置、物料、基础工程（如地基、基座等）以及为安装工程所需的各种临时设施（如临时供水、供电、通信设备等）均包括在内。此外，为完成安装工程而使用的机器、设备等，以及为工程服务的土木建筑工程，工地上的其他财物，保险事故后的场地清理费等，均可作为附加项目予以承保。安装工程保险的第三者责任保险与建筑工程保险的第三者责任保险相似，既可以作为基本保险责任，亦可以作为附加或扩展保险责任。

4. 保险标的和保险金额

安装工程保险的可保标的，通常包括物质损失、特种危险赔偿和第三者责任三个部分，其中物质损失部分可分为安装项目、土木建筑工程项目、场地清理费、承包人的机器设备、所有人或承包人在安装工地上的其他财产五项，各项标的均需明确保险金额；特种危险赔偿和第三者责任保险项目与建筑工程保险相似，故不再赘述。

安装工程险的物质损失部分主要包括以下几项：

（1）安装项目。这是安装工程险的主要承保标的，包括被安装的机器设备、装置、物料、基础工程（地基、机座），以及安装工程所需的各种临时设施，如水、电、照明、通信等设施。安装项目保险金额的确定与承包方式有关，若采用完全包干方式，则为该项目的包干合同价；若由所有人投保引进设备，保险金额应包括设备的购货合同价加上国外运费和保险费（FOB 价格合同）、国内运费和保险费（CIF 价格合同）以及关税和安装费（包括人工费、材料费）。安装项目的保险金额，一般按安装合同总金额确定，待工程完毕后再根据完毕时的实际价值进行调整。

（2）土木建筑工程项目。这是指新建、扩建、改建厂矿必须有的工程项目，如厂房、仓库、道路、水塔、办公楼、宿舍、码头、桥梁等。土木建筑工程项目的保险金额应为该项工程项目建成的价格。这些项目一般不在安装工程内，但可在安装工程内附带投保。其保险金额不得超过整个安装工程保额的 20%；超过 20% 时，则按建筑工程险费率收保费；超过 50%，则需单独投保建筑工程险。

（3）场地清理费。保险金额由投保人自定，并在安装工程合同价外单独投保。对于规模较小的工程，一般不得超过工程总价值的 10%，对于规模较大的工程，一般不得超过工程总价值的 5%。

（4）为安装工程施工用的承包人的机器设备，其保险金额按重置价值计算。

（5）所有人或承包人在工地上的其他财产。指除上述几项以外的承保标的，包括安装施工用机具设备，工地内现有财产等，保额按重置价值计算。

上述五项保险金额之和即构成物质损失部分的总保险金额。

5. 安装工程保险的费率

安装工程保险的费率主要有：①对安装项目，土木建筑工程、所有人或承包人在工地上的其他财产及清理费为一个总的费率，整个工期实行一次性费率；②试车为一个单独费率，是一次性费率；③保证期费率，实行整个保证期一次性费率；④各种附加保障增收费率，实行整个工期一次性费率；⑤安装、建筑用机器、装置及设备为单独的年费率；⑥第三者责任保险，实行整个工期一次性费率。

（三）工程保证保险

保证保险，是被保证人根据权利人的要求，请求保险人担保自己信用的保险。保证保险的保险人代被保证人向权利人提供担保，如果由于被保证人不履行合同义务或有犯罪行为，权利人受到经济损失，则由保险人承担赔偿责任。保险人赔偿后可向被保证人进行追偿。保证保险分为确实保证保险和忠诚保证保险两类。这里所述的工程保证保险主要指确实保证保险，主要险种有：

1. 业主支付保证保险

业主支付保证保险，实际上是业主履约的一种保证担保。由保险公司向承包商保证业主按照合同约定如期向承包商支付工程款，若业主违约，由保险公司代为偿付的保险。保险公司赔偿后，可向业主进行追偿。

2. 工程投标保证保险

工程投标保证保险，指保险公司向工程项目招标人提供的保证工程项目投标人履行投标义务的保险。一旦投标人未履行投标义务导致招标人产生损失，保险公司向招标人承担代偿责任。保险公司赔偿后，可向投标人进行追偿。

3. 合同履约保证保险

合同履约保证保险，指保险公司向建设工程发包人提供的保证承包人履行建设合同义务的保险。一旦承包人未按合同要求履行相应义务导致发包人产生损失时，保险公司向发包人承担代偿责任。保险公司赔偿后，可向承包人进行追偿。

4. 差额保证保险

差额保证保险，实际上是保险公司对投标人按照其投标价履行合同的一种保证担保方式。由于承包商的原因导致其所承包的工程不能按其投标价履行完成，由保险公司承担赔偿责任。保险公司赔偿后，可向承包人进行追偿。

5. 预付款保证保险

预付款保证保险，是保险公司对承包人将预付款用于工程建设的一种保证担保方式。其投保人是承包人，被保险人是发包人。如果承包人未能履约或全部履行预付款返还或抵扣义务，则由保险公司赔偿发包人的损失。保险公司赔偿后，可依法向承包人进行追偿。随着发包人按照工程进度支付工程价款并逐步扣回预付款，预付款责任不断减少直至消失。

6. 付款 / 支付保证保险

付款 / 支付保证保险，实际上是保险公司对承包人根据合同约定付清分包商、设备材料供应商、农民工工资的一种保证担保方式。如果承包人不能按合同约定付清分包商、设备材料供应商的费用或农民工的工资，则由保险公司补齐差额，如果全部未能予以支付，则由保险公司进行全部支付。保险公司赔偿后，可向承包人进行追偿。

7. 保修保证保险

保修保证保险，实际上是保险公司对承包人履行工程质量保修义务的一种保证担保方式。在缺陷责任期内，若发现工程质量与法律法规、标准规范或合同规定不符，而承包人不予维修时，由保险公司负责进行赔偿或维修。保险公司赔偿或维修后，可向承包人进行追偿。

8. 工程质量保证保险

工程质量保证保险，是指保险公司向工程项目发包人提供的保证工程项目施工承包人在缺陷责任期内履行工程质量缺陷修复义务的保险。当施工承包人由于自身原因不履行施工质量缺陷修复义务时，由保险公司向发包人承担代偿责任，保险公司可根据质量责任向施工承包人追偿。

第二节 建筑企业工程保险的风险防控

工程保险，作为现代工程建设风险管理的重要保障工具之一，能够有效帮助施工企业规避和减少各类风险带来的事故损失，提高企业的抗风险能力。因此，有效运用工程保险是建筑施工企业风险管理工作中必不可少的一项。各类工程险种，能够有效覆盖工程建设各个时期所面临的各类风险，为相关建设活动主体提供有效的风险防范、转移、分散、补偿等保险保障，帮助其提高自身风险管理能力，保证企业的健康稳定发展。但建筑施工企业及其他建设活动主体投保工程保险时，还需结合项目建设的具体情况，将不确定因素考虑进保险合同中，以尽量减少不必要经济损失。

案例：（2014）青民二终字第 56 号。

案件事实：2011 年 6 月 21 日，A 公司与 B 保险公司分公司、C 保险公司营业部签订了工程施工建设一切险保险合同，该合同由合同文本及补充协议、出单指示及批改通知、保险单及批单、共保协议、招标文件及保险谈判文件、投标文件、形成合同的其他文件七部分组成。双方合同约定，此工程保险的承保项目仅指该工程预期中标价所确定的建筑施工范围，包括永久和临时工程及材料，也就是保险工程完成时的总价值（工程总造价），主要包括原材料费用、建造费、安装费、运保费、关税、其他税项和费用以及由工程所有人提供的原材料和设备使用费用，主险费率 3‰。物质部分的免赔条款中对于暴风、暴雨、洪水、滑坡、泥石流导致的损失，每次事故绝对免赔人民币 40 万或损失金额的 15%，两者以高者为准。B 保险公司分公司承担保险责任的 55%，C 保险公司营业部承担保险责任的 45%，投保金额为 466028333.33 元。合同期限为 2011 年 6 月 29 日上午 0 时起至 2014 年 6 月 28 日 24 时止。合同签订后，A 公司依约缴纳保险费 1401585元。2012 年 4 月 26 日，A 公司提出了 ×× 大桥施工围堰及围堰便道施工申请，2012 年 5 月 26 日该工程实际交工。2012 年 9 月 26 日，A 公司向保险人报案称因洪水冲垮围堰，致使工地受损。B 保险公司分公司委托 ××× 财产保险公估有限公司进行公估。该公估公司于 2012 年 9 月 27 日及 2013 年 3 月 26 日两次到工程地，对本次事故进行现场查勘调查，并主要依据被保险人提供的《建工一切险保单》《出险通知书》《现场查勘记录》《相关施工记录及设计图纸》《相关水文资料》，以及现场查勘照片等有关资料，于 2014年 7 月 15 日出具《保险公估报告》，该报告中对保险责任认定载明：本次事故发生于 2012 年 9 月 26 日，在保单的有效期限内；本次事故出险标的查勘地址与保单约定的保险标的地址一致；被保险人投保方式是严格按照投标工程量清单方式投保，受损项目围堰及围堰便道属临时工程范畴，经查阅投标文件、工程量清单及单项概算表，其中并未体现该部分费用，即在工程投保中围堰及围堰便道存在漏项，依据保单承诺方式及投标工程量清单，核定受损项目非本保单承保的保险标的；本次事故原因不成立。故该公估公司分析认为本次事故不属于本保单约定的保险责任范围。因双方对保险事故的定性争议颇大，协商未果，遂由 A 公司诉至法院，一审法院作出驳回 A 公司诉讼请求的判决。A 公司不服一审判决，向青海省高级人民法院提起二审。2014 年 8 月 13 日，青海省高级人民法院作出（2014）青民二终字第 56 号判决书，判决驳回上诉，维持原判。

法院认定：

（1）案涉财产损失不属于保险责任范围。

二审法院认为，B 保险公司分公司和 C 保险公司营业部与 A 公司签订的建筑工程一切险保险合同系各方当事人真实意思表示，内容不违反国家法律法规的规定，合法有效。案涉保险合同约定的承保项目为该工程预期中标价所确定的建筑施工范围，也就是保险工程完成时的总价值（工程总造价）。而该案投保工程根据施工合同的约定，系以工程量清单方式计价，该施工合同工程量清单详细列举了所需完成的工程包括路基、路面、桥梁、涵洞等总价合计 515953000 元的全部工程项目。该案讼争的用于修建大桥所需临时修建的围堰及围堰便道并没有在该工程工程量清单的科目中体现。A 公司认为，工程量清单中"抛填片块石"的量即包括修建围堰及围堰便道所用的片块石。然而，该工程量清单项下的"抛填片块石"明确编列于路基工程项下，且用于"水塘、积水坑路基"，而非编列于桥梁、涵洞项下。另外，用于修建临时工程围堰及围堰便道中，A 公司报损的片块石量就达到了 12915m³，占到整个投保工程工程量清单中"抛填片块石"总量 26746m³ 的近 50%，明显不符合常理。因此，A 公司认为围堰及围堰便道的工程量包含于投保工程量清单中，围堰及围堰便道属于投保范围的主张，与事实不符，不予采信。一审法院以修建大桥必须要修建围堰，且 A 公司确实修建了围堰及围堰便道为由，认为围堰及围堰便道属于承保范围，依据不足，认定事实不当，应予纠正。

（2）围堰及围堰便道损失是突发洪灾造成，不属于保险事故，B 保险公司分公司和 C 保险公司营业部不应承担保险理赔责任。

二审法院认为，A 公司上诉称，某勘测局出具的《× 河沿水文站 2012 年 9 月 20 日至 9 月 30 日期间流量过程》中的数据表明，2012 年 9 月的流量达到 108 ～ 114m³/s，远远大于 2012 年年平均流量 48.9m³/s，能够证明水流增大的事实。对此，财产保险公估有限公司经实地调研及比对数据分析，于公估报告中对事故原因调查和分析时载明的情况显示：案涉争议项目所在水域靠近上游源头，每年枯水期为 12 月至 2 月、5 月至 7 月，汛期为 3 月至 4 月、8 月至 10 月，而 2012 年平均流量 48.9m³/s 是综合全年枯水期、汛期及过渡期平均流量所得。由于该水域枯水期平均流量与汛期平均流量相差甚远，其汛期实际平均流量与×河沿水文站 2012 年 9 月 20 日至 9 月 30 日期间流量过程监测平均值接近。因此，该水域在 2012 年 9 月 26 日事故发生当日前后水位及流量无明显涨幅及落差。且根据《×河沿水文站 2012 年 9 月 20 日至 30 日期间流量过程》数据显示，相关水域从 2012 年 9 月 20 日至 30 日的日水位和水流量并无明显变化，不能证明 A 公司所认为"9 月 26 日突发洪水持续将围堰及围堰便道冲毁"的事实。由此，A 公司以事故水域 2012 年 9 月的流量远远大于 2012 年年平均流量证明水流增大亦与客观事实不符，也不能证明围堰及围堰便道损失是突发洪灾造成，其上诉理由不能成立。

　　该案 A 公司在 2012 年 9 月 26 日事故发生后，通知了保险人。保险人 B 保险公司分公司委托×××财产保险公估有限公司对案涉项目事故进行了调查公估。×××财产保险公估有限公司出具的公估报告对于保险责任认定为，"核定受损项目非本保单承保的保险标的""受损项目不属于本保单所保标的且事故原因不成立，本次事故不属于保险责任范围"。A 公司虽然不认可公估报告，但其在事故发生并知晓保险人委托×××财产保险公估有限公司介入进行公估调查后，没有对公估公司的主体资质以及公估调查过程提出异议。《保险法》第一百二十九条规定，保险活动当事人可以委托保险公估机构等依法设立的独立评估机构或者具有相关专业知识的人员，对保险事故进行评估和鉴定。案涉工程保单中也约定，"经双方同意，在工程出险后，如双方对事故的保险责任或损失金额不能达成一致时，保险公司同意由被保险人在下列公估公司中自由选择一家协助认定责任和金额，聘请公估人的费用由保险人支付"。该案出险后，保险人和被保险人均认可双方为事故原因和赔偿数额等问题多次协商未能达成一致。被保险人 A 公司本可依上述法律规定和合同约定，选择公估公司协助认定责任，然而至 2012 年 9 月出险后至今，A 公司并没有委托任何第三方对事故原因、责任和损失进行专业性鉴定。因此，根据《最高人民法院关于民事诉讼证据的若干规定》（2008 年修改，现已被修改）第七十二条的规定，一方当事人提出的证据，另一方当事人认可或者提出的相反证据不足以反驳的，人民法院可以确认其证明力。A 公司虽然不认可×××财产保险公估有限公司出具的公估报告，但并无充分证据反驳公估报告的证据效力。×××财产保险公估有限公司作为保险公估人，依据被保险人提供的主要材料，由其专业人员通过客观的查勘、评估对保险事故的原因、责任提出的建议和意见，其证明效力在无相反证据足以推翻的情况下，应予采信。

　　关于该案的几点启发：

　　（1）该案中，二审法院认为工程量清单不包含围堰及围堰便道，故不属于承保范围财产。作为建筑施工企业，应当通过该案吸取经验教训。在与保险公司签订一切险保险合同时，应当提前考虑到临时工程及设施，并对此作出特别约定，结合工程的实际情况将临时工程和设施的范围罗列清楚、全面。

　　（2）该案中，公估公司作出的公估报告对保险事故的定性起到了决定性作用。因公估公司一般与保险公司利益接触较多，该案也给施工企业一个警示，尽量在保险合同中对公估机构的选择进行明确，如约定选择公估机构时须征得施工企业同意。另外，施工企业应当积极主动对公估公司的资质等进行详细审查，如有异议及时提出。此外，施工企业人员应谨慎签署各类报告、勘察记录、询问笔录等保险资料，如对内容有异议，应及时提出。

（3）该案中，法院未支持A公司的主张，认定存在洪水这一自然灾害。A公司应当在开庭前认识到自己所提交的证明发生洪水的证据与公估报告之间存在证据对抗性，但其并未进一步补充证据加以证明，以致法院对保险事故的定性完全与其诉请相背离。保险事故的定性是起关键性作用的，这就要求施工企业在提交定性材料时一定要客观、全面，足以证明事故在保险责任范围内。具体来说，对于洪水、暴雨等自然灾害，不应简单地以没有气象证明而认定保险责任不成立或难以证明成立，施工企业既可以从其财产受损的情况进行分析、寻找证据，也可以从周边区域进行调查，充分了解事发时的天气状况，通过各种方式形成有证明力的、高度统一的证据链条。

参考文献

[1]　陈瑞华.企业合规基本理论（第二版）[M].北京：法律出版社，2021.

[2]　阚宇,周叶君.刑事合规与企业反腐败、反舞弊实务指南 [M].北京：人民法院出版社，2021.

[3]　姜先良.企业合规与律师服务 [M].北京：法律出版社，2021.

[4]　曹志龙.企业合规管理：操作指引与案例解析 [M].北京：中国法制出版社，2021.

[5]　郭青红.企业合规管理体系实务指南（第2版）[M].北京：人民法院出版社，2020.

[6]　袁华之，邱闯.建设工程工期争议解决指引 [M].北京：法律出版社，2021.

[7]　周利明.解构与重塑：建设工程合同纠纷审判思维与方法（第二版）[M].北京：法律出版社，2021.

[8]　刘丽云.常用司法鉴定意见质证要点 [M].北京：法律出版社，2021.

[9]　雷霆.合同审查精要与实务指南（第二版）[M].北京：法律出版社，2022.

[10]　赖建东.全方位质证——思路指引与办案技巧 [M].北京：法律出版社，2022.

[11]　刘涛.房地产企业群体性事件与危机管理 [M].北京：法律出版社，2020.

[12]　常设中国建设工程法律论坛第八工作组.中国建设工程施工合同法律全书：词条释义与实务指引（第二版）[M].北京：法律出版社，2021.

[13]　常设中国建设工程法律论坛第十一工作组.建设工程施工企业及从业人员刑事法律责任及风险防范 [M].北京：法律出版社，2020.

[14]　李玉生，俞灌南.建设工程施工合同案件审理指南 [M].北京：人民法院出版社，2019.

[15]　陈晓忠.建筑房地产案件代理实操与技巧 [M].北京：法律出版社，2020.

[16]　吴咸亮.建设工程结算诉讼实务与案例解析 [M].北京：中国建筑工业出版社，2020.

[17]　杨元伟.建设工程施工合同案件裁判观点与依据 [M].北京：人民法院出版社，2019.

[18]　孙玉军.施工企业项目风险防范与合规管理指南 [M].北京：法律出版社，2021.

作者简介

范大平，安徽安然律师事务所合伙人，专职律师，高级律师职称，在国家级和省级期刊上发表 130 多篇论文，编著了《致青年律师的信：律师如何开拓案源》（台海出版社）、《建筑工程项目管理》（天津科学技术出版社）、《建设工程法律问题精解》（中国建筑工业出版社）等专著。

田小龙，安徽安然律师事务所主任，从事律师职业 30 年的资深专职律师。

吴爱民，安徽安然律师事务所合伙人，从事律师职业近 30 年的资深专职律师。

贾良俊，安徽安然律师事务所合伙人、专职律师。

吴寅寅，安徽安然律师事务所合伙人、专职律师。

汪玉萍，安徽安然律师事务所党支部书记，专职律师。

徐　刚，专职律师。

张　园，专职律师。

顾尔鹏，专职律师。

吴　敏，专职律师。

臧阿月，法学硕士、专职律师。曾在各类期刊上发表 17 篇法学论文。

王　未，管理学硕士，专职律师。

钱　进，法学博士，专职律师、专利代理人，曾从事公证工作多年，有多篇论文发表。

胡伟伟，法律硕士，专职律师、专利代理人、工程师，安徽省律协科技与大数据专业委员会委员兼秘书长，2016 年受聘为安徽省知识产权维权专家团成员，2021 年受聘为芜湖市知识产权保护库专家。先后在《中国环保》《华东律师论坛》《安徽律师》等刊物及各类法学论坛发表学术论文多篇。

王　珂，专职律师，具有注册会计师（非执业）、税务师职业资格证书。安徽省律师协会第十届财税法专业委员会委员，安徽省破产管理人协会第一届资产处置业务研究委员会、涉税业务研究会委员；芜湖市破产管理人协会财税与审计专业委员会副主任、资产管理与处置专业委员会委员。

杨萍萍，法律硕士，曾在《中国司法》等期刊上发表多篇学术论文，先后在多家律师事务所执业，现为某知名房地产开发企业法务部负责人。